Cruzando Continentes

Uma incrível jornada de Pequim a Londres em 56 dias

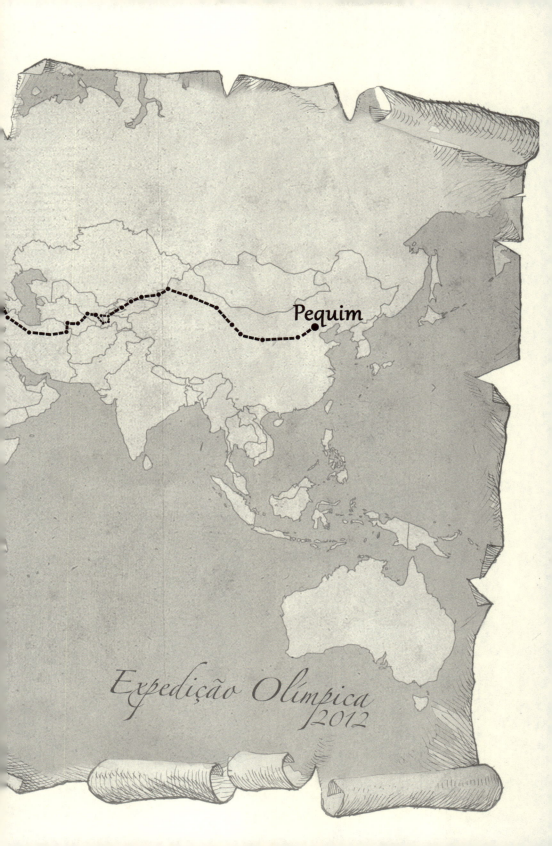

Cruzando Continentes
Uma incrível jornada de Pequim a Londres em 56 dias

Richard Amante

Copyright © 2017 Richard Amante
Cruzando Continentes © Editora Pasavento

Editores
Marcelo Nocelli
Rennan Martens

Revisão de textos
Marcelo Nocelli
Natália Souza

Imagens de capa e fotos internas
Arquivo do autor

Design e editoração eletrônica
Negrito Produção Editorial

Dados Internacionais de Catalogação na Publicação (CIP)
Bibliotecária Juliana Farias Motta (CRB 7-5880)

Amante, Richard.
    Cruzando continentes: uma incrível jornada de Pequim a Londres em 56 dias / Richard Amante. – São Paulo: Pasavento, 2017.
    320 p.: il.; 16 x 23 cm.

    ISBN 978-85-68222-24-9

    1. Amante, Richard – viagens – Ásia e Europa. 2. Ásia – Descrição e viagens. 3. Europa – Descrição e viagens. I. Título. II. Título: uma incrível jornada de Pequim a Londres em 56 dias.
A484c   CDD 910.4

Índice para catálogo sistemático:
1. Amante, Richard – Viagens – Ásia e Europa
2. Ásia – Descrição e viagens
3. Europa – Descrição e viagens

Todos os direitos desta edição reservados à:

EDITORA PASAVENTO
www.pasavento.com.br

Aos amigos Edgar e Paulo Scherer, que dividiram comigo os momentos de alegria e as adversidades dessa inesquecível aventura.

A todos aqueles que colaboraram para que a Expedição Olímpica ganhasse vida, e aos que ajudaram na concepção deste livro.

À minha mãe, por continuar acreditando em mim e me apoiando sempre, mesmo quando não deveria.

A Jessica, Laura e Lucca, por darem um brilho especial à minha vida e me ensinarem um significado diferente para a palavra *família*.

Sumário

Prefácio 13
1. A estrada da morte 17
2. Uma fronteira, uma estrada e uma decisão 22
3. Uma ideia muito louca 27
4. A partida 31
5. Lanzhou, e a primeira manutenção no carro 41
6. O início da muralha da China 49
7. Hami, a terra da melancia 52
8. Burocracia, uma especialidade chinesa 54
9. A despedida do *Thunder Love* 63
10. Cruzando a pé para o Cazaquistão 69
11. Próxima parada: Quirguistão 81
12. Leite de égua 85
13. Atravessando a fronteira de carroça 91
14. Tajiquistão, um país que nos marcou 98
15. Enfim, o visto para o Turcomenistão 102
16. Uzbequistão, confusão e diversão 117
17. Bem-vindos ao Turcomenistão 127
18. Irã, o país mais temido 140
19. Teerã, um bom lugar para arranjar problemas 145
20. Uma briga de taxistas 151
21. O pão mais saboroso do mundo 161
22. A melhor surpresa da viagem 168

23. Aberta a temporada de praias 182
24. Passeio de balão na Capadócia 187
25. Antália, um pedacinho da Grécia no litoral turco 202
26. Grécia, o berço dos jogos olímpicos. 211
27. Atenas e maratonas, uma overdose de espírito olímpico. 217
28. Olímpia não poderia ficar de fora 224
29. Vocês são da Interpol? 232
30. Budva, uma cidade medieval em Montenegro 238
31. Pisando nas terras de Alexandre, o Grande 253
32. Corre que a polícia vem aí 263
33. Vidro quebrado 271
34. Batatas fritas no almoço? 277
35. Praga e o vidro novo. 284
36. De Berlim a Bruxelas 291
37. Enfim, a Inglaterra. 300
38. A chegada. 306
39. O estádio olímpico de Londres 309
40. A expedição chega ao fim 314

Prefácio

HÁ MUITOS ANOS, fui convidado para dar uma palestra aos alunos de Jornalismo da Universidade Federal de Santa Catarina. Parti para Florianópolis, onde um carro com motorista estaria me esperando. O motorista se chamava Richard Amante, e assim ele se apresentou, com nome e sobrenome, quando me cumprimentou no saguão do aeroporto. Era um cara sorridente, simpático, gaúcho bom de papo. Sem dúvida, o motorista mais articulado que eu já tinha encontrado nas minhas andanças pelo Brasil.

O percurso até o hotel durou meia hora. Pouco tempo, mas Richard falava sobre todos os assuntos. Era bem informado, contava suas histórias, me fazia perguntas sobre a profissão de jornalista, sobre televisão. Fiquei pensando, e tive mesmo a impressão de que ele não seria motorista por muito tempo... E não foi! No dia seguinte, ele me pegou no hotel bem cedo e me deixou no aeroporto, onde eu tomaria o avião de volta ao Rio. Pelo que sei, desde então, Richard tem sido um jornalista de mão cheia, destemido e aventureiro.

Não, não foram meus conselhos, os papos comigo que fizeram do meu "motorista" em Florianópolis um jornalista. Demorei apenas alguns minutos, desde a minha chegada à Ilha, para descobrir que Richard não era, na verdade, um motorista profissional, como eu pensara inicialmente. Ele era um dos alunos da faculdade de Jornalismo da UFSC que organizaram o seminário para o qual eu fora convidado como palestrante. Com pouca verba, os estudantes se desdobraram, assumindo várias funções... Richard Amante tinha sido designado meu motorista. Cumpriu o serviço, dirigindo o carro cedido por uma colega de faculdade.

Pouco tempo depois, reencontrei Richard Amante já no Rio, na redação de Esporte da Rede Globo. Eu era o apresentador do Esporte Espetacular, ele tinha sido contratado como produtor do Sportv. Continuava expansivo, entusiasmado com tudo, vibrante. Tinha realizado um sonho: trabalhar com jornalismo esportivo numa cidade como o Rio de Janeiro.

Mal tive tempo de chamá-lo para um churrasco na minha casa (minha mulher é gaúcha, é ela quem assa a carne...). O Richard mesmo me contou, animado como sempre: "Estou indo morar em Pequim!". Era uma notícia e tanto, uma chance única. A capital chinesa se preparava para sediar os Jogos Olímpicos, e Richard tinha essa necessidade de expandir seus horizontes, de conhecer lugares, gente, de experimentar o mundo. Do Rio Grande do Sul para a Ilha de Santa Catarina, da Ilha para o Rio, do Rio a Pequim.

Depois das Olimpíadas, Richard resolveu permanecer em Pequim. Foi um ciclo olímpico inteiro, com várias aventuras no meio. Entre elas, uma ida até o Monte Everest... Os Jogos de 2008 eram história, e uma nova edição se aproximava, dessa vez em Londres. E Richard não podia ficar fora dessa. Ele foi o primeiro a topar a aventura proposta pelo amigo Edgar Scherer: ir de carro de Pequim a Londres, chegando à capital inglesa no dia da abertura das Olimpíadas de 2012.

Richard e os irmãos Edgar e Paulo partiram de Pequim no dia 2 de junho de 2012, com o objetivo de chegar a Londres em 56 dias, exatamente em 27 de julho. No início, viajaram num Santana 2005 chinês, que ficou pelo caminho. Trator, carroça, moto, táxi, ônibus, balsa, navio, usaram todo meio de transporte até chegar à Europa Ocidental, quando ao trio se juntaram mais dois, Bruno e Lucas. Numa van alugada, os cinco seguiram para a festa de abertura dos Jogos Olímpicos de Londres.

Viveram situações de risco, negociando com gente que falava línguas incompreensíveis, cruzando fronteiras, montanhas, desertos, florestas, cruzando 28 países, percorrendo 22.500 quilômetros. Movidos a *kebab* e cerveja, tiveram a paciência e a resistência de um atleta fundista, a rapidez de um velocista, a vontade de vencer, inerente a qualquer atleta. Levaram ao longo do caminho o espírito olímpico, que envolve respeito, harmonia e paz. Quase uma cidade por dia, um milhão de histórias para contar, que foram reunidas neste livro, *Cruzando Continentes*, onde está registrado este sonho realizado, um sonho olímpico. Foi uma correria louca, mas, nesse tempo espremido (e eterno), a fé não falhou e a sorte, quase sempre, ajudou. Um mundo de gente, de cidades, de paisagens, de culturas, de aprendizado.

    Meu "motorista", tenho a certeza, ainda vai rodar muito. O próximo projeto? Não sei bem qual é... Mas talvez eu aceite uma carona...

Luís Ernesto Lacombe

I
A Estrada da Morte

O SOL COMEÇAVA a se pôr e algumas estrelas já despontavam no céu alaranjado quando o carro deixou o asfalto e entrou na estrada de chão do desfiladeiro de Shahristan, única ligação entre Khujand e Panjakent, duas das principais cidades do Tajiquistão. Depois de alguns minutos de subida íngreme, a estrada ficou ainda mais estreita e esburacada. Segundo Camel, o nosso motorista local, levaríamos mais de seis horas para percorrer os 250 quilômetros e chegar a Panjakent, no oeste do país. De lá, na manhã seguinte, pretendíamos seguir para o Uzbequistão.

O carro fez a curva para a direita e Edgar, sentado no banco de trás, viu pela janela o penhasco crepuscular de quase dois mil metros de altura que acompanhava a estrada.

– Minha Nossa Senhora! Manda esse cara ir mais devagar – ele disse, com a voz trêmula.

– Mas, ele está a menos de vinte por hora – respondi, sentado ao lado do motorista, sem olhar para o lado.

O caminho, que chega a 3.400 metros de altitude, é irregular, coberto por terra, pedras e, em alguns trechos, neve. Se outro carro viesse na direção oposta, o motorista precisaria frear e a mais suave derrapada poderia jogar o veículo para fora da estrada.

– Se a gente cair, ninguém sai vivo – completou Paulo, sentado à outra janela traseira. A cada curva, era possível ver as pedras que rolavam penhasco abaixo, arremessadas pelo movimento das rodas.

Enfim, a noite chegou impetuosa. A escuridão consumiu os últimos raios de sol e tomou conta das montanhas que nos cercavam. Mais de uma hora naquela estrada, e não tínhamos percorrido nem trinta quilômetros. Com a chegada da noite, a tendência era irmos ainda mais devagar.

Quando elaboramos o roteiro da viagem de carro de Pequim a Londres, quase um ano antes, não imaginávamos que um pequeno trecho de estrada pudesse ser tão assustador. Eu apertava a maçaneta da porta com força e mantinha os dentes cerrados, mas sabia que precisava me manter calmo. Respirei fundo, abri o vidro, coloquei a cabeça para fora sentindo o vento gelado no rosto. Olhei para o céu, procurando a lua, mas não encontrei. De repente, enquanto tentava relaxar, percebi que aquele era o céu mais estrelado que eu já tinha visto na minha vida. Admirando as incontáveis constelações, ainda pensativo, cerrei os olhos e movi a cabeça bem devagar para os lados. Queria encontrar alguma estrela cadente para fazer um pedido. Pediria para que nada de ruim nos acontecesse naquela noite. Tínhamos muita estrada pela frente e o motorista insistia em dirigir sempre no limiar da pista, tangenciando o penhasco. Já com a cabeça de volta para o carro, com um gesto de mão, pedi que ele fosse mais pelo lado interno da pista, longe da beirada. Ele apontou para a estrada com a mão aberta, franziu o cenho, balançou a cabeça em sinal de reprovação e disse algo que não entendemos. "Ali é ruim de dirigir, aqui é melhor", foi o que imaginei que ele estava dizendo. Dei um sorriso desajeitado e relaxei a cabeça no encosto do banco, sem tirar os olhos da estrada. Ficamos mais de uma hora em silêncio. Às vezes, eu escutava um suspiro profundo vindo do banco de trás. O filho do motorista, um garoto de uns seis anos de idade, dormia profundamente entre Paulo e Edgar, e a presença do garoto ali, de alguma forma nos tranquilizava. Mesmo assim, por vezes, pensava: "O que eu estou fazendo aqui? Se o carro cair, será que eles conseguem ao menos recuperar nossas fotos e vídeos? Minha mãe vai ficar louca se tiver que vir buscar meu corpo aqui nesse fim de mundo. Será que já morreu muita gente nesta estrada..." E meus pensamentos foram interrompidos pelo repentino espanto de Edgar.

– Cara, a roda tá passando a menos de um dedo do penhasco.

Manda esse cara fazer a volta e voltar pra Bukhara. Olha aqui o penhasco, cara, olha aqui. Olha aqui! – suplicou Edgar em Português, apontando para fora da janela.

– Também quero voltar, mas ainda não vi nenhum lugar que desse para fazer uma manobra – eu disse.

– Esse cara tá louco! – completou Edgar, tentando olhar para o fundo do penhasco.

– Ai, ai, meu Deus, e agora? Será que passam dois carros? – perguntou Paulo ao perceber dois pontos de luz que volta e meia apareciam à distância, cada vez mais perto.

– Putz, não sei. O motorista aqui não tá com cara de preocupado, não – eu disse.

– Mas ele não vai nem encostar o carro pra deixar o outro passar? – perguntou Edgar enquanto se ajeitava no banco mais uma vez.

– Ele deve estar acostumado, olha o filho dele aí, dormindo que nem um saco de batata – eu tentei rir.

– Cara, o outro carro também não tá freando – observou Paulo, e me cutucou no ombro direito.

– Agora o motorista fez uma cara de preocupação. Acho que vai parar – comentei – Ok? Ok? – perguntei ao motorista e apontei para os faróis que vinham na direção oposta.

– Ok! No problem – ele respondeu sem desviar os olhos da estrada, e tirou o pé do acelerador.

– Mas, e agora? O outro também parou – disse Edgar.

– É duelo, pra ver quem é mais corajoso! – brinquei. Era para ser uma piada, mas eu não ri. Ninguém riu.

– Eu vou descer, não quero ver isso – resmungou Edgar, e abriu a porta do carro.

– No, no! – gritou o motorista, e fez sinal para que ele ficasse sentado.

– O outro tá vindo – eu disse, sem saber se isso era bom ou ruim.

– Ainda bem que é um carro pequeno. Se fosse um caminhão, não passava – concluiu Paulo, ao perceber que o outro veículo era um Lada Niva, pequeno carro russo que chegou a ser vendido no Brasil na década de 1990.

– Ah, é! Agora eles vão querer ficar de papo? – Edgar reclamou quando o nosso motorista abriu a janela e começou a conversar com o homem no outro carro.

– A gente aqui se borrando e eles dois rindo – comentou Edgar, balançando a cabeça.

– Friend, Friend – o motorista riu, e retomou o caminho.

Olhei para trás e vi as luzes do outro carro serem rapidamente engolidas pela escuridão.

– Meu Deus! Se vierem mais uns dois carros na nossa direção, acho que tenho um infarto – resmunguei.

– Nunca mais quero passar aqui nessa estrada dos infernos – confessou Edgar, ainda com a voz trêmula.

– Era por isso que todos os outros carros que vinham pra cá eram quatro por quatro – falou Paulo, dando um tapa na própria testa. – Como a gente é burro! Como é que a gente não percebeu isso lá na hora? Tinha quinze carros esperando passageiros pra ir pra Panjakent e só esse aqui não era quatro por quatro. Se eu tivesse a mínima ideia de que a estrada era assim, pagava até dez vezes mais – concluiu Paulo, que era também o responsável pelas nossas finanças.

Sempre que conversávamos entre nós, falávamos na nossa língua mãe. Especialmente se não quiséssemos ser entendidos pelas pessoas ao nosso redor.

Depois de apenas cem quilômetros percorridos em quatro horas e meia de viagem, a estrada voltou a ficar plana e eu respirei aliviado. Ainda era uma estrada de terra, estreita e esburacada, mas já não contornava penhascos. Camel, o motorista, finalmente relaxou e começou a conversar conosco. Ele tinha 32 anos, mas por causa da pele castigada pelo sol e de alguns cabelos brancos, pensei que fosse bem mais velho. Tinha três filhos e trabalhava como especialista em investimentos financeiros em um banco com salário de duzentos dólares por mês. Sartor, o garoto que viajava conosco, tinha cinco anos. Com um sorriso de orelha a orelha, ainda falou de suas filhas, Jasmin, de três anos, e Sarvar, de um. Depois de contar essa história misturando um pouco de inglês, algumas palavras em russo e muita mímica, ele parou numa pequena vila aonde a única luz acesa vinha de um mercadinho.

Edgar desceu apressado, se ajoelhou no meio da estrada, beijou o chão de terra diversas vezes, levantou as mãos para o céu estrelado e gritou:
– Obrigado meu Deus! Nunca foi tão bom descer de um carro! – e riu alto antes de beijar o chão mais algumas vezes.
No meio de todas aquelas caixas amontoadas e produtos espalhados pelo chão e pelo balcão, encontrei água, chocolates e biscoitos. A gente precisava comer e beber algo depois de todas aquelas horas de angústia na estrada pavorosa. De volta ao carro, pouco antes de Panjakent, o motorista apontou para uma estrada lateral e disse:
– Um quilômetro. Eu. Casa.
– Ele deve ter ido passar o fim de semana na cidade e resolveu voltar com passageiros pra ganhar um troco extra – eu disse.
– Se fosse eu, faria o mesmo – completou Paulo.
Já era mais de uma e meia da manhã quando ele nos deixou em frente a um pequeno hotel. Enquanto recolhíamos as bagagens, Edgar presenteou o menino com uma camisa do Brasil. E eu registrei o momento numa foto instantânea que foi entregue a Camel, o corajoso e destemido motorista que nos levou em segurança de Bukhara a Panjakent numa viagem de oito horas, por apenas 60 dólares.
Os pequenos quartos do hotel cheiravam a mofo e não havia água nas torneiras nem no chuveiro. Mas não me importei. Estava abatido e tudo o que eu queria naquele momento era descansar. Encostei a cabeça no travesseiro – que também fedia – e relaxei. Eu tinha acabado de passar pelo dia mais tenso e angustiante de toda a minha vida, e demorei a dormir. E juro que vasculhei os cantos obscuros de minha memória em busca de outros momentos que pudessem ter sido tão ou mais intensos que aquelas últimas horas. Mas não encontrei nenhum.
Terminava ali o 16º dia da Expedição Olímpica 2012 e eu finalmente dormi profundamente depois de algum tempo.

2
Uma Fronteira, uma Estrada e uma Discussão

DEMOREI A PERCEBER que aquele som seco e constante que se intrometeu no meu sono era o de alguém batendo à porta. Devagar, levantei e olhei o relógio na cabeceira da cama. Sete horas da manhã. Ergui a mão para proteger meus olhos da luz que entrava pela janela e abri a porta. Um funcionário do hotel avisava que já havia água no banheiro. Mais descansados e de banho tomado, deixamos o hotel. A cidade era pequena e estávamos perto do centro, não seria preciso caminhar muito para encontrar um lugar onde pudéssemos trocar dinheiro.

O Tajiquistão é um país com uma área do tamanho do Ceará, cerca de sete milhões e meio de habitantes e uma cultura muito semelhante à do Afeganistão. Logo depois do fim da União Soviética, já independente, o país entrou numa guerra civil que durou de 1992 a 1997. Até hoje, o Tajiquistão, que tem 90% do território coberto por montanhas, não se recuperou da destruição causada pelo conflito e é um dos países mais pobres da região. Apesar do crescimento econômico impulsionado por commodities como algodão e fio de alumínio, a Organização das Nações Unidas (ONU) estima que quase 20% da população viva abaixo da linha da pobreza. A língua oficial no país é o tajique, uma derivação do Persa, mas o russo ainda é bastante usado.

Na rua, fomos abordados por um indiano baixinho, de pele escura e cabelo cheio de gel. Perguntou se éramos turistas e disse que trabalhava no Bureau de Turismo da cidade.

— Se vocês quiserem ir até o nosso escritório, posso explicar um pouco sobre a região e ajudá-los a planejar as visitas.

Lá, ele explicou que os dois principais pontos turísticos da cidade são o Bazaar, que é uma espécie de Mercado Público, e as ruínas da cidade antiga de Panjakent. Quando Paulo contou que queríamos cruzar para o Uzbequistão à tarde, ele trouxe uma informação que mudou o rumo da nossa expedição.

— Mas a fronteira com o Uzbequistão está fechada – ele disse, com olhar sério.

— Como assim, fechada?! – perguntei assustado. Afinal, tínhamos cruzado o desfiladeiro de Shahristan numa das estradas mais perigosas do mundo apenas para poder atravessar a fronteira até o Uzbequistão.

— Já faz alguns anos que fecharam. Dizem que é por causa das drogas que vem do Afeganistão – e sorriu meio sem jeito.

— Não pode ser! Não encontramos nenhuma informação sobre isso na Internet – disse Paulo.

— Eu não volto por aquela estrada de jeito nenhum – reclamei, e tomei um copo d'água.

Eu não podia acreditar no que estava acontecendo. Todos os momentos de tensão e agonia que tínhamos passado no dia anterior para chegar até ali tinham sido em vão. Era como se tivéssemos errado o caminho e entrado numa rua sem saída. A única solução era fazer a volta e retornar por onde chegamos. Só havia aquela estrada para entrar ou sair da cidade. Também não havia voos regulares para sair dali. Apenas no inverno, quando a estrada fica totalmente bloqueada pela neve, há um voo semanal que traz mantimentos e passageiros. Segundo o rapaz que nos atendia, no meio do desfiladeiro, porém, a estrada se dividia e nos dava duas opções. Ou voltávamos até Khujand, de onde tínhamos partido no dia anterior, e dali podíamos tentar cruzar pelo norte; ou descíamos até Dushanbe, capital do Tajiquistão, para entrar no Uzbequistão mais ao sul, perto do Afeganistão.

— A estrada que vai para Dushanbe é menos perigosa – ele garantiu.

Enquanto pensávamos sobre a decisão a tomar, resolvemos visitar a cidade. Era muito azar. Como é que eu pude deixar isso acontecer?

Pesquisei diversos sites e guias sobre cada um dos países do trajeto e nenhum deles – nenhum! – dizia algo sobre essa fronteira fechada. Voltei a ficar nervoso apenas em pensar que teríamos que cruzar aquelas montanhas outra vez.

O Bazaar, com suas tendas coloridas, cestos de sementes e frutas secas, comidas típicas e peças de vestuário tradicional, era muito semelhante aos mercados que já tínhamos visitado no Cazaquistão e no Quirguistão. Já as ruínas da antiga cidade de Panjakent, que tem 1.600 anos, não se mostraram muito atrativas. O lugar que abrigou uma pequena e próspera vila da era pré-islâmica é hoje um sítio arqueológico com escavações que chamam a atenção apenas de estudiosos do assunto. Eu olhava aquelas escavações e não conseguia encontrar o menor resquício das construções que eles diziam terem sido erguidas ali. Para mim, eram apenas buracos no chão. De volta ao centro, ainda inconformados com a maldita fronteira fechada, tivemos a nossa primeira discussão.

– Vamos atrasar vários dias, por causa desse desvio – reclamei.

– Mas não tem jeito, temos que escolher um dos dois caminhos e sair daqui logo – disse Edgar.

– Também não quero passar naquela estrada de novo. Mas se a gente voltar pra Bukhara podemos entrar no Uzbequistão mais cedo – argumentou Paulo.

– Tá louco, Paulo? Não passo lá de novo de jeito nenhum! – gritei, entre palavrões.

– Se formos pro sul vamos passar bem perto do Afeganistão, você mesmo falou que não queria passar por lá – disse Paulo.

– Pelo menos vamos passar pela capital do país, onde tem a embaixada do Turcomenistão. Podemos pegar o visto que falta lá – eu disse.

– E será que a gente arranja alguém que nos leve para capital? – perguntou Edgar.

– Mesmo que tenha que pagar o dobro, prefiro ir para o sul, não quero passar naquela estrada de novo e ponto final – repeti.

– A fronteira mais ao norte parece ser mais viável – exclamou Paulo.

– Tchê, a gente quase morreu naquela estrada! Esqueceram? – eu gritei. (Meu sotaque gaúcho sempre se sobressai quando estou nervoso).

— Mas se sairmos agora, vamos passar lá de dia ainda – ponderou Edgar. – Deve ser mais tranquilo.
— E se vier um caminhão na direção oposta, vamos voltar de ré?
— Bom, vamos pesquisar transporte para as duas cidades e depois a gente vota. Quem perder vai ter que aceitar – sugeriu Edgar.
— Eu quero ir pelo sul, o Paulo pelo norte. Quem vai decidir é você, então – reclamei, e saímos procurando por táxis, ônibus, caminhões ou qualquer meio de transporte que nos tirasse daquele lugar.

Usando todas as palavras em russo que eu sabia, e gastando meu estoque de mímicas, conversei com alguns motoristas locais para saber se a estrada para Dushambe era mais tranquila mesmo e quanto cobrariam para nos levar até lá. Paulo e Edgar foram em outra direção e sumiram da minha vista. Meia hora depois, um pouco mais calmos, voltamos a nos encontrar e decidimos partir em direção ao sul, com destino à capital do país. Por causa da fronteira fechada e da mudança na rota, faríamos um desvio de 1.200 quilômetros que atrasaria o nosso cronograma em pelo menos um dia. Mas estava decidido.

Quando, em um cruzamento no meio das montanhas, o carro virou à direita em direção ao sul, comemoramos. O pior trecho da estrada, aquele que tinha aterrorizado nossa noite anterior, ficava na estrada que ia para o norte. Não passaríamos por lá dessa vez.

Mas nossa comemoração durou pouco, algumas horas até chegarmos ao Túnel do Terror; também conhecido como Túnel da Morte, uma construção de cinco quilômetros de extensão sem iluminação nem sistema de exaustão de ar. Passageiros que ficassem presos dentro do túnel com um carro enguiçado, por exemplo, poderiam morrer asfixiados com o dióxido de carbono despejado ali pelos outros veículos. As paredes pareciam ter sido escavadas dentro de enormes e instáveis rochas de pó preto que vertiam água incessantemente. A pista era estreita, exatamente como a que havíamos passado na noite anterior, e coberta por pequenas corredeiras de água que escondiam buracos capazes de engolir a roda de um carro de passeio. O motorista parecia conhecer o lugar e desviava com cuidado dos buracos maiores.

Perto de Dushanbe, deixamos para trás a esburacada estrada de chão e entramos numa rodovia nova, com asfalto recém-colocado. Ao observar as suntuosas casas de verão e os restaurantes erguidos à margem do rio que costeava a estrada, cada um com seu deque particular, imaginei que a capital do país não apresentaria os mesmos sinais de pobreza espalhados pelo resto do Tajiquistão. Às oito da noite, mais de cinco horas depois de termos deixado Panjakent, chegamos a um hotel.

– Quando vocês chegam à Turquia? – perguntou minha mãe quando telefonei naquela noite. – Só depois que passarem pelo Irã é que vou ficar mais tranquila. Enquanto estiverem viajando por esses países que nunca ouvi falar, não vou ficar sossegada. E vê se não apronta nada no Irã! Não quero filho preso do outro lado do mundo.

Tentei acalmar a Dona Marlene, mas entendia a preocupação dela. Não deve ser fácil ser mãe numa hora dessas. Ficar em casa assistindo televisão, vendo aquelas matérias que dizem que o Irã é instável, que tem um Primeiro-Ministro não muito sensato e que manda prender jornalistas com frequência. Ela tinha todos os motivos do mundo para ficar preocupada. O mesmo acontecia com Dona Glaci, mãe do Paulo e do Edgar. No caso dela, era preocupação dupla.

Depois do telefonema, corri para o banheiro. Começava ali um problema intestinal que me acompanharia pelos próximos dez dias, me impedindo de ingerir qualquer coisa além de água. Felizmente, eu era um cara precavido e tinha alguns remédios comigo, entre eles um antidiarreico que, dali em diante, comecei a tomar sempre que pegávamos a estrada.

3
Uma Ideia Muito Louca

A IDEIA DA VIAGEM surgira num churrasco, em Pequim, no início de dezembro de 2010. Com um copo de cerveja na mão, Edgar chegara à sacada do apartamento onde eu assava carne numa churrasqueira que o Luciano, nosso anfitrião, tinha acabado de comprar.

– Que tal irmos de carro de Pequim a Londres para as Olimpíadas de 2012?

– Opa! Tô dentro – respondi sem tirar os olhos das fatias de picanha que serviria em seguida.

Era inverno na China. Estávamos reunidos no apartamento do Luciano para mais um churrasco entre amigos brasileiros. Não é fácil morar num lugar tão distante e tão diferente do Brasil, onde as temperaturas chegam a quarenta graus no verão e a vinte graus negativos no inverno, e o ar é seco e carregado de poluição. Momentos como aquele, onde não era preciso falar chinês nem inglês, e onde podíamos matar a saudade de casa com churrasco, pão de queijo, caipirinha e cerveja gelada, facilitavam a adaptação. Edgar havia morado na capital chinesa nos últimos quatro anos, e tinha acabado de se mudar para o sul do país. Estava de passagem e aproveitou o momento para propor o desafio. Foi um dos primeiros brasileiros que conheci ao me mudar para a cidade, em agosto de 2007. Se a viagem realmente acontecesse, eu não queria ficar de fora.

– Acho que dá pra ir com o meu carro. É usado, mas tá inteiro. A gente sai pelo Cazaquistão e segue pelo Oriente Médio – ele explicou, tomou outro gole de cerveja e jogou na boca um pedaço de carne, que mastigava devagar enquanto observava as reações dos amigos.

– Dá pra passar nesses países todos de carro? – Perguntei.

– Ah, isso eu não sei, vamos ter que pesquisar. No Santana cabem quatro. Se mais gente quiser ir, arranjamos outro carro.

Servi picanha e linguiça, deixei a churrasqueira um pouco de lado e abri uma garrafa de Tsintao, a mais famosa cerveja chinesa. "Para fazer uma viagem dessas vou precisar largar meu emprego na Rádio Internacional da China", ponderei. Mas sempre fui atraído pela aventura, e o Edgar sabia disso. Afinal, havia sido o gosto pela aventura que levara cada um de nós a morar na China. Pelo olhar instigador, percebi que ele falava sério e que, se nenhum de nós o acompanhasse, ele seria capaz de ir sozinho ou arranjaria outros interessados. Dei uma gargalhada, ergui meu copo e propus um brinde "Às Olimpíadas de Londres!".

– Acho que uma viagem dessas deve levar uns dois ou três meses. – disse Juca, pensativo.

– Se não ficarem pelo meio do caminho – alfinetou Luciano.

Luciano sabia que todos ali gostavam de viajar para lugares que os turistas em geral evitam, mas tinha certeza de que nenhum de nós se atreveria a fazer uma travessia dessas sem uma preparação adequada.

– A Olimpíada em Pequim já foi um tesão. Em Londres vai ser melhor ainda – comentou Edgar.

– Mas vamos ter que levar uma churrasqueira portátil como essa, não posso passar três meses sem churrasco – eu disse, e joguei duas grossas fatias de picanha na grelha.

– Gente, eu tô falando sério. Eu vou. Quem quiser ir comigo que se manifeste. A gente tem um ano e meio para preparar tudo – ele tomou o pouco de cerveja que ainda havia no copo e foi ao banheiro.

Um mês depois, Edgar mandou um e-mail desafiando os amigos. "É hora de separar os homens dos meninos", escreveu, e anexou um mapa com um trajeto marcado em linhas vermelhas retas. O Paulo, irmão dele, estava no Brasil e foi o primeiro a confirmar presença. "Eu acho que o negócio é sério", pensei, mas ainda estava indeciso. Eu tinha um emprego muito bom como editor no departamento de português da Rádio Internacional da China e não conseguiria ficar tanto tempo afastado. Para juntar-me a eles naquela aventura teria que pedir demissão. Se quisesse continuar morando na China depois da viagem, teria que procurar outro trabalho, mas as vagas para jornalistas brasileiros no país eram escassas e isso me preocupava um pouco. "Ah, que se dane!", gritei para mim mesmo e confirmei. "O cavalo não passa encilhado duas vezes", pensei.

Faltando quinze meses para os Jogos Olímpicos, começamos a trocar e-mails sobre a viagem, o trajeto, o que levar no carro, quais países exigiam visto, que documentos seriam necessários, que vacinas teríamos que tomar, quanto gastaríamos, por quais lugares gostaríamos de passar. E o que surgira apenas como uma ideia louca, quase uma brincadeira jogada ao vento num momento de descontração, começara a tomar corpo. Em meio a muitas dúvidas e incertezas, apenas o nome do carro estava definido, *Thunder Love*, trovão do amor em inglês.

No natal de 2011 já tínhamos definido os pontos de partida e de chegada: sairíamos do Estádio Olímpico Nacional, conhecido Ninho de Pássaro, em Pequim; e chegaríamos ao Palácio de Westminster, no centro da capital inglesa. E, para que a Expedição Olímpica tivesse ainda mais impacto, decidimos que a chegada em Londres deveria ser no dia da cerimônia de abertura dos Jogos Olímpicos, 27 de julho de 2012.

Ao escolher o trajeto, optamos por sair pelo noroeste da China e cruzar a Ásia Central na direção sudoeste, passando pelos países da antiga União Soviética. No início, Edgar também queria passar por Paquistão, Afeganistão e Iraque. Mas, por questões de segurança e tempo, conseguimos convencê-lo que não seria uma boa ideia. Calculamos as distâncias entre as cidades e descobrimos que seriam necessários entre 45 e 60 dias para percorrer os vinte mil quilômetros que separavam as duas cidades. Depois de muita conversa e análise dos mapas, escolhemos uma rota que passava por 25 países e que poderia ser feita em 56 dias, se tudo corresse bem.

No *Thunder Love*, apenas Edgar, Paulo e eu. Outros dois amigos, Lucas, conhecido como Baianinho, e Bruno, nos encontrariam na Europa com outro carro para acompanhar as duas semanas finais de viagem e a chegada a Londres.

Estava decidido.

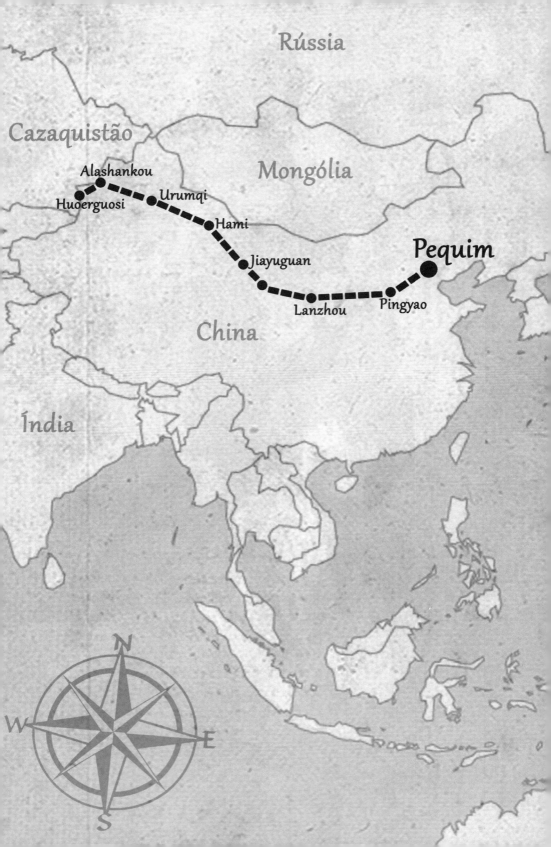

4
A Partida

Às 13 horas do dia 2 de junho de 2012, embarcamos no carro e partimos, sem GPS, sem mapas e sem qualquer reserva de hotel, para a maior aventura de nossas vidas. Tínhamos confiança de que chegaríamos a Londres no prazo, mas poucas eram as pessoas que compartilhavam esse otimismo. Uns acreditavam que não chegaríamos a tempo da cerimônia de abertura das Olimpíadas, outros duvidavam que a gente conseguisse cruzar todos aqueles países. Mas nós três sabíamos que, chegando no prazo ou não, seria uma viagem acima de tudo divertida, assim como todas as outras que já tínhamos feito juntos.

Sentado no banco de trás, rodeado por cobertores e travesseiros, coloquei a cabeça para fora da janela e olhei para o Ninho de Pássaro e o Cubo D'água, que ficavam cada vez menores no horizonte. A neblina de poluição que sempre cobria a cidade naquela época do ano engoliu-os e perdi contato visual. Com o vento batendo no rosto, lembrei-me de todos os momentos espetaculares que havia presenciado ali, nas Olimpíadas de 2008, quando trabalhei como jornalista e tive a chance de ver em ação alguns monstros do esporte, como Usain Bolt, Kobe Bryant, Michael Phelps, Cesar Cielo, Maurren Maggi e Yelena Isimbayeva.

— Bom, vamos tentar manter o carro limpo, já que é aqui dentro que vamos passar os próximos dois meses — eu disse ao fechar a janela.

— Isso se deixarem a gente sair da China com o carro, né — retrucou Edgar, e rimos.

Nos três meses que antecederam a viagem, havíamos entrado em contato com mais de vinte departamentos diferentes nas cidades de Changshu, Xangai e Pequim, e havíamos feito dezenas de ligações. Mas ninguém soubera informar quais papéis seriam necessários para sair com o veículo da China. Na Internet, as informações eram ainda mais escassas.

Antes de embarcar, fizemos uma leve corrida ao redor do Ninho de Pássaro com a nossa tocha de plástico. Junto conosco, os amigos que foram acompanhar a partida: Neto, Rafael, Luciano, Paula, Juca, Arissa, Eduardo, e Edgar Alencar, repórter do Sportv que tinha ido gravar uma matéria sobre a nossa empreitada. Aquele momento simbolizava o início da nossa expedição para levar o espírito olímpico de Pequim até Londres. Além da tocha vermelha e branca comprada pela Internet, ainda estávamos levando duas bolas de futebol para uma diversão numa parada ou outra, e para interagir com as pessoas no caminho.

Tínhamos percorrido quase trezentos quilômetros quando, ao passar por um pedágio, fomos parados pela polícia.

– Vocês passaram a 127 km/h onde o limite era de 120 Km/h – disse o policial, e mandou Paulo, que dirigia naquele momento, descer. – Vá até aquela cabine para efetuar o pagamento – e apontou para uma pequena construção branca ao lado do pedágio.

Edgar tentou contornar a situação, pediu para contarem com uma tolerância de 10% para não nos multarem, mas os guardas estavam impassíveis.

– Se não pagar, não segue viagem. São cem Yuan – disse um deles, e nos entregou um papel.

Havia mais uns dez chineses ali na cabine pagando multas. Mas ficaram tão felizes em ver um brasileiro dirigindo um carro chinês e falando a língua deles, que nos deixaram até passar na frente.

– O futebol do Brasil é muito bom. Adoro o Ronaldo e o Ronaldinho – disse um policial enquanto passava o cartão de débito do Edgar.

Era sempre assim, quando os chineses descobriam que éramos brasileiros, começavam a falar de futebol. Conheciam o Pelé, mas adoravam os craques que haviam sido campeões mundiais em 2002 na copa do Japão e da Coreia do Sul. Depois de cinco anos morando na China, eu já estava acostumado.

– Pela alegria deles, devo ter sido o primeiro estrangeiro a ser multado aqui – comentou Paulo.

Às oito da noite, duas horas depois do previsto, avistamos o portão de entrada da cidade antiga de Pingyao, uma vila totalmente cercada por um muro de guerra de doze metros de altura e seis quilômetros de perímetro.

O lugar tem mais de 2.700 anos de história, mas a cidade só foi fundada oficialmente há 500 anos. O muro, que é o mais bem conservado da China, foi erguido em 1370, no terceiro ano de governo do Imperador Hongwu, e protegeu a população local durante as dinastias Ming (1368-1644) e Qing (1644-1911). Ao todo, são seis portões de entrada, um ao norte, um ao sul, dois a leste e dois a oeste. Vista do alto, a cidade tem a forma parecida à de uma tartaruga, que é o animal que representa a longevidade na cultura oriental. Por isso, Pingyao também é chamada de "Cidade Tartaruga". Cada um dos quatro cantos do muro ostenta uma enorme torre. Outras 72 torres de observação, um pouco menores, estão espalhadas simetricamente ao longo da construção. Ao redor, a cidade também cresceu e abriga cerca de 500 mil pessoas, mas não mantém as características arquitetônicas ou culturais. É apenas uma cidade pequena para os padrões chineses, como centenas de outras espalhadas pelo país.

Passamos pelo grande portão, viramos à direita e depois à esquerda. Algumas crianças brincavam na rua estreita, passamos bem devagar. Duzentos metros adiante, encontramos um lugar para dormir. Era uma das dezenas de tradicionais moradias da cidade histórica, com um pátio quadrado no centro e os cômodos erguidos ao redor. Estava em reforma, sendo preparada para funcionar como hotel. Dois quartos já estavam prontos, mas o pátio estava cheio de madeira, telhas e tijolos. Era preciso pular pelas pilhas de material de construção para chegar até a porta do cômodo. Fomos atendidos pela Senhora Dong, dona do lugar, sempre acompanhada de um cachorro pequeno, peludo e muito feio.

Deixamos nossas malas no quarto e a senhora Dong nos levou até o estacionamento, que ficava do lado de fora do muro. Deixamos o carro ali e fomos direto para a rua principal, que corta a cidade histórica de norte a sul. Comemos um prato de cartilagem de boi e um macarrão típico da região, que vem numa tigela de madeira para manter o calor por mais tempo. Após a ceia, saímos para uma caminhada pela cidade.

As ruas eram estreitas, com calçamento de pedra e rodeadas de casas e prédios de dois andares que mantinham o estilo arquitetônico tradicional chinês e abrigavam pequenos restaurantes, lojas de artesanato, antiquários e hospedarias. Em 1997, Pingyao fora tombada pela ONU como Patrimônio da Humanidade, o que fez aumentar o interesse dos turistas nos últimos anos. As construções, na grande maioria, aparentavam ótimo estado de conservação. Os prédios das ruas principais e mais movimentadas estavam todos muito bem iluminados. Casais caminhavam de mãos dadas por entre as barracas de frutas, crianças e adultos jogavam peteca no meio da rua e grupos de homens e mulheres comiam e bebiam nas mesas colocadas nas calçadas. Como era proibida a entrada de carros na parte central da cidade histórica, as ruas foram transformadas em grandes calçadões. Em frente a uma loja, um senhor tocava um enorme tambor, vestindo uma túnica de seda vermelha decorada com desenhos chineses e usando um pequeno chapéu de mandarim vermelho com abas negras. Concentrado, com uma baqueta em cada mão, batia harmoniosa e simultaneamente em cada uma das extremidades do tambor. Mais adiante, um rapaz erguia um enorme martelo de madeira e batia com força na massa esticada sobre uma mesa de madeira maciça. As pessoas se aglomeravam ao redor de sua tenda para comprar o doce de semente de girassol em que se transformava aquela massa. Do outro lado da rua, um homem esticava, amassava e puxava uma enorme massa bege que estava presa a um gancho na parede. O puxa-puxa chinês. Enquanto ele puxava, uma mulher cortava e empacotava os doces, mas a procura pelo produto deles não era tão grande, não vi ninguém comprando.

 Durante a caminhada, algumas pessoas pararam para tirar foto conosco, o que é comum na China. Muitos chineses nunca viram um estrangeiro na vida, principalmente os que vivem nas pequenas cidades do interior. Depois de tomar algumas cervejas, voltamos para o hotel. Como era de se esperar, as camas eram curtas demais para receber pessoas altas como Paulo (1,89m) e Edgar (1,88m), e eles precisaram dormir com os pés para fora. Mais baixinho, não tive esse problema. A minha cama era enorme, ocupava todo um lado do quarto, mas não era confortável: uma estrutura de tijolos e cimento de setenta centímetros

de altura coberta apenas com um fino edredom de lã. Embaixo, havia um buraco onde, no inverno, eram colocadas brasas para esquentar a cama e o ambiente. Apaguei as luzes, deitei-me e fiquei olhando para o teto branco. Aos poucos, meus olhos foram se acostumando com a escuridão e eu logo já conseguia distinguir os móveis ao redor e as paredes. Dei uma olhada no quarto com mais calma e percebi que portas, janelas, rodapés, mesas, armários e cadeiras eram feitos de madeira trabalhada com detalhes tradicionais chineses. "E não é que a expedição começou?", pensei, antes de apagar num sono confiante.

    No dia seguinte, antes de seguir viagem, fizemos outro passeio pela cidade. Afinal, um dos objetivos da nossa viagem era tentar conhecer todos os lugares por onde passássemos.

    Caminhamos pelos mesmos lugares por onde passeamos na noite anterior e pagamos cinco Yuan cada (R$ 2) para subir na City Tower, uma torre de dezoito metros de altura, estrutura mais alta da cidade. De lá, foi possível observar os telhados de todas as casas e vislumbrar toda a extensão do muro. Depois, fomos até o "Rishengchang", primeira instituição financeira da China, fundada oficialmente em 1816 e fechada em 1932. Por causa da localização privilegiada e da segurança proporcionada pelo muro, Pingyao fora o centro financeiro da China durante a Dinastia Qing. O prédio, que conta com várias salas ao redor de diversos pátios internos, fora restaurado e transformado em museu em 1995. Na saída da cidade antiga, três garotas que passavam por ali na hora pediram para tirar fotos conosco.

– Mas depois da foto vocês têm que correr com a gente segurando a tocha olímpica, pode ser? – perguntou Edgar antes de explicar sobre a nossa expedição. Elas toparam e, além de correr com a tocha, ainda jogaram futebol conosco. Nenhuma delas tinha intimidade com a bola, mas foi a primeira interação local que tivemos na expedição, e isso nos alegrou.

Às onze e meia, pegamos a estrada novamente. Algumas horas depois, vimos diversas cavernas encravadas nas montanhas que acompanhavam a autoestrada que nos levaria até a cidade de Lanzhou, nosso próximo destino. Algumas eram apenas buracos escavados na rocha, mas outras eram mais elaboradas, com uma pequena fachada erguida na entrada. Todas elas eram habitadas. Saímos da autoestrada e seguimos até chegar ao vilarejo de Shuang Chuan, que significa Cidade Dupla.

– Tô com muita dor de barriga, preciso de um banheiro urgente – disse Edgar, logo que entramos na estrada de chão paralela à rodovia. Seguimos por mais de um quilômetro e nem sinal de um banheiro público.

– Pode parar aqui mesmo, vou naquela caverna – e desceu correndo com um rolo de papel higiênico na mão. Era um buraco na pedra, de pouco menos de 2 metros de altura com alguns galhos e pedaços de madeira dentro. "Deve ser o estoque de lenha de alguém", pensei.

– Ei, não precisa cagar aí, tem um banheiro aqui embaixo – gritou em chinês um senhor que surgiu perto do carro. Com o braço esticado, ele apontou para uma pequena casinha de um metro e meio de altura, feita de pedras empilhadas, coberta com uma telha, com um buraco no chão cheio de moscas. Contrariado, Edgar subiu as calças e foi até o banheiro. Paulo ficou no carro, enquanto eu conversava com o senhor que aparentava ter pouco menos de setenta anos de idade.

 Continuamos a conversa e seguimos para uma das cavernas, onde ele nos serviu chá. Como o sotaque dele era muito carregado, diferente do de Pequim, tive dificuldade em entender toda a conversa. Edgar, um pouco mais acostumado com chineses do interior, foi o nosso interlocutor. O cômodo onde entramos tinha uma porta alta e larga, ornada com batentes de madeira e uma cortina colorida. Do lado de fora, uma pilha de tijolos segurava uma antena montada com peças de parabólicas velhas.

– Aquele é meu pai dele – disse o senhor chinês, apontando para um senhor ainda mais velho, magro, encolhido, sentado no chão de terra num canto do pátio, perto da segunda caverna – Ele nasceu aqui e sempre morou aqui. Tentei levá-lo para a cidade, mas ele insiste em ficar. Eu nasci aqui e só voltei para cuidar dele. Tem noventa anos, é o homem mais velho do lugar. E não tem doença alguma – completou o filho, antes de entrar na caverna.

Pedimos permissão e entramos também. Edgar viu um quadro na parede, com várias fotos de um rapaz com uniforme militar e perguntou:

– É você?

– Sou eu. Servi ao exército por dezenove anos, até 1986. Fui a muitos lugares pelo exército, Heilongjiang, Mongólia e Hubei – disse orgulhoso, enquanto colocava água quente em um copo de vidro. Logo em seguida, deu uma balançada no copo e jogou a água no piso da caverna, que era todo de terra. Era uma moradia muito humilde, quase sem móveis. Do lado direito havia um fogão à lenha, colado à cama, que era alta e ocupava um terço de toda área útil. No teto, apenas uma lâmpada suspensa por um fio elétrico. Sobre a cama, uma pilha de travesseiros e cobertores dobrados e organizados. Apoiada ao lado do fogão à lenha, a única cadeira da casa, sem encosto. Do lado esquerdo, uma cômoda que servia de apoio para uma antiga TV em preto e branco de onze polegadas, um armário esculpido na rocha, uma cama portátil aberta, um calendário colado na parede entre um espelho e um quadro coberto com fotos, e uma pequena mesa para duas pessoas.

— Cresci aqui mesmo nessa casa. Saí daqui com vinte anos e fui morar na cidade. Com sessenta anos voltei para cuidar do meu pai, para cuidar dele até o final. Ninguém mais quer morar aqui, só voltamos por causa dos nossos pais — e pegou um pacote de folhas de chá sobre a mesa. Com muita dificuldade, o pai dele se levantou e caminhou lentamente em direção à caverna, apoiado em um cajado de madeira. Estava magro e andava curvado, com a cabeça quase na mesma altura da cintura. Uma enorme corcunda se projetava no meio das costas. Um passo, uma descansada, outro passo, outra descansadinha.

Na China, é tradição oferecer chá ou água quente aos convidados. Uma vez dentro da casa, você já pode ser considerado um camarada, quase um amigo, e não pode negar a bebida nem os cigarros oferecidos pelo anfitrião. E o Edgar, que não é de fazer desfeita, aceitou o cigarro que o senhor nos ofereceu. Eu recusei, mas aceitei o chá.

– Aqui dentro é bom, porque no verão está sempre fresquinho, mesmo quando está muito quente lá fora. E no inverno, acendemos o fogão à lenha e fica bem quentinho – ele disse, antes de dar uma longa tragada no cigarro e sentar na cama, ao lado do outro senhor que já estava na cama desde que entramos.

Antes de nos despedir, tirei uma foto instantânea dos três senhores ao lado do Edgar e do Paulo e entreguei para eles.

– Pode tirar uma foto só comigo e o meu pai? Não temos nenhuma foto juntos, apenas nós dois – Ele pediu com carinho, impressionado com a imagem que lentamente começava a aparecer na foto instantânea do tamanho de um cartão de crédito.

E assim, nos despedimos dos homens das cavernas da China.

5
Lanzhou, e a Primeira Manutenção no Carro

Atravessamos uma ponte e chegamos a um parque do outro lado do Rio Amarelo, um caudaloso rio que cruza o país de oeste a leste e é o segundo maior da Ásia, com quase 1.900 quilômetros de extensão. Perde apenas para o Yangtze, também na China. O nome vem da cor amarelada da água que passa lentamente pela cidade de Lanzhou e segue em direção ao leste para desaguar perto de Dongying, no Mar de Bohai. Por causa do volume e da extensão, o Rio Amarelo é considerado o berço da antiga civilização chinesa, onde surgiram as primeiras comunidades da região. Lanzhou, capital e maior cidade da província de Gansu, é um centro estratégico do nordeste da China graças à abundância de vias de acesso, como ferrovias, autoestradas e o próprio rio. Estabelecida a 1.600 metros de altitude, tem quase quatro milhões de habitantes e foi uma área disputada por tribos e impérios ao longo de mais de 2.700 anos de história.

Ao entrar no parque, pouco depois das oito da manhã, nos deparamos com um grupo de senhoras dançando embaladas por uma música que misturava batidas eletrônicas com ritmos tradicionais chineses e instrumentos típicos. Edgar se enfiou na primeira fileira, ao lado da líder do grupo, e tentou imitar os passos. "Agora gira pra esquerda", ela dizia, e rodopiava. "Agora pra frente", e dava uns passos para frente enquanto rebolava discretamente. As outras mulheres riam da falta de coordenação do meu amigo, mas ele ainda insistiu mais um pouco antes de desistir.

Perto dali dezenas de grupos como aquele, cada um com seu próprio aparelho de som e sua própria trilha sonora, praticavam tai-chi-chuan, um tipo de arte marcial usada para treinamento de defesa que segundo a crença oriental ajuda no equilíbrio físico e emocional através de movimentos lentos e precisos que envolvem controle de respiração e de energia. Em um desses grupos, idosas realizavam movimentos compassados de braços, pernas e tronco e, em sincronia, abriam e fechavam leques vermelhos. Em outro grupo, elas usavam raquetes de madeira para equilibrar bolas de borracha do tamanho de bolas de tênis. Passavam a raquete por baixo da perna, por trás das costas e ao redor da cabeça, se contorciam e moviam pés e braços ao mesmo tempo em que giravam o corpo sem deixar a bolinha cair.

Do outro lado do rio era possível ver algumas construções antigas e templos que se erguiam imponentes por entre as árvores no meio das montanhas. A neblina que tomava a cidade, porém, nos impedia de apreciar a vista com mais detalhes. Ao nosso lado, um senhor ensinava movimentos de dança a casais. Dois passos para um lado, dois passos para o outro, uma voltinha para lá passando as mãos sobre a cabeça da parceira, uma voltinha para cá. "Muito bem, estão indo muito bem", ele estimulava os dançarinos.

– O que vocês estão fazendo no parque? – Perguntou o professor durante o intervalo, cercado de alguns de seus alunos. – Nunca aparecem estrangeiros por aqui.

Mostramos a nossa tocha de plástico e explicamos o que era a nossa Expedição Olímpica. Eles fizeram dezenas de outras perguntas. Queriam saber onde estava o carro, se era a gasolina, quando chegaríamos a Londres, de onde éramos, por que falávamos chinês e se não teria sido uma ideia melhor ter ido de avião.

– Vocês não querem correr com a tocha com a gente? Estamos gravando um documentário sobre a viagem – sugeriu Edgar. O professor foi o primeiro a topar e fizemos belas imagens à beira do Rio Amarelo com os idosos revezando a tocha conosco.

A poucos metros dali, e com outra música diferente, outro grupo fazia rápidos e repetitivos movimentos com os quadris, a barriga e os braços. Pareciam simular movimentos de corrida, mas não mexiam os

pés. Ao lado, quase duzentos idosos se reuniam em pequenos grupos, sentados no chão ou em pequenos bancos dobráveis, para jogar cartas. Outros, ao redor, apenas conversavam, riam e davam palpites. Eu poderia passar o dia ali, curtindo a energia daqueles idosos. Mas era preciso seguir viagem.

Ao cruzarmos a ponte para seguir ao próximo destino, Paulo percebeu que a luz 'ABS' do painel do carro estava acesa. Encontramos uma oficina mecânica e os funcionários começaram a trabalhar logo que paramos. Descobriram um problema no freio da roda traseira direita e, enquanto eles discutiam entre si a melhor maneira de consertar o *Thunder Love*, Edgar ligou para o mecânico de confiança dele na China. "Pague no máximo 200 Yuan (cerca de R$ 70) pelo serviço", sugeriu o mecânico. Como o Santana, da Wolksvagem, era um dos carros mais comuns na China naquela época, a gente sabia que seria fácil fazer a manutenção em caso de problemas mecânicos. E isso tinha pesado na nossa decisão de viajar com ele.

– Vamos ter que tirar a roda e trocar uma peça do freio – disse o gerente. – Vai custar 250 Yuan. Edgar reclamou do preço, explicou que estávamos a caminho de Londres, que não poderíamos pagar tanto por cada pequeno conserto que precisariam serem feitos no caminho e que ainda tínhamos dois meses pela frente. O gerente coçou a cabeça, olhou para o carro, olhou para nós e cedeu:

– Tá bom, tá bom, vou fazer por cem Yuan para ajudar vocês.

Às onze e quinze da manhã, com o freio arrumado, partimos em direção ao Qinhai, maior lago da China, que tem água cristalina e salobra e que fica a 3.205 metros de altitude. Continuamos naquela direção e só percebemos que estávamos no caminho errado quando já tínhamos percorrido mais de cem quilômetros fora do trajeto. Optamos por seguir a rota errada mesmo, dar a volta no lago pelo sul e

dormir no lado oeste antes de seguir para Jiayuguan, mais ao norte. Um inesperado desvio de mais de quatrocentos quilômetros. Apenas o primeiro desvio da viagem.

O lago era tão grande que não dava para ver a outra margem. Descobrimos um caminho que levava até a beira, onde havia um grupo de pessoas da minoria étnica tibetana, e fomos fazer uma visita.

A China comunista, formalmente chamada de República Popular da China e fundada em 1949 por Mao Tse Tung, conta hoje com 56 grupos étnicos, sendo que os Han representam mais de 91% da população do país, quase 1,2 bilhão de pessoas. Os outros grupos, oficialmente chamados de minorias étnicas, estão espalhados pelo território do país em áreas que foram conquistadas e reconquistadas em cinco mil anos de batalhas e guerras. Um dos grupos que habita a região ao redor do lago é de tibetanos, facilmente identificados pela pele escura e a vestimenta colorida.

Algumas horas depois, já no lado oeste do lago, paramos numa aldeia para jantar. Era um restaurante pequeno, com apenas cinco mesas. Fomos atendidos pelo dono, que era também garçom, cozinheiro e caixa do restaurante. Pedimos um prato de carne de iaque e uns bolinhos cozidos, também com recheio de iaque, que é a carne mais consumida na região. Esse animal parece uma vaca, mas é um pouco menor, mais peludo, tem a cara mais quadrada e possui grandes reservas de gordura para enfrentar o inverno frio das montanhas.

Pouco depois da nossa chegada, um homem entrou e fez o pedido ainda de pé, escorado no balcão, num dialeto local que a gente não entendia. As outras quatro mesas do estabelecimento continuavam livres, mas ele resolveu sentar conosco, ao lado do Paulo. Não levantou os olhos na nossa direção nem tentou trocar qualquer palavra conosco durante o tempo em que esteve ali. Devorou um prato de bolinhos igual ao nosso e saiu antes que a gente terminasse de comer.

Após o jantar, seguimos mais cinquenta quilômetros e paramos em Gangca, outra pequena cidade à beira do lago, onde havia apenas um hotel autorizado a receber estrangeiros.

Deitado numa cama desmontável no quarto do hotel, fiquei pensando nos homens das cavernas vivendo daquela maneira, em condições tão precárias e de maneira tão simples, tão amáveis e tão abertos a conversar com estrangeiros. E pensei nas pessoas que fazem de tudo para conseguir sempre uma casa melhor, um carro melhor, uma TV melhor, um telefone melhor, mas que acabam se esquecendo dos princípios básicos de uma vida tranquila. Fechei os olhos e dormi sorrindo. Era apenas o começo da viagem e já tínhamos passado por uma experiência tão única e tão especial.

    O dia amanheceu chuvoso e frio, oito graus Celsius. Às sete e meia, já estávamos na estrada em direção a Jilin, de onde seguiríamos para Urumuqi, na província de Xinjiang. Às onze horas, na entrada da Passagem de Jingpeng, uma rodovia que cruza uma cadeia de montanhas, começou a nevar. Era uma neve fraca, escassa, que derretia ao entrar em contato com o asfalto, mas que aos poucos começou a encobrir a paisagem.

    Mais adiante, chegamos a um trecho da estrada que estava interditado para reformas e só seria liberado quando a obra estivesse concluída. Porém, por causa do mau tempo, os trabalhadores não sabiam dizer quanto tempo demorariam. Na mais otimista das previsões, ficaríamos parados ali por mais seis ou sete horas.

    – É tempo demais. Vai atrasar muito o nosso cronograma – disse Edgar, descendo do carro para conversar com o chefe dos operários.

    – Estamos indo para Londres e o tempo já é curto. Se ficarmos seis horas parados, vamos chegar atrasados na abertura da olimpíada – explicou. O chefe relutou um pouco, mas ficou comovido com a situação. Contente por ter encontrado um estrangeiro que falava chinês, mandou que os funcionários parassem o trabalho e recolhessem as máquinas e caminhões para o acostamento.

    Logo que passamos pelo ponto mais alto da cadeia de montanhas, a 3.869 metros de altitude, a neve ficou mais grossa. Dirigindo com cuidado extra na descida, Edgar percebeu que os freios começaram a falhar. Um cheiro de pastilhas queimadas invadiu o interior do carro. A estrada era asfaltada e cheia de curvas contornando as montanhas, mas não tinha acostamento. Ele reduziu a marcha e continuou acionando o pedal dos freios, mas a velocidade do carro só aumentava. A curva à frente era mais aberta e ele conseguiu virar sem problemas,

mas a curva seguinte, ao final de uma longa descida, era bem fechada. Havia guardrail ao longo de toda a pista, mas um carro sem freios passaria por ele como se estivesse passando por uma tela mosquiteiro. Edgar reduziu a marcha de novo, colocou em primeira, e o motor começou a roncar alto, muito alto, como se gritasse avisando que logo explodiria. O carro desacelerou um pouco, mas não o suficiente.

– Coloquem os cintos! – gritou Edgar. – Se o freio não funcionar, vai dar merda!

A curva estava cada vez mais próxima e o chão ficando mais molhado com a neve que caía e logo derretia. Sem opções, Edgar puxou o freio de mão e seguiu dando rápidas pisadas no pedal dos freios. Funcionou. O carro desacelerou. Conseguimos fazer a curva e paramos logo depois, no meio de outra descida reta. Já tínhamos passado por uma situação parecida no ano anterior com a van que nos levara ao acampamento base do Everest, no Tibete. Na ocasião, o motorista encostou o carro em frente a uma casa, pegou uma mangueira emprestada e jogou água gelada nas rodas. Em contato com o metal quente, a água evaporava e formava uma nuvem branca que subia e se perdia no vento. Decidimos fazer o mesmo. Mas para não gastar a pouca água potável que nos restava, desci um barranco e encontrei uma pequena fonte cinquenta metros abaixo, no meio do mato. Enchi as garrafas que tinha nas mãos e subi. Os primeiros goles jogados sobre cada roda fizeram o metal chiar e formaram nuvens de vapor que se dissiparam rapidamente no ar gelado. Mais tarde, pesquisando sobre o assunto, descobrimos que não deveríamos ter feito aquilo. Poderíamos ter empenado os freios, que deixariam de funcionar, e seríamos obrigados a parar mais uma vez em uma oficina mecânica.

Em vários trechos da estrada que cortava as montanhas, havia pedras na pista, recém-caídas das encostas por causa da chuva ou da neve. Em um desses trechos, Paulo e eu tivemos que descer do carro para retirar uma pedra de quase meio metro de altura e outras menores que impediam a nossa passagem.

Deixamos as montanhas para trás e, pouco antes do pôr do sol, paramos em uma área plana ao lado da estrada para desestressar e exercitar o nosso lado criança. Passamos mais de meia hora soltando pipa e jogando futebol. A pipa fora um presente da Sarah, amiga alemã que tinha acompanhado os últimos meses de preparação em Pequim. "Se não deixarem vocês saírem de carro da China, empinem a pipa o mais alto que puderem perto da fronteira e cortem o fio. Deixem-na voar livre pelos ares de Xinjiang ", ela dissera, sorrindo, na véspera da nossa partida.

6
O Início da Muralha da China

Acordei com uma terrível dor de cabeça. Tomei dois copos de água e comi duas bananas na esperança de que isso resolvesse o problema. Eu tinha alguns comprimidos de paracetamol na caixinha de medicamentos, mas só pretendia usá-los em caso de extrema necessidade. Aliás, esperava não precisar de remédio algum até o final da expedição.

Saímos para conhecer a cidade de Jiayuguan, que é minúscula para os padrões chineses, com apenas 250 mil habitantes. Primeiro, fomos até o lugar que é considerado o trecho mais ocidental da Muralha da China. Para alguns é o início da muralha, para outros, o final. Depois, fomos até o Portal de Jiayuguan que, pela localização estratégica na Rota da Seda, havia sido um marco importante na ligação entre a China e o Ocidente séculos antes da nossa visita.

O Portal, que mais parece um forte, foi construído em 1372 durante a Dinastia Ming e era o primeiro posto de parada da Rota da Seda dentro da China. Já a muralha, tinha sido erguida em 1539 para garantir a segurança da vila que começava a crescer na região. No trecho mais alto da muralha, sem a presença de outros turistas que pudessem nos atrapalhar, mais uma vez empinamos pipa e jogamos bola.

– O que é aquele ponto branco descendo o penhasco? – perguntou Paulo, rindo, enquanto Edgar e eu estávamos concentrados na pipa.

– A nossa bola! – exclamou Edgar, preocupado.

Tínhamos deixado a bola dentro de uma das torres no topo da montanha enquanto eu soltava pipa. Mas, por conta do vento forte,

ela rolou alguns degraus e desceu a montanha antes que Paulo pudesse reagir. Alguns segundos depois, ela parou dentro de uma área militar que cercava a montanha. Aquela bola era a nossa mascote, a gente jogava com ela por onde passava e isso ajudava na interação com as pessoas que cruzavam o nosso caminho. Não podíamos abandoná-la no meio daquela montanha, deixá-la perdida ao relento. Mas eu preferia não invadir uma área militar chinesa.

— Temos outra bola, não precisamos recuperar aquela. Vocês não vão querer entrar numa área militar chinesa, né? – tentei argumentar, mas não consegui convencê-los.

Descemos até a entrada do parque, pegamos o carro, esperamos a passagem de um caminhão com a carroceria carregada de soldados, e fomos até o sopé da montanha, quinhentos metros depois da placa que dizia 'Acesso proibido'. Fiquei no carro, com o motor ligado, olhando para os lados, com os olhos arregalados enquanto os dois resgatavam a bola. Eles voltaram correndo e eu arranquei. Saímos rápido e sem chamar a atenção dos militares.

Seguimos para o oeste pela G30, uma autoestrada recém-construída que atravessa o Deserto de Hami. Já passava do meio dia. A estrada era tão nova que não havia sequer um posto ou uma lanchonete em funcionamento por quilômetros. E tão longe de qualquer cidade que perderíamos mais de uma hora se saíssemos da rota em busca de um restaurante. Às quatro e meia da tarde, o nosso estoque de água já estava no final e o tanque de gasolina na reserva. Ao redor, apenas planícies desérticas, montanhas de pedra e cataventos gigantes. Eu já estava começando a me preocupar. Não queria ficar parado na estrada sem gasolina e nem água. Às cinco horas da tarde, no entanto, encontramos uma cabana de madeira improvisada ao lado de um posto de gasolina inacabado. Pela cama montada em um dos cantos, ao lado de caixas de mantimentos, percebi que a mulher que nos atendeu estava morando ali. Compramos três potes de macarrão instantâneo e uns pedaços de frango defumado embalados a vácuo.

Seiscentos quilômetros depois de termos saído de Jiayuguan, e com o céu já escuro, chegamos a Hami, um oásis no meio daquele imenso deserto.

7
HAMI, A TERRA DA MELANCIA

CHÁ, FRUTAS, ovo cozido, sopa de arroz, macarrão frito com fígado de boi e vegetais picados. Esse era o café da manhã servido no hotel em Hami.

As placas de trânsito e os outdoors espalhados pelas ruas estavam todos escritos em chinês e em árabe, mistura também presente na arquitetura da maioria dos prédios. Visitamos o Museu da Herança Cultural, um prédio suntuoso, com arquitetura ao estilo árabe e que tinha sido erguido recentemente para contar a história da região e preservar artefatos das civilizações que dominaram a cidade ao longo dos milênios.

Do outro lado da rua, a *Residência do Rei Uigur*, uma construção erguida entre 1698 e 1706 pelo primeiro rei de Kumul, um palácio que abriga jardins e prédios com características chinesa, uigur e árabe. Ali, fomos surpreendidos por casas de barro ladeando estreitas ruelas e um cemitério árabe. Nem parecia que a gente estava na China. Aquelas casas não lembravam em nada a tradicional arquitetura chinesa que eu tinha me acostumado a ver nas viagens pelo país. Também não se pareciam em nada com as construções que tínhamos visitado no dia anterior em Jiayuguan. Demos a volta, entramos na rua principal e encontramos um estacionamento junto à entrada principal do palácio. Quase completamente destruídos por uma guerra em 1931, os prédios haviam sido restaurados em 2003 numa tentativa de atrair mais turistas ao complexo que ocupa uma área de quase quatro hectares.

O relógio marcava onze da manhã quando entramos na autoestrada em direção a Urumuqi. Se tudo desse certo, em dois dias estaríamos na divisa com o Cazaquistão. Durante todo o trajeto, além de apenas um posto de gasolina, vimos só montanhas e cataventos gigantes organizadamente instalados no meio do deserto. Chegamos a Urumuqi no final da tarde. Ainda havia sol e fomos atrás de hospedagem. Como já havia acontecido outras vezes, a maioria dos hotéis não tinha autorização para receber estrangeiros. Passamos quarenta minutos procurando, rodando de carro e a pé pelas ruas do centro até encontrar um que nos aceitasse.

O dia seguinte seria corrido. Precisaríamos encontrar algum departamento do governo que pudesse nos informar sobre a burocracia necessária para sair com o carro do país. Já sabíamos que as chances de sair legalmente da China com o *Thunder Love* eram remotas, mas era preciso insistir. Se não resolvêssemos a situação em quatro dias, estaríamos colocando em risco o nosso cronograma e a decisão mais sensata seria abandonar o carro e seguir de ônibus, trem ou táxi.

8
Burocracia, uma Especialidade Chinesa

Às oito da manhã já estávamos na rua tentando encontrar as repartições públicas responsáveis pelas autorizações de entrada e saída de bens do país. Urumuqi é a capital da província por onde queríamos sair da China e, como a administração no país é dividida entre as províncias, alguém no departamento de trânsito da cidade deveria saber do que a gente precisava. Mas o prédio estava fechado. Estranho. A China mantém o horário de Pequim, que fica na costa leste, para todo o país, mesmo sabendo que no oeste, onde estávamos no momento, a diferença seria de pelo menos duas horas. Ou seja, o sol indica que são seis horas da manhã, mas o relógio oficial do país marca oito horas. Por isso, em vez de começarem a trabalhar às oito, como em Pequim, eles entravam às dez. Mas só descobrimos isso quando vimos a placa que indicava os horários de funcionamento do prédio. Como teríamos que esperar duas horas até que a repartição começasse a funcionar, resolvemos visitar o Parque da Montanha Vermelha (Hongshan), no centro da cidade. O principal templo da montanha, chamado de Yu Huang Ge (câmara do rei celestial), fora construído durante a Dinastia Tang (618–907 d.C) e era usado por monges para o estudo de escrituras sagradas. Em 1930, o templo foi destruído em um motim popular e, após ser reconstruído, virou ponto turístico. Uma torre de nove andares erguida sobre uma pedra no topo da montanha durante a Dinastia Yuan (1277–1367 d.C) é hoje o principal ponto para observação do pôr do sol em Urumuqi, considerado o mais bonito do oeste da China.

    Depois do passeio, ficamos pulando de repartição em repartição até chegarmos ao departamento de entrada e saída de veículos. O chefe do setor, um homem alto, sério, bem vestido, cabelo bem penteado e cigarro na mão, garantiu que seria impossível sairmos da China com o nosso carro.

— Eu sou o responsável por autorizar a saída de qualquer carro do país, mas só posso permitir a saída de veículos de carga pertencentes a empresas chinesas. Carros de passeio não podem, em hipótese alguma, sair da China – ele disse, e deu uma longa tragada no cigarro.

    Urumuqi havia sido um dos grandes polos comerciais da Rota da Seda durante a Dinastia Tang e desenvolveu a reputação de centro cultural e comercial durante a Dinastia Qing. Originalmente habitada por uigures e mongóis, a região também passou por batalhas e foi conquistada e reconquistada por diversos povos e tribos ao longo da história. Para evitar o aumento do sentimento nacionalista e separatista já existente na região, o governo de Mao Tzé Tung começou a povoar a cidade com chineses da etnia Han na década de 1950 e dar a eles os principais cargos políticos. Em 2009, a situação foi agravada por um motim popular dos uigures exigindo mais autonomia. Carros, prédios e repartições públicas foram apedrejados e incendiados. Oficialmente, duzentas pessoas morreram nos conflitos, mas organizações não governamentais de direitos humanos garantem que os números foram bem superiores. Quando a situação foi estabilizada pelo exército semanas depois, a região passou a ter um controle ainda maior do Partido Comunista. E eram esses burocratas da etnia Han que supostamente deveriam nos ajudar.

O cronograma me preocupava e eu já estava quase desistido de sair da China com o nosso Santana 2005. Deitado na cama do hotel, eu estudava mentalmente tudo que precisaríamos fazer para cruzar a pé para o Cazaquistão. Teríamos que deixar o carro em algum lugar e levaríamos conosco apenas algumas peças de roupa e os equipamentos eletrônicos. Não poderíamos carregar muito peso, pois não sabíamos quais meios de transporte usaríamos nas semanas seguintes. Eu tinha uma pequena mochila que usava para levar os equipamentos de foto e vídeo e outra mochila de rodinhas para levar um computador e as minhas roupas. Não havia espaço para a bolsa de remédios ou um saco de frutas, por exemplo. "Mas não adianta pensar nisso agora, ainda temos alguns dias para tentar resolver a situação.

Na manhã seguinte, oitavo dia da expedição, Edgar foi pagar a conta do hotel, enquanto Paulo e eu levávamos as bagagens para o carro. Queríamos sair cedo para chegar o quanto antes na fronteira do Cazaquistão. Quando voltei para a recepção, vi Edgar discutindo com dois funcionários do hotel.

– Eles querem que a gente pague 80 Yuan porque essa toalha tá manchada. É a toalha que estava no meu quarto – ele reclamou.

– Mas essa toalha é velha – eu disse, indicando os rasgos e pedaços desfiados.

– Eu sei. Quando cheguei já estava assim, mas não quis reclamar. Só que agora eles querem que a gente pague. Estão dizendo que fui eu que deixei a toalha assim – e virou-se para discutir novamente com um dos recepcionistas.

– Eu é que devia estar indignado por vocês me darem uma coisa velha desse jeito, e não vocês querendo me cobrar por uma toalha que já estava rasgada quando chegamos. Agora sou obrigado a chegar em cada hotel e conferir tudo antes de dormir, colchão, lençol, toalha?

O rapaz insistia que seríamos obrigados a pagar 80 Yuan (cerca de R$ 30) por uma toalha que era vendida em qualquer loja, na China, por um valor pelo menos dez vezes menor.

– Podemos dar um desconto na toalha – ele ofereceu.
– Não queremos desconto – Edgar riu.
– Vamos chamar a polícia? Sugeri, ainda calmo.
– Vocês não podem chamar a polícia, tem que pagar a toalha e ir embora – disse o rapaz, já erguendo a voz.
– Não! Não vamos pagar – gritei, e saí.

Fui até a banca de jornal do outro lado da rua, perguntei o telefone da polícia ao jornaleiro e voltei para o hotel.

– Descobri o telefone da polícia. É 110 – eu disse em chinês, bem alto, para que todos no salão ouvissem, e fingi que estava fazendo a ligação.

A moça que tinha começado toda essa confusão se sentiu no direito de ficar brava e começou a me insultar em chinês e em uigur. Não dei bola, continuei fingindo que falava com a polícia e ela ficou ainda mais irritada. Saiu de trás da mesa e exigiu que eu desligasse o telefone. Fui até o balcão, peguei um cartão de visitas do hotel e comecei a explicar o endereço do hotel para o policial imaginário do outro lado da linha.

– Ok, Ok, não precisa mais pagar nem chamar a polícia. Vão embora logo – disse o outro rapaz. – E nunca mais voltem aqui.
– Não se preocupe, eu jamais vou pôr o pé novamente nesse lixo. Vocês são pessoas más que gostam de enganar turistas, deviam se envergonhar – eu disse, com o dedo em riste, antes de sair.

No meio da tarde, chegamos a Alashankou, uma vila onde fica a fronteira mais a noroeste da China. Havia outros postos de fronteira na região, mas optamos por cruzar ali porque tínhamos recebido a informação de que eles saberiam qual a documentação necessária. Na entrada da cidade, havia um posto de fiscalização do exército onde fomos obrigados a apresentar os documentos do carro e os passaportes. Perdemos mais meia hora ali porque não queriam me deixar entrar.

Diziam que o meu visto de turista não me dava permissão para sair do país, mas sabíamos que eles estavam enganados. Paulo, com visto de estudante, e Edgar, com visto de trabalho, não teriam problema em cruzar a fronteira, segundo o guarda que nos atendeu. Felizmente, depois que fizeram alguns telefonemas, nos deixaram passar. Fomos direto para o prédio da alfândega. Já passava das três e meia da tarde, mas fomos obrigados a esperar. Nenhum funcionário tinha voltado do almoço ainda. Mais uma vez, fomos enganados pelo fuso horário.

O chefe do departamento chegou perto das quatro horas e logo nos atendeu. Disse que não poderia resolver o nosso problema, mas informou que o responsável por autorizar a saída do carro seria o chefe do *Kouan*, que é o posto de fiscalização na fronteira. Escreveu num papel o nome e o telefone do chefe e nos explicou como chegar até lá. Fomos ao local indicado, mas os guardas que cuidavam da entrada do prédio não conheciam o homem que estávamos procurando. Enquanto um deles telefonava para o número escrito no papel, o outro puxou conversa:

– No ano passado, três franceses que estavam na China com um carro de fora, passaram alguns meses viajando pelo país e resolveram sair por aqui mesmo para o Cazaquistão. Depois de uma hora voltaram, sem carro, sem dinheiro e sem os passaportes, apenas com as roupas do corpo – ele contou. – Espero que vocês tenham mais sorte.

– Será que ele tá falando sério? – perguntei em português.

– Tomara que não – respondeu Paulo.

O outro guarda anotou os números dos nossos passaportes, disse que os policiais nos esperavam na porta do prédio e mostrou onde deveríamos estacionar. Lá fora, em fila, mais de 40 caminhões esperavam por liberação para sair do país e seguir viagem. Ao descermos do carro, fomos recepcionados por três guardas com os mesmos uniformes que eu estava acostumado a ver nos aeroportos da China. Eram policiais de fronteira. Dois homens e uma mulher. Um dos rapazes trazia nas mãos uma câmera e fez questão de registrar o encontro conosco. A mulher perguntou o que cada um de nós fazia. Paulo explicou que ele era estudante em Pequim e que Edgar trabalhava em uma empresa perto de Xangai. Eu disse que era jornalista e que tinha trabalhado na

Rádio Internacional da China (CRI). Eu sabia que, apesar de ser muito mal vista pelo governo comunista, a profissão de jornalista era uma das mais conceituadas entre os jovens chineses. Também sabia que a CRI era nacionalmente conhecida como a maior emissora de rádio do mundo.

– Sou fã da Rádio Internacional da China, ouço os programas de rádio e acesso o website – disse a mulher, com os olhos arregalados e um enorme sorriso no rosto.

Expliquei que eu tinha trabalhado no departamento de português e que os nossos programas eram transmitidos apenas para os países de língua portuguesa, mesmo assim ela começou a dizer os nomes de vários apresentadores dos programas em chinês e perguntou se eu conhecia algum deles.

– Claro que conheço todos eles, são meus amigos – respondi.

O prédio da Rádio tinha onze andares onde trabalhavam quase duas mil pessoas nos mais variados horários, a maioria chineses. Mesmo tendo trabalhado ali por dois anos, eu conhecia apenas as pessoas que trabalhavam no meu andar e os estrangeiros dos outros departamentos. Nunca cheguei a ter contato com as pessoas que ela citou, mesmo assim disse que conhecia todos. Quando mostrei o crachá da CRI – que levava sempre comigo para momentos como aquele – ela pediu para tirar uma foto ao meu lado. Depois de fazer mais algumas perguntas sobre a Rádio, pediram para ver o carro.

– Quem vai atravessar dirigindo o carro?

– Eu mesmo – respondeu Edgar.

O policial preencheu os papeis de saída do carro e do motorista e entregou dois outros formulários em branco para mim e para o Paulo. Achei estranho, muito estranho. Tínhamos passado meses procurando informações sobre os documentos necessários para sair do país com o nosso veículo e, na fronteira, ainda não tinham pedido papel algum.

– Não pode ser, isso aqui tá fácil demais – disse Edgar em português, entregando os passaportes no balcão do controle. – Se deixarem a gente passar, saímos rápido, sem perguntar nada.

Em seguida o chefe do setor apareceu.

– Calma aí, gente. Não deixem eles saírem, não é assim – disse, apontando para o meu passaporte na mão da atendente. – Quais documentos de autorização de saída vocês têm? – o chefe perguntou.

– Nenhum – respondeu Edgar, e largou o passaporte dele e os documentos do carro sobre o balcão.

– Mas precisa ter um documento de saída – insistiu o chefe.

– Mas que documento é esse? E onde a gente arranja? – perguntou Edgar.

– Não sei, só sei que precisam de algum documento – disse, e voltou para a sala dele. Outros dois policiais foram atrás.

Vinte minutos depois, o chefe voltou e explicou a situação:

– Nenhum estrangeiro jamais tentou sair do país com um carro chinês por essa fronteira. Não existe legislação que proíba a saída, mas ninguém sabe como faz para autorizar. Já liguei para o pessoal do *Tong Guan ke* (o departamento onde tínhamos passado antes) e eles vão te dar o papel lá, já está tudo resolvido.

Voltamos aonde ele tinha indicado e fomos atendidos pelo mesmo homem de antes. Ele disse que tinha conversado com alguns colegas enquanto estivemos fora e que descobriu que seria preciso um documento de exportação temporária do veículo.

– Também vão precisar fazer um depósito no valor do carro para garantir que voltarão ao país. E o retorno tem que ser feito pelo mesmo lugar de saída. Mas não podem fazer esses papéis aqui, isso tem que ser feito pelo Ministério dos Transportes. E eles só aceitam o pedido se for feito através de um Bureau de Turismo. É um processo demorado.

A notícia não foi nada animadora, mas pelo menos descobrimos que seria possível deixar o país com o carro. Agora, nos restava descobrir uma maneira rápida de conseguir esses papéis. Caso demorasse muito, não teríamos escolha, seríamos obrigados a abandonar o carro na fronteira.

Em Alashankou, porém, não existia nenhum Bureau de Turismo. Tivemos que seguir para Bortala, pouco mais ao sul. Chegamos lá no fim do dia e já estava tudo fechado. Era sábado e as repartições públicas só voltariam a funcionar na segunda-feira.

Rodamos por mais de uma hora e, depois de passar em quinze hotéis, conseguimos pegar o último quarto livre de um pequeno hotel

perto do centro. Enquanto eu preenchia os papeis, oito pessoas entraram perguntando se havia quartos vagos.
— É sempre movimentado assim? — Perguntei.
— São negociantes. Eles dormem aqui porque no dia seguinte cruzam a fronteira para fazer negócios no Cazaquistão. É sempre assim nos fins de semana — explicou a recepcionista.

Como o quarto tinha apenas uma cama de casal e eles não ofereciam cama extra, disseram que apenas duas pessoas poderiam ficar no quarto. Registrei apenas o Paulo junto comigo e voltei para o carro para organizarmos o esquema. Teríamos que encontrar uma maneira de subir os três para o quarto sem que as recepcionistas percebessem. Por serem irmãos, Paulo e Edgar eram muito parecidos. Mas, aos olhos dos orientais, eles eram considerados gêmeos idênticos e isso ajudaria a despistar os chineses.

Vestindo uma camisa cinza e um chapéu marrom, Edgar subiu comigo levando algumas mochilas. Desci e entreguei a mesma camisa e o mesmo chapéu para o Paulo. Se as recepcionistas desconfiassem de algo e fizessem alguma pergunta, eu já tinha a resposta preparada: "É o mesmo que subiu ainda há pouco, não viram ele descendo comigo?". Enquanto Edgar estava no quarto, e Paulo vestia a camisa e o chapéu, fui para a recepção distrair as moças. Quando ele cruzou em direção ao elevador com outras mochilas na mão, elas perceberam algo de errado.
— Você o viu saindo? — uma perguntou para a outra.
— Não, não vi. Como ele está entrando agora, se não o vi saindo?
— Acho que vocês precisam beber menos cerveja quando estão em serviço — eu disse, em tom de brincadeira, e corri para o elevador enquanto elas riam.

Paulo e Edgar dividiram a cama de casal e eu dormi no chão, em cima de um edredom dobrado.

Prevendo que não nos deixariam sair da China com o carro, passamos o domingo organizando nossas coisas. Lavamos toda a roupa suja e começamos a separar o que havia dentro do carro. Dividimos os pertences e bagagens em três lotes: o que levaríamos conosco quando deixássemos o carro na fronteira, o que ficaria no carro e o que seria enviado pelo correio para a Europa.

Cada um de nós levaria uma mochila pequena com roupas e pertences pessoais. Eu ainda levaria a mochila com as câmeras e o tripé. Edgar levaria uma bolsa extra com o meu notebook, os dois iPads e produtos de uso coletivo, como água, papel higiênico, xampu e sabão em pó. Paulo levaria outra bolsa com água, comida, a bola e a tocha.

Na caixa que enviaríamos para a Europa, colocamos sapatos, calças jeans, camisas sociais, fantasias, filmes para a câmera instantânea, cartões de visita, cuecas, meias, bermudas, outras peças de roupa e camisas do Brasil e da Expedição Olímpica. O resto ficaria no carro, inclusive o notebook do Edgar. Ainda não sabíamos onde o carro ficaria, mas teríamos que deixá-lo em algum galpão ou garagem fechada para que estivesse inteiro e funcionando quando alguém viesse buscá-lo.

Ao meio dia, conseguimos um quarto maior, com três camas, e a segunda noite em Bortala já foi um pouco mais confortável. O dia seguinte seria decisivo. As bagagens já estavam separadas e a autorização para sair com o carro não dependia de nós. Aos poucos, apaguei a preocupação da minha cabeça e dormi tranquilo. De um jeito ou de outro, continuaríamos a viagem e eu tinha certeza de que, no fim, tudo daria certo e que chegaríamos a Londres a tempo.

9
A Despedida do *Thunder Love*

NA SEGUNDA-FEIRA, depois de passar novamente por diversos departamentos, fomos recebidos por um senhor careca de cerca de 50 anos de idade, que vestia camisa polo xadrez de mangas curtas, calça azul marinho e sapatos pretos de couro com a sola gasta. Estava em pé no corredor fumando e nos tratou muito bem. Pediu que sentássemos no sofá da saleta enquanto ele terminava de discutir um assunto com um funcionário. Não parecia, mas era o chefe do Bureau de Turismo. Ele sentou-se do outro lado da mesa e acendeu mais um cigarro enquanto o Edgar contava de novo a nossa história. Eu tinha certeza que ele diria que estávamos no lugar errado e que nos enviaria a outro departamento, mas me enganei. Foi a pessoa mais atenciosa, dedicada e gentil que encontramos em toda a viagem.

— Não faço ideia de quais papéis são esses. É a primeira vez que me deparo com essa situação, nunca lidei com isso. Nunca estrangeiros tentaram sair da china com um carro chinês. Então preciso me informar bem pra não passar informação equivocada para vocês — ele confessou, coçando a careca com a mesma mão que segurava o cigarro. Puxou uma pequena agenda que havia dentro de uma gaveta e ligou para um número anotado a lápis. Conversou alguns minutos com a pessoa do outro lado da linha, anotou algo em uma folha em branco e logo fez outra ligação.

— Vocês podem sair e tomar uma cerveja aqui na esquina enquanto eu faço mais umas ligações? É que vai demorar um pouco, não precisam ficar esperando – e ligou para outro número que tinha acabado de anotar.

Retornamos meia hora depois e ele ainda estava no telefone. Apontou o sofá para que sentássemos e ofereceu mais um cigarro. Recusamos. Fez mais duas ligações e, com um ar de preocupado, pediu desculpas. Disse que não tinha conseguido nenhuma informação útil para nós.

– Acho que a melhor opção é irem até o Bureau de Turismo de Huoerguosi, a cidade da fronteira que fica ao sul daqui. Tentei ligar para lá, mas não consegui falar com ninguém – ele disse.

Perdemos dois dias em Bortala. No meio do caminho para Huoerguosi, encontramos o Sailimu, um lago de quase quinhentos quilômetros quadrados também conhecido como Sayram, que significa abençoado na língua cazaque. Segundo uma lenda local, o lago tinha sido formado pelas lágrimas de um jovem casal apaixonado. Um demônio, encantado com a beleza da moça, capturou-a e manteve-a presa em sua residência. Num momento de descuido do captor, ela conseguiu escapar e fugiu para as montanhas. Encurralada, ela se jogou em um abismo para fugir das garras do demônio que a perseguia sem descanso. O jovem namorado, ao saber do trágico acontecimento, jogou-se no mesmo abismo para continuar ao lado da amada por toda a eternidade. As lágrimas de dor derramadas pelo jovem casal encheram o abismo e formaram o lago Sayram.

Ao chegar a Huoerguosi, fomos direto para a imigração, onde as pessoas estavam atravessando a pé para o Cazaquistão. Sem obter qualquer informação útil, fomos ao prédio da alfândega. As recepcionistas de lá não sabiam qual departamento deveríamos procurar, mas ligaram para a secretária do chefe geral e ela autorizou a nossa entrada. O chefe recebeu Edgar na sala dele, ouviu a nossa história e pediu para ver os papéis que tínhamos.

– Que papéis? – perguntou Edgar.

– Os papéis de saída do carro, claro.

Visivelmente indignado com a nossa falta de organização, ligou para a secretária e pediu alguns formulários. Ela entrou na sala com três folhas preenchidas e carimbadas, provavelmente de pessoas que já tinham passado por ali com carros chineses.

– Vocês precisam de documentos iguais a esses – ela explicou.

Edgar deu uma conferida nos formulários, explicou que não tínhamos nenhum daqueles papéis e perguntou se havia uma maneira de obtê-los de forma rápida. Na frente do chefe, ela ligou para alguém e explicou a nossa situação.

– Vocês têm que ir até essa empresa especializada em serviços de importação, exportação e logística, estão esperando por vocês lá – e entregou um papel com o nome e o endereço da pessoa com quem ela tinha acabado de conversar.

Ao todo, já havíamos estado em mais de quarenta departamentos diferentes entre Suzhou, Xangai, Nanquim, Pequim, Urumuqi, Alashankou e Bortala. Havíamos telefonado para mais de cem pessoas e conversado com outras cem pessoalmente, e ninguém tinha conseguido dizer quais documentos seriam necessários para sair da China com o carro. Mas ali, na última tentativa e com o cronograma já apertado, parecia que finalmente havíamos encontrado alguém com uma informação útil.

O rapaz que nos atendeu na empresa foi atencioso, mas ficou assustado com a nossa situação.

– Nunca vi isso, já fiz trâmites parecidos, mas apenas para carros chineses com motoristas chineses. Podemos tentar, mas a autorização do Ministério de Desenvolvimento e Turismo demora cerca de trinta dias.

Explicamos que não havia tempo, que precisávamos sair nos próximos dias para não atrasar muito o nosso cronograma. A menina na mesa ao lado escutou a conversa e veio falar conosco.

– No ano passado, dois chineses chegaram aqui com menos documentos que vocês e conseguiram toda a papelada em poucos dias – disse, e explicou para o rapaz que nos atendia quem eram as pessoas que tinham sido envolvidas na situação.

Ele fez algumas ligações e disse que a situação era delicada.

– Até onde descobri, nunca um estrangeiro saiu com um carro chinês por aqui. Pode ser que consigam fazer um procedimento rápido, mas precisariam de algumas coisas antes: um depósito de garantia no dobro do valor do carro, uma carta formal da empresa do Edgar garantindo que ele vai continuar trabalhando lá quando voltar para a China e uma carta da universidade do Paulo garantindo a matrícula dele para o ano todo. Ele ainda explicou que precisaríamos contar com a boa vontade do sujeito que trabalha na alfândega para aceitar os documentos e conseguir a autorização com o Ministério de Desenvolvimento e Turismo. Só depois disso tudo ele poderia expedir o *shanbao*, que é a carta de exportação e importação temporária do veículo.

– Se conseguirmos essas cartas, quanto tempo você acha que demora pra gente atravessar a fronteira? – perguntei em chinês.

– Acho difícil conseguir em menos de um mês. É muita gente envolvida. Por vias legais é demorado, e não dá pra subornar todos.

No mesmo instante, colocamos o plano B em funcionamento. O mesmo rapaz que nos atendia ofereceu um lugar para guardar o carro e o computador do Edgar por 20 Yuan por dia, cerca de três dólares. O veículo ficaria no depósito da empresa e o notebook em um cofre. Tudo acertado por um contrato. E os bens seriam liberados apenas para o Edgar ou a pessoa que ele indicasse por e-mail.

Naquela noite, tentei relaxar e dormir, mas estava pensando demais na nossa situação. No dia seguinte abandonaríamos o carro que nos garantia conforto e liberdade e continuaríamos a viagem a pé. Com o *Thunder Love*, podíamos parar em qualquer lugar a qualquer momento, ou até mesmo mudar os planos em cima da hora e seguir numa direção diferente da planejada. A partir do dia seguinte, tudo seria diferente. Não tínhamos a mínima ideia de como seguiríamos viagem, nem sabíamos se seria possível encontrar transporte entre as cidades que estavam no nosso roteiro.

– Vai dar tudo certo – disse Edgar, antes de desligar a televisão.

10
Cruzando a Pé para o Cazaquistão

Ao deixar o carro para trás e entrar no prédio da imigração da China para cruzar a pé para o Cazaquistão, percebi que a nova etapa da nossa expedição rumo à Inglaterra seria ainda mais emocionante, divertida, imprevisível e perigosa. Tínhamos levado onze dias para percorrer 5.500 km e atravessar a China de leste a oeste a bordo do *Thunder Love*, e teríamos então quarenta e cinco dias para cruzar outros vinte e cinco países e chegar a Londres no dia da cerimônia de abertura dos Jogos Olímpicos de 2012. Para cumprir o prazo que havíamos estabelecido um ano antes, durante o planejamento da Expedição Olímpica, precisaríamos dormir cada noite em uma cidade diferente e embarcar em qualquer meio de transporte disponível, com o mínimo de bagagem possível.

Entre os postos alfandegários da China e do Cazaquistão, havia uma estrada de chão de quase um quilômetro de extensão, rodeada por deserto e cercas de arame farpado com mais de dois metros de altura, observada por policiais armados com fuzis no topo de meia dúzia de torres de madeira. Para os que, assim como nós, estavam atravessando a pé, havia um ônibus que fazia esse trajeto por cerca de cinco dólares. E ele tinha acabado de sair quando os policiais chineses devolveram nossos passaportes carimbados. Duas horas e meia depois, o ônibus ainda não havia retornado.

– Esse ônibus que vai pro Cazaquistão não volta mais? – perguntei em chinês a um dos guardas que cuidava da segurança do local.

— Esse transporte não tem hora para sair, vai de um lado para o outro só quando está cheio — ele respondeu, e continuou coçando a orelha com a unha do dedo mindinho.

No tempo em que ficamos esperando, não vi um carro sequer atravessar a fronteira. Todas as pessoas que estavam ali tinham vindo em ônibus de linha ou em excursões. Os passageiros eram obrigados a descer dos veículos com todos seus pertences para passar pelo controle de passaportes e pelo raios-x. Depois, o veículo era vistoriado e autorizado a seguir viagem.

Edgar, que era o mais fluente em chinês entre nós três, perguntou aos policiais se eles poderiam nos ajudar a conseguir um meio alternativo de chegarmos até o outro lado, ou que nos permitissem fazer o trajeto a pé. Afinal, a demora deles em analisar e carimbar nossos documentos fez com que a gente perdesse o ônibus. Depois de alguns minutos, o chefe do departamento ordenou que o primeiro ônibus que saísse teria que nos levar até o outro lado sem cobrar preços abusivos. Dez minutos depois, conseguimos embarcar.

Após descer do ônibus e passar pelo controle de passaportes do Cazaquistão, descobrimos que não havia qualquer transporte público e que o estacionamento mais próximo ficava a cinco quilômetros dali. Vi um jovem chinês conversando em russo com um homem mais velho e, pelos gestos que faziam, percebi que negociavam algo. Chegamos perto e descobrimos que aquele senhor era taxista e que negociava a viagem até Almaty, exatamente a cidade que queríamos ir, a duzentos e cinquenta quilômetros dali. "Primeiro momento de sorte em dias", pensei enquanto Paulo acertava o valor para nos levarem também.

— Mas o carro dele está lá no estacionamento, temos que caminhar até lá. São cinco quilômetros — disse o chinês.

— Não tem problema — respondeu Paulo.

Enquanto caminhávamos no meio de uma região seca e quase sem árvores, debaixo de um sol de quarenta graus, me dei conta de que nenhum de nós falava russo e que passaríamos cerca de um mês viajando por países da Ex-União Soviética. A gente conseguia se comunicar em português, inglês, chinês, espanhol e alemão. Caso a língua russa se apresentasse como um problema, a mímica seria a única solução.

Depois de dez minutos de caminhada, o taxista parou um trator novo que ia na mesma direção, conversou alguns segundos com o motorista e gritou algo para nós.

– Podem subir, ele vai nos levar até o estacionamento – anunciou o chinês, sorrindo.

– Isso é sensacional! O primeiro transporte que a gente consegue fora da China é um trator – exclamei, enquanto escalava aquele monstro amarelo às risadas, como se fosse um garoto de dez anos.

Subi no para-lama traseiro e fiquei agachado para fugir da fumaça preta que o escapamento cuspia para o céu a cada acelerada. O motor rugindo alto e o vento que batia no meu rosto trouxeram de volta lembranças quase apagadas da infância em um sítio no Rio Grande do Sul... Me senti como se estivesse mais uma vez no comando de um Tobata, micro trator do vizinho que a gente usava, às vezes, para carregar ração para o gado ou postes para uma cerca. Bons tempos aqueles, de

ingenuidade e esperança, quando o futuro era apenas um emaranhado de sonhos desconexos, e quando pequenos detalhes do dia a dia, por menores que fossem, alegravam a alma. Naquele momento, percebi que todos os problemas daquele dia tinham ficado para trás. Nada mais importava, eu estava pendurado num trator, no meio do deserto do Cazaquistão, e isso me fazia feliz.

Já no táxi, que na verdade era um carro particular, um Audi com bancos de couro e câmbio automático, fomos parados em uma barreira do exército. Três soldados uniformizados, com metralhadoras a tiracolo, rodearam o carro. Um deles meteu a cabeça pela janela de trás para ver quem estava dentro do veículo. "Brasília?", perguntou apontando para a camisa da seleção canarinho de 1998 que eu vestia. Das poucas palavras em russo que eu tinha aprendido em anos morando na China, 'Brasília' era uma delas. Significa: Brasil.

– Brasília, Brasília – respondemos em coro, sentados no banco de trás e com as mochilas no colo.

Sem tirar a outra mão do cabo da metralhadora, ele abriu a porta do carro, apontou pra mim e disse algo em russo.

– Ele está mandando vocês descerem – traduziu o nosso novo amigo chinês.

Fiquei de pé, ao lado do soldado, e ouvi ele falando alguma coisa em russo para os colegas. Fiquei preocupado, achei que passaríamos por mais uma revista ou interrogatório. Era a nossa primeira interação com a força policial fora da China e a gente não falava a língua deles. Do outro lado do carro, Paulo e Edgar me olhavam com olhos arregalados. Outro soldado chegou do meu lado e colocou a mão no meu ombro. Um calafrio me subiu pela espinha. Ele continuava segurando a metralhadora, que estava presa ao pescoço por uma alça.

– Foto, foto – disse ele sorrindo.

– Foto, foto – concordei, e sorri aliviado.

O terceiro soldado puxou um celular e eles se revezaram tirando fotos com a gente. Pareciam felizes por terem conhecido brasileiros. Conversavam entre si e riam olhando as fotos que tinham acabado de tirar. Quando eles terminaram, puxei a nossa câmera e também tiramos fotos com eles.

– Ronaldo, Ronaldinho – disse um deles.
– Pelé – completou o outro, e rimos junto com os militares.

A gente sabia que o Brasil era amado no mundo todo por causa do futebol. Por isso, em todas as fronteiras que fôssemos cruzar, havíamos combinado que pelo menos um de nós estaria usando a camisa da seleção brasileira.

O Chen, nosso amigo chinês, era negociante, falava russo com fluência e conhecia muito bem a região. Na primeira parada, nos ajudou a comprar um chip de celular e a configurá-lo. Depois, nos levou a um mercado para comprarmos mantimentos e cerveja, e ainda nos apresentou a comida típica da região, o espetinho de carneiro.

Cinco horas depois de embarcar naquele trator, lá na entrada do Cazaquistão, fomos recepcionados em Almaty por um temporal. Relâmpagos rasgavam o céu com estrondo e a água que caía sem parar se acumulava em enormes poças no asfalto.

– Tem certeza que vocês querem ficar por aqui? Essa região é muito perigosa – perguntou o motorista assim que paramos em frente ao hotel que tínhamos reservado pela Internet.

– Somos do Brasil, estamos acostumados com lugares perigosos – respondeu Paulo, sem ter muita certeza se o fato de sermos brasileiros ajudaria em algo.

O hotel ficava no centro da cidade, perto da estação rodoviária e de um mercado de iguarias, cercado de prédios antigos e ruas pouco iluminadas. "Talvez não seja mesmo o melhor lugar para três estrangeiros que não falam uma palavra de russo ou casaque", pensei enquanto ajeitava as mochilas no quarto.

Quando a chuva acalmou, saímos para comer um kebab, aquele que seria o prato mais presente nas nossas refeições fora da China. Atravessamos a rua correndo para escapar da chuva bem na hora em que um carro de polícia passava por ali. Eles pararam a viatura do nosso lado, e um dos policiais desceu com uma lanterna e foi em direção ao Edgar, que estava na frente.

– Passport, passport – gritou, apontando em na nossa direção.

Durante as pesquisas que fizemos antes do início da viagem, fomos aconselhados a deixar os passaportes em um lugar seguro no hotel e manter apenas cópias coloridas conosco enquanto estivéssemos no Cazaquistão. Foi o que fizemos, e Paulo era o responsável por guardar os documentos em sua pochete de couro preta. Ele entregou os papéis ao policial enquanto esperamos na chuva. Instigadas pela curiosidade, algumas pessoas começaram a aglomerar ao nosso redor. Sem dizer uma palavra sequer e com os olhos semicerrados, o policial analisou as cópias calmamente. Parecia buscar algum problema, uma data errada, um carimbo apagado ou uma foto falsificada. Levantou a cabeça apenas uma vez para conferir nossas caras com as fotos. Não aparentava ter pressa. Devolveu-nos os documentos e fez sinal com a mão para que seguíssemos o nosso caminho.

Naquela noite, quase não dormi. Estava preocupado. Na manhã seguinte, tentaríamos resolver o único problema legal que ainda nos restava, conseguir o visto para cruzar o Turcomenistão, um dos países mais fechados do mundo. E eu não conseguia parar de pensar naquilo. Por conta dos acordos diplomáticos do Brasil com a maioria dos países do nosso trajeto, apenas oito exigiam visto: China, Cazaquistão, Quirguistão, Uzbequistão, Tajiquistão, Turcomenistão, Irã e Armênia. Como já tínhamos o da China, e o da Armênia poderia ser retirado na própria fronteira, precisaríamos fazer apenas seis com antecedência. O processo para conseguir os vistos demorou quase dois meses, mas foi tranquilo. Apenas o do Turcomenistão nos fora negado pelo consulado deles em Pequim, sem qualquer explicação. Deitado na cama, olhando para o teto, imaginei um mapa e fiquei pensando nas nossas opções caso o consulado do Turcomenistão ali em Almaty também negasse o nosso visto. Teríamos que encontrar uma maneira de contornar o Turcomenistão e entrar no Irã. Ou voltamos ao Cazaquistão e damos a volta no Mar Negro pela Rússia, ao norte; ou contornamos pelo sul e cruzamos uma parte do Afeganistão, pensei, e me assustei com a ideia de passar por um território em constantes conflitos armados.

Para minha surpresa, o cônsul do Turcomenistão em Almaty foi muito atencioso. Fez apenas algumas perguntas, conferiu os papéis e disse:

– Normalmente, o visto é emitido em dez dias. O expresso sai em sete, mas é mais caro. E podem retirar em qualquer consulado dos países vizinhos.

Explicamos nossa situação, contamos sobre a expedição e pedimos para retirar o visto no Uzbequistão ou no Tajiquistão seis dias depois.

– O tempo é curto, mas vou ver se posso ajudar. Passem aqui amanhã de manhã que já terei resposta – respondeu com um leve e amigável sorriso.

Eufóricos com a possibilidade de conseguir o visto que nos faltava, tiramos o resto do dia para conhecer Almaty, que na língua casaque significa "cidade das macieiras". Era a maior cidade do Cazaquistão, com quase um milhão e meio de habitantes, e tinha sido a capital do país de 1927 a 1997, quando o poder político fora transferido para Astana. Ainda hoje, porém, é um dos principais polos econômicos e culturais da Ásia Central. Oficialmente, foi fundada em 1854, mas os primeiros povoados começaram a se instalar ali no século X a.C.. De 1929 a 1991, o Cazaquistão fez parte da União Soviética e por isso o russo é uma das línguas oficiais do país.

Na hora do almoço, enquanto eu esperava meu lanche na calçada, um rapaz parou na minha frente e começou a fazer movimentos de boxe. Mexia os pés com rapidez, dava socos no ar, se esquivava de golpes invisíveis, dava mais socos na minha direção e falava algo em russo.

— Desculpe, não falo russo — eu disse em inglês.
— Eu, você, luta — ele completou, também em inglês.

Não era preciso falar russo para entender o que estava acontecendo, ele queria brigar comigo no meio da rua, assim, do nada, sem

motivo. Ele não queria me roubar, nem fazer aposta ou zombar de mim. Ele queria apenas brigar. "Era só o que me faltava agora, um louco querendo bater em mim na rua apenas por diversão", pensei.

– Aqui é tradição, amigos lutam – disse o rapaz que estava com ele, que parecia falar um pouco mais de inglês.

Expliquei que era brasileiro e que no nosso país não lutamos no meio da rua com amigos, mas ele não queria desculpas, queria um oponente. Eu não queria brigar, em hipótese alguma, mas se ele partisse para cima eu teria que estar preparado. Enquanto explicava que no Brasil preferimos jogar futebol no meio da rua, analisei rapidamente o rapaz. Era destro, uns quinze anos mais jovem, magro, ágil e da minha altura. Eu, acima do peso, bem mais velho, despreparado e lento. "Por que ele não chama o Paulo ou o Edgar, que são bem mais altos?", pensei. Mas nem foi preciso lutar ou pedir ajuda aos amigos, ele logo desistiu da ideia.

– Vocês só podem ser turistas mesmo, andando por aí com essa bola, essa câmera no pescoço e essa cara de bobo. Melhor se cuidarem, depois da meia noite essa rua fica cheia de gângsteres. Tomem cuidado! – disse o amigo do lutador, que falava inglês, antes deles saírem.

À noite, enquanto procurávamos um lugar para acessar Internet perto do hotel, fomos abordados pela polícia. De novo! Um furgão parou no acostamento e dois homens uniformizados vieram na nossa direção.

– Olá, meus amigos – disse um deles em inglês, estendendo a mão para me cumprimentar.

– Vocês, problema. Não cerveja, não rua – completou o outro.

– Me desculpe, a gente não sabia – disse Paulo, largando as garrafas de cerveja que carregava num canto da calçada.

– Não! Agora, vocês, imigração. Imigração! – disse um dos policiais.

– Imigração. Ou dinheiro, não imigração – disse o outro, com um leve sorriso de canto da boca.

Estão de sacanagem com a gente, só pode. Os caras param a gente no meio da rua sem motivo algum e ainda ameaçam nos expulsar do país só para pedir dinheiro? Ah, não posso acreditar nisso. É muita cara-de-pau. E, o que é pior, isso deve ser algo corriqueiro para eles, arrancar dinheiro de pessoas indefesas na calçada. Já estão tão acostumados a fazer isso que não sentem nem um pingo de vergonha. Bando de pilantras!

– O cara está pedindo propina para não expulsar a gente do país, é isso? – perguntei em português para os meus amigos.

– Ok, Imigração – respondi e fui em direção ao furgão deles.

– Dinheiro, não imigração – gaguejou o policial.

– A gente já ia embora amanhã mesmo – disse Paulo, mantendo nossa conversa paralela em português, e entregou as cópias dos nossos passaportes pra um dos policiais.

– Onde vocês, agora? – perguntaram.

– Internet – respondi, e apontei para a Lan-House que estava há menos de cinquenta metros.

Sussurraram palavras em russo entre eles e verificaram novamente os papeis enquanto olhavam intrigados para os três estrangeiros que estavam diante deles. "Mas por que estão sussurrando se não entendemos uma palavra de russo?", pensei, mas não esbocei reação alguma.

– Ok. Internet, depois hotel. E não cerveja e rua, ok?

– Ok, hotel – respondeu Paulo, pegando os papeis.

Era hora de atualizar o nosso site. Para divulgar a expedição pelo mundo, eu havia criado um site e perfis em todas as redes sociais da época. Nos dias em que conseguia internet, eu publicava textos, fotos e vídeos em inglês e português. Assim, nossos familiares – especialmente a dona Marlene – ficavam mais tranquilos.

Mas é claro que a gente não ia sair dali e voltar para o hotel. Depois de publicar tudo que eu queria, saímos a pé em busca do Lounge Bar. Segundo alguns internautas, era um dos melhores bares da cidade. Três quadras adiante, outro carro de polícia nos parou. Dessa vez era uma viatura pequena com três policiais. "Ah, não! De novo? Que merda!", pensei.

– Passport! Passport! – gritou o primeiro, alto e magro, que desceu antes que o veículo parasse por completo.

Enquanto apontava para nós três com a mão esquerda, mantinha a mão direita sobre a arma na cintura. Imediatamente, levantei as duas mãos para o alto sem largar o papel com o endereço do bar. Com cautela, Paulo pegou as cópias dos nossos documentos e entregou para o guarda.

– O que fazem na rua? – perguntou um deles, ostentando um enorme bigode que tapava a boca.

– Estamos procurando esse bar aqui – abaixei a mão bem devagar para entregar-lhe o papel.

– Ah, vocês são brasileiros – falou o magrinho, olhando as cópias dos passaportes.

Os três policiais se olharam, trocaram algumas palavras em russo e devolveram os documentos para o Paulo.

– Nós levamos vocês até o Lounge Bar – disse o bigodudo.

– Obrigado, mas não precisa – respondeu Edgar.

– As ruas são perigosas, levamos vocês de carro – completou o mesmo policial, já sentando na direção.

"Não, não, não. Se a gente entrar nesse carro nunca mais nos acham", pensei. Ao meu lado, Edgar e Paulo deviam estar pensando a mesma coisa. Nenhum de nós se moveu. Mas, como eles estavam armados e fardados, e não se moveram, nos vimos obrigados a aceitamos a oferta.

– Polícia táxi, polícia táxi – dizia o bigodudo, dando tapas no painel enquanto dirigia.

Pra onde será que estão levando a gente? Será que alguém nos viu entrando no carro deles? Será que a embaixada brasileira vai procurar pela gente se não aparecermos em dois dias? Será que essa porta abre por dentro? Será que consigo pular pela janela com o carro em movimento? Pelo menos desse bigodudo eu ganho na corrida. Mas não, não posso pular, não posso deixar os dois para trás.

Enquanto pensava em tudo isso, fiquei memorizando o trajeto que ele estava fazendo e analisando os detalhes do carro, as maçanetas frágeis, os vidros manuais, as armas que ainda estavam nos coldres e os cintos de segurança que ninguém usava. Concentrado, nem prestei atenção na conversa entre meus amigos e os policiais. Só entendi que estavam falando de futebol e de mulheres bonitas.

Depois de uns quinze minutos apertados no banco de trás junto com um dos policiais, chegamos em frente ao bar. "E não é que nos trouxeram pro bar mesmo?", pensei, e tratei de descer logo. Eles desceram junto, falaram mais um pouco sobre futebol, se despediram, entraram no carro e se foram. Ficamos sem entender o que tinha acabado de acontecer. Será que queriam dinheiro pela carona? Será que queriam fazer amizade? Será que queriam nos intimidar? Bom, se a intenção era assustar, eles haviam conseguido.

II
Próxima Parada: Quirguistão

– Foi aprovado, já está no sistema. Podem pegar o visto em qualquer consulado dos países vizinhos, basta apresentar esse número e pagar lá na hora – garantiu o cônsul do Turcomenistão em Almaty, e me entregou um papel carimbado com o número do protocolo.

Simples assim. Nosso último problema estava resolvido, nada mais podia parar a Expedição Olímpica. Na saída do consulado, nos abraçamos.

– Hoje à noite temos que comemorar – eu disse.

Estávamos prontos para deixar o Cazaquistão e entrar no Quirguistão. Paulo esticou o braço e logo um carro parou. Como os táxis são escassos e caros, qualquer carro que estiver passando na rua pega passageiros por uma quantia negociada no embarque. Pelo menos foi assim em todas as cidades que passamos nos países da ex-União Soviética.

No caminho para a rodoviária, ao saber que éramos brasileiros, o motorista começou a dizer os nomes de todos os jogadores da nossa seleção de vôlei. Era fã de Bernardinho e Giba. Em três ocasiões, tirou as mãos do volante, fez de conta que batia em uma bola imaginária e gritou "Giba!". Quando descemos do carro, ele ainda gritou "Brasília, Brasília" e deu várias buzinadas.

A moça que nos atendeu no balcão da rodoviária não falava inglês, mas entendeu que queríamos transporte para Bishkek, capital do Quirguistão, e apontou para um lugar perto da área de embarque, onde havia duas catracas. Um homem alto, vestindo calça social e camisa polo, com um bloco de papel na mão, ofereceu passagens de van. Fiquei desconfiado, não sabia se era transporte legal, nem se estava indo para o lugar certo ou se o preço era justo. Ao perceber minha indecisão, o senhor que cuidava das catracas fez sinal com a cabeça e as mãos dizendo que não havia problema, que poderíamos comprar a passagem com ele. Entramos na van e ficamos sentados no último banco por quase meia hora esperando que mais alguns passageiros chegassem.

– Só deve partir quando encher – disse Paulo, se ajeitando ao lado de uma senhora que ocupava bem mais que um assento.

Cansados de esperar, Edgar e eu fomos até o banheiro, que ficava do outro lado da rodoviária. Ao voltar, menos de dez minutos depois, percebemos que a van estava cheia e que algumas senhoras gritavam em russo conosco. Não entendi uma só palavra do que diziam, mas imaginei que ofendiam minha mãe. Embarcamos e logo partimos em uma viagem de duas horas até a fronteira. Descemos da van antes da imigração de saída do Cazaquistão e voltamos a encontrá-la no meio de outras dezenas de vans parecidas, já no lado do Quirguistão.

– Antes de planejar a expedição eu nem sabia que o Quirguistão era um país – brinquei quando a van nos deixou no centro de Bishkek. Capital, e maior cidade do país, com novecentos mil habitantes, foi fundada em 1825 no lugar onde havia uma pequena vila que servia como parada para as caravanas que percorriam a Rota da Seda. Em 1877 a região começou a crescer porque o governo passou a dar terras férteis para camponeses russos que desejassem se instalar ali. Hoje, Bishkek possui avenidas largas e limpas, rodeadas de prédios públicos com fachadas de mármore e prédios residenciais com estilo soviético e pátios internos arborizados. A maioria das árvores que garantem sombra nas ruas, nos dias quentes de verão, são ligadas por um sistema de irrigação, o que mostra que a cidade é um exemplo de planejamento urbano, pelo menos no centro. Quando o país conquistou a independência, em 1991, a maioria da população de Bishkek era de etnia russa. Em 2004, o percentual já havia caído para 20% e, em 2011, chegou a menos de 8%.

No final da tarde, depois de visitar a Praça Ala-too, principal ponto turístico da cidade, fomos até a Filarmônica de Bishkek, que tem o prédio rodeado por jardins e chafarizes e onde fica a estátua de Manas, maior herói da história do Quirguistão. Segundo a lenda passada oralmente de geração a geração através de um poema, ele fora o responsável por unir as tribos do país contra os inimigos há cerca de mil anos. Alguns estudiosos consideram o poema, que conta a história de Manas e seus descendentes – Semetey e Seytek, – o épico oral mais longo da história. Quando declamada em público, a história chega a durar treze horas.

No fim da tarde, crianças, jovens e adultos começaram a se reunir em frente ao prédio da Filarmônica, ao redor dos jardins, ao lado dos chafarizes e ao pé da estátua. Alguns meninos andavam de bicicleta no topo das escadarias; outros um pouco mais velhos, andavam de skate ou patins e pulavam obstáculos como mochilas e meninas deitadas no chão. Jovens casais andavam de mãos dadas ou conversavam sentados lado a lado. Pais brincavam com os filhos, e pessoas se aglomeravam ao redor de músicos de rua que faziam apresentações em troca de algumas moedas. Que ambiente legal! Se eu morasse ali perto, também iria até a praça todo fim de tarde.

Antes de dormir, ainda repassei mentalmente o roteiro do dia seguinte. À tarde, teríamos que encontrar uma maneira de ir ao sul do país para dormir o mais próximo possível da fronteira com o Uzbequistão. Por um momento, senti saudades do nosso carro e me emocionei ao lembrar-me da nossa partida, lá em Pequim. Parecia ter sido há meses, mas estávamos terminando apenas o décimo terceiro dia de viagem.

12
Leite de Égua

Na hora de irmos embora de Bisharek, descobrimos que não havia ônibus para Tashkomur, vilarejo ao sul do Quirguistão, onde gostaríamos de passar a noite. Do lado de fora da rodoviária, fomos rodeados por cerca de vinte homens que gritavam em russo, se empurravam e mostravam notas de dólar para chamar a nossa atenção. Parecia uma daquelas cenas das bolsas de valores em que os corretores se empurram para tentar comprar ou vender ações. Ao final de meia hora de mímicas e negociações em russo, um rapaz que aparentava ter menos de vinte anos aceitou percorrer quase quinhentos quilômetros por cerca de cinquenta dólares.

Em poucos dias viajando pela Ásia Central, já tínhamos aprendido algumas palavras em russo: carro, ônibus, caro, barato, longe, perto, dinheiro. E isso era o suficiente para negociar valores com os motoristas.

No início da viagem, o rapaz dirigia muito devagar, entre 30 e 40 km/h numa estrada em que provavelmente estaríamos a 120 km/h. Sentado na frente, puxei conversa e perguntei se ele poderia ir mais rápido. "Niet, niet", ele disse, balançando a cabeça em sinal de reprovação. Logo em seguida ligou o rádio bem alto. Conhecia todas as músicas que tocavam e cantava empolgado. Parecia não dar bola para todos os carros que passavam pela gente buzinando ou para os motoristas fazendo gestos com as mãos. Antes de chegarmos a uma cadeia de montanhas, parou para abastecer e pediu um adiantamento de um terço do valor. A partir dali, começou a dirigir mais rápido. "Será que estava indo mais devagar para economizar gasolina?" Pensei.

Cruzamos várias tendas de produtos coloniais, como queijos e doces, e caminhões de criação de abelhas, algo de que eu nunca tinha ouvido falar. A carroceria desses caminhões é cheia de caixas de abelha, e eles estacionam onde há mais flores para facilitar a produção de mel. Como essa espécie de abelhas é domesticada e não ataca o homem, não há problemas em criá-las perto de áreas habitadas.

O trecho entre Bishkek e o lago Toktogul foi um dos mais bonitos de toda a Expedição. Passamos por cadeias de montanhas rochosas, planícies verdejantes e floridas, lagos, montes cobertos por neve e des-

filadeiros cortados por rios. Além das tendas de produtos coloniais, vimos diversas cabanas tradicionais – yurtas –, redondas e com teto em forma de abóbada, envoltas geralmente por mantas de cor branca ou cinza.

– Aqui tem leite de égua? – perguntou Edgar em inglês, apontando para uma das cabanas.

Ele se referia ao kymys, bebida fermentada à base de leite de égua, tradicional da região. Quando saímos de Pequim ele já tinha dito que queria provar. Sem entender, o rapaz apenas sorriu. Com as duas mãos, fiz movimentos como se estivesse ordenhando um animal e ruídos com a boca, "tshhhh, tshhhh, tshhhh". Para completar, Edgar relinchou, imitando um cavalo. O motorista caiu na gargalhada, mas tinha entendido a explicação.

Paramos no estreito acostamento e atravessamos a estrada para visitar duas cabanas que havia do outro lado. Uma delas estava ocupada. Um casal e três crianças comiam, bebiam e riam sentados no chão ao redor de uma mesa baixinha. Um senhor chegou perto de nós montado em seu cavalo negro e, sem descer do animal, apontou para a cabana ao lado. Para nossa surpresa, a parte interna era bem limpa, organizada e colorida. Uma mulher, com vestido muito colorido e um lenço que cobria os cabelos, colocou sobre a mesa um cesto de pão e um pote com um creme branco. Ainda de pé, Edgar recebeu uma pequena vasilha de porcelana com um líquido branco, era o tão esperado leite de égua. Alguns pelos de animal e outras partículas de coloração escura boiavam na superfície.

– Seja o que Deus quiser – disse Edgar, antes de tomar um gole. – Nossa! Que azedo! – E tomou outro gole.

Depois, virou-se para o nosso motorista, passou a mão em círculos sobre a própria barriga e disse em português mesmo:

– Isso aqui é bom pra limpar tudo por dentro, né?!

O rapaz riu e concordou. Edgar tomou mais um gole e passou a vasilha para o Paulo, que bebeu um pouco e me passou. Também tomei apenas um gole, tinha cheiro forte de queijo parmesão velho e um gosto de leite azedo com limão. Para compensar, o pão estava quentinho e era delicioso, especialmente acompanhado da nata que

nos serviram. Apenas de maio a agosto, quando as temperaturas estão mais elevadas, é possível encontrar kymys fresco como o que tomamos. Outras culturas nômades, como as que vivem no Cazaquistão e na Mongólia, também ingerem essa bebida para ajudar na digestão. Pode não ter sido a bebida mais deliciosa que já tomei, mas com certeza foi uma das mais exóticas.

De volta à estrada, quando estávamos terminando de contornar o lago Toktogul, o sol começou a cair e o céu ficou vermelho sobre as montanhas que protegiam aquele enorme espelho d'água. Após cruzarmos as montanhas, passamos por uma hidrelétrica e chegamos a Tashkomur às onze horas da noite. Na entrada da cidade, que estava totalmente às escuras, o motorista colocou um CD para tocar e disse "horacho, horacho", que significa 'ótimo'. Logo nos primeiros acordes, reconheci a música. Era o brasileiro Michel Teló. Empolgado e meio sem jeito, o motorista começou a cantar junto, no mesmo ritmo, mas dizendo palavras que eu não reconheci, devia estar cantando a versão na língua local.

Com a ajuda do motorista, conseguimos encontrar um lugar para passar a noite. Não parecia um hotel.

- Deve ser a casa de alguém que ela conhece – eu disse desconfiado.

– A cidade é muito pequena, não vi nenhum hotel pelo caminho – completou Paulo.

Uma senhora que estava na casa da frente apareceu de roupão e bobs no cabelo e eles conversaram em russo por quase dez minutos. Sorridente, o motorista voltou até o carro, abriu o porta-malas e fez sinal para retirarmos as bagagens. A senhora nos guiou para dentro da casa, através da cozinha e pela sala, onde havia um homem assistindo a um jogo de futebol – Ucrânia x França, pela Eurocopa –, e nos mostrou o quarto. Era um cômodo amplo, com três camas de solteiro e todo coberto por tapetes coloridos, no chão e nas paredes. Foi a hospedagem mais barata da a expedição, cerca de sete dólares por pessoa. Edgar ficou no quarto arrumando as bagagens, Paulo foi assistir ao jogo na sala com o homem, e eu fui ao banheiro, que ficava uns cinquenta metros longe da casa, no meio do pátio, entre canteiros de flores.

Naquela noite, sonhei que caminhava sozinho por uma planície florida como a que havíamos passado durante o dia. Carregava nas costas uma pequena mochila vermelha e tinha nas mãos uma garrafa de água. De repente, a planície se transformou em uma montanha e a mochila ficou pesada. Já não conseguia mais me equilibrar e comecei a escorregar montanha abaixo. Tentava me agarrar às frágeis flores amarelas que cobriam o pasto e cravava os dedos na terra, mas não parava de cair. E caía cada vez mais rápido. Olhava para cima e não conseguia ver o topo da montanha, envolto numa névoa espessa acinzentada; olhava para baixo e só via a escuridão que se aproximava. Poucos segundos depois, comecei a rolar e só percebi que tinha chegado à escuridão quando senti meu corpo voando no ar, puxado para baixo pela gravidade. Mexi os braços para todos os lados tentando encontrar terra firme, mas não havia nada ao meu redor, estava caindo em um penhasco no meio da escuridão. Acordei sobressaltado, suando. Sentei na cama e tomei um gole da garrafa de água que estava no chão ao lado da mochila. Esfreguei os olhos e fui até o tanque que ficava do lado de fora da cozinha. Queria lavar o rosto, mas não tinha água. Voltei para o quarto, lavei os olhos com água mineral e deitei novamente. As luzes da casa estavam todas apagadas, não se ouvia um único ruído de carros ou pessoas do lado de fora. Em meio ao silêncio, eu podia ouvir a respiração pesada do Edgar. Enquanto tentava dormir, me lembrei do livro 'Crônica de uma Morte Anunciada', de Gabriel Garcia Marquez, e dos sonhos que Santiago Nasar teve na semana em que foi assassinado, logo na primeira página. Não sei por que, mas isso me acalmou e aí consegui dormir novamente.

13

Atravessando a Fronteira de Carroça

Às sete e meia, quando acordamos, ainda não havia água. Mas, como estávamos pagando muito barato, achei melhor não reclamar. Encontramos a dona da casa tomando café da manhã com uma moça de vinte e poucos anos e uma criança. Estavam sentadas com as pernas dobradas sobre o banco coberto por um tapete colorido, igual aos tapetes que enfeitavam as paredes do nosso quarto. Sobre a mesa havia chá, pães, maçãs, bananas, geleias coloridas e uma pasta branca que parecia iogurte. Pedimos para a moça chamar um táxi e ficamos no pátio esperando. Em seguida, chegou um senhor com uma Mercedes-Benz prata, com a lataria cheia de sinais de ferrugem. Paulo abriu um mapa e mostrou um lugar na fronteira com o Uzbequistão onde havia uma rua ligando os dois países. Mas o motorista não entendeu o que aquilo significava e começou a fazer perguntas em russo. Ficamos quase quinze minutos tentando convencê-lo a nos levar até a fronteira, mas não teve jeito. Ele entrou no carro furioso e arrancou.

– Como é que ele não consegue entender o lugar no mapa? – perguntei indignado.

– Ele nunca deve ter visto um mapa na vida, nem deve saber onde estamos – disse Paulo tentando me acalmar.

Juntamos as mochilas e saímos caminhando pela rua. Duas quadras adiante, encontramos um senhor que dirigia uma pequena van e que entendeu aonde queríamos ir. Gentil, nos deu carona até a entrada da cidade, onde outros carros esperavam para transportar passageiros. Paulo quis dar uns trocados para o homem, mas ele não aceitou. Tentei conversar com alguns motoristas que estavam perto dos carros, mas eles apontaram para um senhor que estava tomando chá no bar em frente. Sem se levantar, ele entendeu que queríamos ir até a fronteira e pediu 500 SOM Quirguiz, cerca de dez dólares. Concordamos. Abri a porta da frente para sentar no banco do carona, mas outro rapaz chegou e fez sinal para que eu sentasse atrás e sentou ao lado do motorista. Tinha a cabeça raspada e usava uma camiseta branca apertada que deixava saliente alguns músculos nos braços e uma barriga bem redonda.

Ele olhou para nós três no banco de trás e deu um sorriso onde vimos, pelo menos, dez dentes de ouro. Os vinte minutos de viagem naquele carro foram alguns dos mais longos de toda a aventura. No meio do caminho, o copiloto da boca dourada começou a falar com a gente em russo, sem se preocupar se estávamos entendendo ou não. Depois de algumas palavras, apontou para os óculos de sol do Edgar.

– Eu, eu, meu! – disse ele em inglês, apontando para o próprio peito.

– Acho que ele quer de presente – disse Edgar em português, e ofereceu os óculos.

O rapaz colocou os óculos, se olhou no espelho, sorriu e agradeceu. Em seguida, apontou para o chapéu do Paulo e fez a mesma coisa.

– Ai, meu Deus, será que vão deixar a gente no meio do mato e roubar nossas coisas? – perguntei enquanto ele experimentava o chapéu.

– Se deixarem a gente vivo já tá bom – disse Paulo, começando a ficar nervoso.

– Câmera, câmera – ele disse, e apontou para a câmera fotográfica que eu tinha nas mãos, uma Canon 600D que eu usava para registrar em vídeo a nossa viagem.

"Vou me fazer de louco", pensei, e continuei olhando a paisagem pela janela.

– Câmera, câmera! Me, me – ele voltou a dizer e cutucou meu braço.

– Yes, my câmera! – respondi, e voltei a olhar pela janela.

Ele riu, disse mais alguma coisa em russo e se acomodou no banco. Imaginando o pior, Paulo me alcançou a carteira onde guardava documentos e cartões de crédito e pediu que eu colocasse em um bolso da minha calça. Depois, tirou o dinheiro da pochete e pediu que eu escondesse na meia, e enfiou um pouco na própria meia.

Em seguida, pararam perto de uma pequena construção à beira de uma estreita e esburacada estrada de terra. Parecia um boteco instalado num container, mas pela bandeira hasteada do lado de fora, percebi que era a imigração do Quirguistão. Antes de abrir o porta--malas, o copiloto devolveu o chapéu do Paulo e fez questão de cobrar a corrida. Mas, em vez de cobrar os 500 SOM Quirguiz anteriormente negociados, o equivalente a dez dólares, ele ficou com os óculos do Edgar e pediu apenas 300 SOM. "Nada como um pilantra honesto", pensei, e peguei minhas mochilas.

Um dos guardas pegou os nossos passaportes, anotou alguns dados em um caderno grande e ficou quinze minutos olhando alguma coisa no computador antes de carimbar os documentos. Seguimos a pé pela rua de chão. A imigração do Uzbequistão ficava a mais de um quilômetro de distância. Embaixo de umas árvores à beira da estrada, encontramos alguns agricultores.

– Uzbequistão? Quirguistão? – perguntei, apontando para as terras ao redor, cerca de um metro abaixo do nível da estrada.

– Uzbequistão – um deles respondeu.

Outro, mais novo, que parecia ser o filho, se ofereceu para nos levar até a imigração numa carroça puxada por um burro. Subimos na carroça e lentamente seguimos em direção ao Uzbequistão. Mais uma vez, estávamos embarcando num inusitado meio de transporte.

Com o dedo apontado para o próprio peito, ele repetiu três vezes "Uzbek". Mostrando com a mão as terras cultivadas ao redor, disse "Uzbek" e completou dizendo "cotton", que significa 'algodão'. Entendemos que ele era do Uzbequistão, assim como as terras ao redor, onde ele trabalhava na plantação de algodão. No chão à beira da estrada, havia vários tijolos de barro e palha dentro de formas, secando ao sol. Era o mesmo tipo de tijolo usada na humilde construção onde havíamos encontrado o rapaz e sua carroça.

A estrada terminava num grande e pesado portão de ferro, com uma pintura azul já descascando que deixava à mostra as marcas de

ferrugem causadas pelo tempo. Dois guardas com fuzis pendurados no pescoço se aproximaram pelo outro lado, deram uma rápida conferida nos passaportes e abriram os portões. O mais jovem foi para a guarita à nossa esquerda com os passaportes e o outro fez sinal para que o seguíssemos à outra construção, do lado direito. Uma enorme armação de metal de dez metros de altura atravessava a estrada de lado a lado e cobria o espaço entre as duas guaritas. O lugar parecia organizado, mas era muito malcuidado.

Outro guarda nos esperava na porta da guarita acompanhado de um pastor alemão sem coleira que ficou o tempo inteiro ao lado dele. Num inglês muito precário, pediu que a gente preenchesse uns formulários. Além das informações tradicionais, era preciso especificar quanto dinheiro de cada moeda a gente tinha em mãos e todos os equipamentos. Os passaportes voltaram e os quatro guardas ficaram se revezando com os documentos de mão em mão.

– Baba? Father? – perguntou um deles para o Paulo, e apontou para a página dos dados pessoais no passaporte.

– Aqui – ele respondeu, e apontou o nome do pai, Sr. Eloi Scherer.

Analisaram os documentos e os formulários mais algum tempo e depois nos chamaram um por um dentro de uma salinha. Primeiro foi o Paulo. Depois que o revistaram, pediram que ele abrisse as mochilas. Analisaram cada peça de roupa, cheiraram o tubo de xampu e a pasta de dentes e abriram a bolsa de remédios. Um guarda pegou uma cartela de Engov e perguntou algo em russo. Sem entender o que diziam, Paulo passou a mão em círculos sobre a barriga e fez cara de doente.

– Ahhhh – disse o guarda, e puxou um envelope de Paracetamol.

Paulo botou a mão na cabeça, cerrou os olhos e os dentes e emitiu um grunhido de dor.

– Ahhhh – repetiu o guarda, e mexeu a cabeça em tom de aprovação.

Depois foi a vez do Edgar, que passou um pouco de trabalho para explicar o que era aquela tocha branca e vermelha de plástico que ele tinha em mãos.

– Olympic – disse, levantou a tocha sobre a cabeça com o braço esticado e deu uma corridinha pela sala.

Os guardas riram, mas não sei se entenderam. Já tinham terminado a revista quando apareceu um homem vestindo roupas mais informais, de chinelos, que falava inglês um pouco melhor que os outros. Já chegou falando sobre o Rivaldo, que tinha jogado no Bunyodkor de Tashkent, capital do Uzbequistão, entre 2008 e 2010. No meio da conversa, Edgar perguntou se eles tinham filhos pequenos. Todos responderam que sim.

– Porque tenho uma última camisa do Brasil para dar de presente, mas é bem pequena – disse Edgar, e mostrou a camisa.

Aos risos, o sujeito de chinelos pegou a camisa e largou-a sobre o ombro.

– Eu sou o chefe – disse, e perguntou onde queríamos ir.

Explicamos que o nosso destino, naquele momento, era Kokand, de onde partiríamos para o Tajiquistão. Ele puxou um celular do bolso, fez uma ligação e conversou com alguém por alguns minutos.

— Chamei um táxi para vocês, mas não paguem mais que vinte e cinco dólares até Kokand – disse ele, e foi até a outra guarita.

— Vocês, futebol? – perguntou um dos guardas ao apontar a nossa bola.

— Sim, futebol – respondeu Paulo.

— Três. Três. Futebol – e apontou primeiro para nós três, depois para si mesmo e para os outros dois guardas, logo em seguida, apontou para a rua vazia entre as duas guaritas. Queriam jogar com a gente, três contra três. Naquele momento, olhando para a rua vazia, percebi que não havia nenhum carro ali. "Como será que eles vêm trabalhar aqui nesse lugar no meio do nada?", pensei. Para evitar que alguém se machucasse, achamos prudente fazer apenas uma rodinha de embaixadinhas. Brincamos com eles por quase quinze minutos até que apareceu um estrangeiro que estava saindo do Uzbequistão. Tinha cabelos negros, pele morena do sol, carregava uma enorme mochila nas costas e calçava um par de Havaianas. Conversamos e trocamos informações enquanto ele esperava pela liberação para sair do país. Ele se chamava Marco, era suíço, estava viajando há três meses e pretendia ir até a China. De lá, se ainda tivesse dinheiro, seguiria para o Sudeste Asiático. Sugeri que ficasse mais tempo na Tailândia, meu destino turístico preferido.

— Aqui no Uzbequistão vocês tem que ir a Samarkand e Bukhara, foram as cidades mais bonitas que passei na minha viagem – sugeriu, e seguiu para a sala onde seria revistado.

Aquelas duas cidades já estavam no nosso roteiro, mas agradecemos a dica. Menos de meia hora depois, um homem chegou e cumprimentou calorosamente cada um dos guardas, parecia ser amigo deles. Era o nosso taxista, que cobrou trinta dólares para nos levar até Kokand. Prestativo, ele parou num mercado ali perto, na vila de Uchkurgan, e nos trouxe garrafas de água e um saquinho transparente com quatro pequenas bolas brancas. Entregou uma bolinha para cada um e mordeu a dele. Desconfiado, mas disposto a experimentar tudo que fosse possível, dei uma mordida na minha. Tinha um forte sabor amargo e salgado, parecia queijo velho, mas gostei.

— Deve ser queijo de égua – disse Edgar.

Terminei de comer minha bolota e, apesar da estrada esburacada, consegui dormir no banco da frente com a cabeça apoiada no ombro. Acordei minutos depois com o toque do telefone do motorista. Ele atendeu, disse algumas palavras, ficou alguns segundos em silêncio ouvindo e passou o telefone para mim.

– Olá, aqui é o chefe dos guardas da fronteira. Está tudo bem? Nenhum problema? Eu disse para o motorista encontrar um hotel para vocês. Podem ficar tranquilos que ele é de confiança.

Agradeci e desliguei. "Como faz diferença quando somos educados com as pessoas", pensei, me ajeitando no banco para dormir de novo.

Chegamos a Kokand no final da tarde, ainda com sol. Ele parou em uma mercearia e depois num posto de gasolina para perguntar onde havia um hotel, mas ninguém sabia explicar. Pelo jeito que nos olhavam, não estavam acostumados a encontrar turistas por ali. Pouco depois, desceu do carro e ficou quinze minutos conversando com um açougueiro na calçada. Ele parou ainda outras dez vezes para perguntar, mas continuava sem saber se havia hotel na cidade. Dois garotos de uns dez anos de idade souberam o que a gente procurava e foram falar com o motorista. Depois de ouvir os meninos, ele disse algo e embarcamos todos na van, inclusive os garotos. Quinze minutos depois, fazíamos o registro no único hotel da cidade. Pela porta de vidro, vi o motorista dar uns trocados aos meninos, que saíram correndo saltitantes.

Ao se despedir, o motorista nos abraçou e falou algumas coisas em russo, parecia contente em ter nos ajudado. Por ter sido tão prestativo, demos cinco dólares de gorjeta, o que o deixou ainda mais feliz.

O dia seguinte seria longo e essa primeira passagem pelo Uzbequistão seria rápida. Teríamos que acordar cedo, atravessar a fronteira com o Tajiquistão e encontrar uma maneira de chegar até Panjakent, onde entraríamos novamente no Uzbequistão, dessa vez para passar alguns dias.

14
Tajiquistão, um País que Nos Marcou

— BISHAREK? — PERGUNTEI para uma senhora sentada dentro do ônibus, os cabelos cobertos por um pano colorido.
— Bisharek — ela respondeu sorrindo, mostrando meia dúzia de dentes de ouro.
Ainda olhando para ela, ergui a mão e esfreguei o dedão no indicador, perguntando o valor da passagem. Ela se levantou e falou algo em russo. Não consegui entender, os outros passageiros riram. Mostrei uma nota de 1.000 SOM Uzbeque, cerca de um Real, e ela concordou com a cabeça. Os outros passageiros continuaram rindo. Nos acomodamos no fundo do veículo e tentamos conversar com as pessoas ao redor, mas ninguém entendia o que a gente falava. Meia hora depois, o ônibus partiu lotado para Bisharek, a cidade do Uzbequistão onde cruzaríamos para o Tajiquistão.
Após duas horas percorrendo estradas esburacadas, finalmente chegamos ao nosso destino. A cidade era um caos, pessoas e veículos num vai e vem frenético, e o constante som de buzinas e vendedores oferecendo os mais variados produtos nas calçadas e no acostamento. Vendiam de tudo, frutas, verduras, artesanato, eletrônicos, roupas, calçados, sementes. Pouco espaço restava para os pedestres. Seguimos o movimento de pessoas e entramos numa enorme feira de rua, um dos tradicionais bazares de países muçulmanos, onde era possível encontrar alimentos e produtos locais. Compramos espetinhos de

carneiro e pedaços de pão. Aquilo seria o nosso almoço. Para chegar à fronteira, tivemos que embarcar em mais um táxi.

Depois de analisar a bagagem do Edgar, um dos guardas da alfândega do Uzbequistão pegou a bola e fez sinal para que ele o seguisse. Da janela, pude ver que ele queria jogar bola com o Edgar. Não era muito habilidoso, conseguia fazer apenas duas embaixadinhas sem deixar a bola cair, mas era persistente. Os outros guardas pararam o que estavam fazendo para assistir à desastrosa tentativa do colega e começaram a rir. Envergonhado, ele pegou a bola, apertou-a com as duas mãos para sentir a pressão e devolveu-a para o Edgar.

Um rapaz magro, de cabelos pretos lisos e pele queimada do sol revirou minha mochila e fez sinal para que eu o seguisse. Pensei que seria para jogar futebol também, mas ele não pegou a bola. Entrou no meio do mato, ziguezagueou entre algumas árvores e subiu em uma macieira. Lá de cima, enquanto cantava, começou a me jogar maçãs. Depois de pegar umas dez, eu disse "ok, ok", mas ele não deu bola e jogou mais umas vinte. Enquanto eu recolhia as frutas, ele correu até a guarita e voltou com uma sacola plástica. Terminamos de recolher as maçãs e ele novamente fez sinal para que o seguisse. Colheu uma fruta amarela que parecia um pêssego pequeno, deu uma mordida para mostrar que era comestível e me alcançou outra. Era bem doce, um sabor que parecia uma mistura de pêssego com ameixa. Ele catou mais algumas, jogou dentro da sacola e voltamos para a guarita.

Eu não podia dizer para o rapaz que era muita fruta, que eu não teria condições de carregar aquele peso todo na viagem. Seria uma grande desfeita, especialmente porque ele estava feliz por me ajudar. Para aliviar o peso, ofereci frutas aos guardas e turistas que estavam por ali. Poucos minutos depois, o mesmo guarda me chamou lá fora outra vez. "Ai, não, será que vai me dar mais coisas para carregar?", pensei. Ele pegou a semente de uma daquelas frutas amarelas largou-a sobre uma pedra e bateu nela com outra pedra para quebrar a casca. Contente, me mostrou que dentro da semente havia uma amêndoa. Catou mais algumas sementes do chão, quebrou-as e me deu as amêndoas. Não sei o que me agradou mais, o delicioso sabor das amêndoas frescas, ou a alegria do rapaz. Logo em seguida, nos entregaram os passaportes devidamente carimbados, e todos os guardas fizeram questão de apertar nossas mãos.

Já no Tajiquistão, quinto país da Expedição Olímpica, pegamos uma van até a cidade de Konibodom. Lá, embarcamos noutra van com destino a Khujand. No início éramos os únicos passageiros, mas assim que o carro saiu, começou a pegar mais gente no caminho, e logo a van estava lotada, com pessoas amontoadas, sentadas no colo das outras.

Pouco antes de chegar à Khujand, ele parou numa rua meio deserta e mandou a gente descer. Não havia nada ali, nem um carro parado nem pessoas caminhando na rua. Nenhum de nós quis descer.

– Machina, Panjakent – eu disse.

A gente queria pegar um carro ou um taxi ali na cidade para irmos até Panjakent, não queríamos ficar ali no meio daquele deserto. Mas era difícil explicar isso em mímicas, o que me deixou irritado e decepcionado. Prometi para mim mesmo que estudaria russo antes de voltar a algum daqueles países.

– Acho que ele quer mais dinheiro para levar a gente até lá – disse Edgar.

– Nem pensar! Combinamos por dez dólares e vamos pagar só dez dólares – eu disse, e continuei sentado no último banco da van.

Percebendo que a gente não desceria ali de jeito nenhum, nos levou até a rodoviária de Khujand. Ao sair da van, notei que não havia um ônibus sequer, apenas caminhonetes, jipes e carros estacionados. Pelo que nos explicaram, entrar num daqueles veículos seria a única maneira de chegar a Panjakent. Alguns, inclusive, já tinham passageiros e esperavam a chegada de mais pessoas para iniciar a viagem. "Só tem carros 4x4 aqui, a estrada deve ser ruim", pensei, mas deixei essa ideia de lado assim que começamos a negociar com os motoristas.

Fechamos por sessenta dólares com um homem que estava acompanhado de uma criança. O único que não estava num veículo 4x4. "Não deve ser uma viagem perigosa, ele está levando o filho pequeno junto", argumentei comigo mesmo. Embarcamos e o menino foi sentado no banco de trás, no meio, com os cotovelos apoiados nos bancos da frente e as mãos segurando o rosto, olhos atentos na estrada. Começava ali a terrível viagem para cruzar o desfiladeiro de Shahristan, um dos momentos de maior tensão de toda a expedição.

15

Enfim, o Visto para o Turcomenistão

NÁUSEA. SUOR. CANSAÇO. Dor, dor, dor. Três vezes no banheiro. Três! Ou foram quatro? Cinco, talvez. Chega! Pelo amor de Deus! Só comi alguns biscoitos. E bebi água pra cacete. Quando essa diarreia vai passar? O Paulo e o Edgar ainda estão dormindo. Será que eu consigo sentar? Não... Melhor ficar deitado. Que cidade é essa? Que país é esse? Que dia é hoje? O que eu estou fazendo aqui? Passamos por tantas cidades que nem sei mais onde a gente está. O rapaz que trabalha no hotel nos atendeu em russo, fala inglês muito mal. Cazaquistão ou Quirguistão? Nem lembro mais qual a ordem, qual país vem antes e qual vem depois. A única coisa que não esquecia era da estrada tenebrosa. Mas qual país vem depois do Tajiquistão? Ah, o Uzbequistão. Já passamos uma vez pelo Uzbequistão. Mas foi rápido, só cortamos um cantinho do país para entrar no Tajiquistão. Já entramos no Uzbequistão de novo? Acho que não. Será que o Edgar ronca desse jeito por causa do nariz grande? Será que eles acordaram à noite por causa das minhas idas ao banheiro? Dushanbe! Isso, Dushanbe, capital do Tajiquistão. É aqui que a gente está. O visto! Temos que ir à embaixada do Turcomenistão pegar o visto. Depois vamos para o Uzbequistão. Tomara que a gente consiga esse visto. Tomara!

No local onde deveria estar a embaixada, encontramos uma casa vazia, com paredes descascando e rodeada de mato alto. Tentamos conversar com algumas pessoas nas redondezas para descobrir o que tinha acontecido ali. Mostramos um papel com o nome da embaixada em russo, mas ali ninguém falava inglês, e não sabiam o que significava aquele papel impresso amassado. Fomos até a avenida principal de Dushanbe, que é uma cidade estreita e comprida, rodeada de montanhas, e passamos a abordar as pessoas aleatoriamente na calçada. Depois de uma hora, ou mais, de busca infrutífera, um senhor montado numa bicicleta antiga, caindo aos pedaços, dessas sem marchas, parou ao meu lado e disse algo que não entendi. Ele repetiu. Não entendi de novo. Não estava falando inglês, nem russo. Se fosse, acho que eu saberia identificar. Perguntei se ele falava inglês, ele mexeu a cabeça, sem entender. Quando falou mais devagar, achei que que ele pudesse ter falado em alemão, e chamei o Paulo, que já tinha morado na Alemanha por vários anos na infância e depois na juventude. Sim, ele estava falando em alemão. Era proprietário de uma empresa de logística que já tinha prestado serviços para a Embaixada do Turcomenistão. Sabia exatamente onde ficava. Conversou um pouco com o Paulo, chamou um táxi e explicou ao motorista onde ele deveria nos levar.

Custei a acreditar no que tinha acabado de acontecer. Aquele senhor poderia ter continuado seu caminho sem se preocupar com os três forasteiros perdidos no centro da cidade, mas decidiu parar e conversar conosco mesmo sem saber se algum de nós falava alemão. E isso salvou o nosso dia. Qual a probabilidade de uma pessoa aleatória, no meio da rua, conhecer um lugar tão específico como uma pequena embaixada de um país com poucas relações comerciais e políticas com os vizinhos? Golpe de sorte? Destino? Talvez. Mas não fora a primeira e nem seria a última vez que alguém cruzaria o nosso caminho de forma inesperada para nos ajudar numa situação delicada.

Vinte minutos depois, éramos atendidos pelo cônsul do Turcomenistão numa sala pequena, nos fundos de uma casa um pouco maior que a que tínhamos passado mais cedo. Ele conferiu o número do protocolo que tínhamos recebido na semana anterior no Cazaquistão e disse que nos daria um visto de três dias, apenas. E deixou bem claro que teríamos que entrar e sair do país nas datas escolhidas para não sermos presos. Passaríamos apenas duas noites no Turcomenistão, tempo suficiente apenas para visitar alguns pontos turísticos e cruzá-lo de leste a oeste até o Irã. Pelo nosso cronograma atualizado, entraríamos no país dali quatro dias, em 22 de junho, e teríamos que sair até o final do dia 24. Indicamos para o cônsul essas datas e fomos ao banco pagar o boleto que ele nos deu. Passamos no hotel, pegamos nossas mochilas e voltamos à embaixada para retirar o visto.

O último problema da Expedição Olímpica tinha sido resolvido. Nada mais poderia nos parar. Era o 18º dia de viagem e eu sabia que chegaríamos a tempo em Londres, o universo conspirava a nosso favor. Era preciso comemorar. Compramos um frango assado e comemos sentados na calçada, no centro da cidade, sob os olhares de reprovação dos moradores locais. Na verdade, Paulo e Edgar comeram, eu só dei uma beliscada. Contentei-me com um biscoito de água e sal e um pouco de água. Após a refeição, fomos visitar o centro da cidade.

Dushanbe, a capital do Tajiquistão, recebera esse nome, que significa 'Segunda-feira' em tajique, porque fora fundada no lugar de uma vila que tinha um bazar que só abria às segundas-feiras. Quando o país foi anexado à União Soviética, em 1929, a cidade virou um polo de produção de seda e algodão e teve um rápido crescimento populacional e econômico. Hoje, Dushambe tem mais de 700.000 habitantes e é considerada a única cidade desenvolvida do país.

Passamos pelo Palácio da Nação, sede do governo presidencial, e o parque Rudaki, que fica em frente. Depois, pegamos um taxi até a estação onde ficam os carros e vans que levam para a fronteira com o Uzbequistão. Ao chegarmos, fomos abordados por motoristas que nos rodearam e começaram a oferecer os seus serviços com gritos em russo e tajique. No início, pediam oitenta dólares pelo trajeto de setenta quilômetros, mas conseguimos negociar por cinquenta com um senhor que já tinha outro passageiro. Sentado no meio do banco de trás, tentei cochilar. Apesar de meu intestino já estar melhor, eu estava cansado, desgastado pela noite mal dormida e pelas frequentes idas ao banheiro. Mas o carro sacolejava tanto naquela estrada esburacada que não consegui cerrar os olhos. Em silêncio, fiquei observando as enormes plantações de videiras que acompanhavam o nosso caminho. "Vinogrado. Horachô", dizia o motorista e apontava para os parreirais ao redor, enquanto fazia gestos como se estivesse bebendo algo. Pelo que entendi, aquela era uma região vinícola do Tajiquistão.

Para sair do país, passamos por duas guaritas. Na primeira, fomos recebidos por dois guardas que vasculharam as malas e anotaram dados dos passaportes num grande livro grosso.

– Quanto dinheiro estão levando? – perguntou o guarda que estava sentado.

– Cento e quarenta Tajique Somoni – respondeu Paulo.

O guarda olhou sério para o Paulo, abriu o livro no meio, em uma página em branco, e empurrou-o sobre a mesa na minha direção.

– Quarenta Somoni, aqui, e podem ir – disse em inglês, e fechou o livro sobre a mão direita que tinha ficado na página em branco.

– Ele está pedindo suborno? – Eu perguntei, em português, sem olhar para os lados.

– Quarenta não. Cento e quarenta – disse Paulo, fazendo de conta que não tinha entendido.

Sob o olhar atento do colega, o guarda ainda repetiu o gesto mais três vezes tentando explicar que era para escorregar o dinheiro ali e sair. Usando a desculpa de que não falávamos russo, continuamos fingindo não entender. Ele balançou a cabeça devagar, abriu uma gaveta, pegou um papel em branco, escreveu o número '40', colocou-o sobre a página em branco, fechou o livro e apontou para a porta de saída. Estava tudo muito claro. Se colocássemos quarenta Tajique Somoni dentro do caderno, poderíamos sair sem problema algum. Mas não queríamos pagar, não estávamos com nenhum produto ilegal e o nosso visto era legítimo. Eles não tinham motivos para nos segurar ali por muito tempo. Continuando com a nossa encenação, peguei o papel do meio do livro, risquei o número 40 e escrevi 140. O guarda que estava de pé disse algo em russo para o companheiro e fez sinal para que seguíssemos caminho. "Esses brasileiros são meio estúpidos. Melhor deixar saírem", foi o que imaginei que ele disse.

Seguimos para a segunda guarita. Paramos em frente a uma porta onde havia três homens com uniformes do exército sentados em cadeiras de plástico. Sem tirar o cigarro da boca, um deles fez sinal para que a gente entrasse. O lugar não era grande, duas pequenas salas separadas por divisórias de madeira e ligadas por um guichê. Na primeira, havia quatro cadeiras encostadas na parede. Na outra, uma mesa e um computador, onde um rapaz trabalhava. Ele se levantou, pegou nossos passaportes, largou-os no parapeito da janela, acendeu um cigarro e saiu para fumar e bater papo com os outros guardas. Sem perder os passaportes de vista, sentamos para esperar. Dez minutos depois, um senhor de bigode que parecia ser o mais velho entrou e, com nossos documentos em mãos, começou a escrever algo em mais um caderno grande. Digitou alguma coisa no computador e carimbou os passaportes.

– Brasília, football – disse ao devolver os passaportes, e fez de conta que estava chutando uma bola. – Gooool, Ronaaaaaldo – gritou aos risos enquanto erguia os braços e comemorava.

Rimos também. Estávamos oficialmente fora do Tajiquistão. Quinhentos metros mais à frente, o guarda que tomava conta de uma cancela olhou nossos documentos mais uma vez e liberou a passagem. Estávamos entrando no Uzbequistão. Na primeira guarita, nossos passaportes foram carimbados rapidamente. Na segunda, tivemos que preencher papeis indicando tudo o que havia na bagagem e passamos por mais uma revista.

– Narcotic? Narcotic? – perguntou um guarda em inglês ao abrir minha mochila.
– Não – eu disse.
– Narcotics? Bad things? Tablets? – perguntou outro guarda ao tirar as bagagens de dentro da mochila do Paulo.
– Tablet, yes – respondeu Paulo.
O guarda arregalou os olhos e deu um passo para frente para ver onde Paulo estava metendo a mão. Ele puxou o iPad e entregou-o ao guarda.
– iPad, não! Tablet, LSD? – ele riu.
– Ah! Não – respondeu Paulo também rindo.
Outro guarda, que estava apenas observando, fez sinal para que Paulo o seguisse até uma pequena sala, de menos de um metro quadrado. Empurrou Paulo para um dos cantos e fechou a porta.
– No Narcotics? No Bad Things? – perguntou mais de uma vez, com a mão aberta no peito do Paulo.
– Não – ele respondeu.
O guarda ainda olhou fixo nos olhos dele por mais dez segundos, esperando alguma reação, depois abriu a porta e disse "ok". Em seguida, pegou a máquina fotográfica que estava com Edgar e conferiu todas as fotos. Guardou a máquina de volta na mochila e pediu que Edgar o seguisse até a salinha. Lá dentro, repetiu o mesmo ritual de intimidação. Sem demonstrar sinais de agitação ou culpa, Edgar foi liberado e o guarda veio na minha direção. Olhou algumas fotos que estavam na minha máquina fotográfica e mandou que eu ligasse o computador.
– Not correspondent? – ele perguntou.
– Não – respondi, e mostrei que as fotos que tinha no computador eram as mesmas que ele tinha visto na câmera.
– Not journalist? – ele insistiu.
– Não. Turista.
Ele olhou algumas fotos no computador depois abriu a mochila que eu usava para carregar os equipamentos eletrônicos.
– Isso é microfone de correspondente. Você é correspondente! – ele afirmou ao ver o microfone que eu levava para gravar entrevistas para o nosso documentário.

– Não sou correspondente, sou apenas turista. Esse microfone é muito barato e correspondente não usa barba grande como a minha – eu disse, e sorri.

– Ok. Podem ir – ele disse rindo, mas ainda desconfiado. – Bem-vindos ao Uzbequistão.

Quando já estávamos saindo da guarita, com os passaportes em mãos, ele gritou:

– Ei, esperem – e veio correndo na minha direção.

"O que será que deu errado? Estávamos indo tão bem", pensei.

– Aqui fora podem pegar um táxi para Denau, mas não paguem mais que dez mil por pessoa (pouco mais de três dólares) – ele disse. – De Denau a Samarkand, paguem no máximo setenta mil (vinte dólares) – e fez sinal para que esperássemos mais um pouco.

Foi até a mesa, escreveu algo em um papel e voltou.

– Eurásia. É o nome de um hotel em Denau. Diga para o táxi levá-los até lá, é bom e barato – e me entregou o papel.

Do lado de fora da guarita, encontramos um senhor escorado num velho Lada Laika amarelo. Mostrei o papel e ele nos levou direto para o hotel Eurásia, em Denau, no sul do Uzbequistão, por vinte dólares. Depois de tomar banho, saímos para caminhar e jantar, mas o único lugar aberto àquela hora, quase dez da noite, era uma barraquinha de kebabs no pátio do próprio hotel, onde havia dezenas de mesas de plástico e um enorme telão. Eu estava me sentindo melhor, já não tinha mais diarreia, e arrisquei comer um kebab. A cerveja, que vinha numa garrafa de plástico de dois litros, estava morna. No telão, o filme 'O Grande Dragão Branco', de Jean Claude Van Damme, dublado em russo. Como não tinha Internet no hotel e não havia nada para se fazer na cidade, ficamos ali, assistindo ao filme e dando risadas. Em seguida, começou a transmissão da partida entre Suécia e França pela última rodada da primeira fase da Eurocopa 2012. Ao final do primeiro tempo, ainda com o placar em zero a zero, fomos para o quarto. Dormi tranquilo, sem ter que acordar no meio da noite para ir ao banheiro.

Na manhã seguinte, encontramos um motorista para nos levar a Samarkand e tentamos negociar por 20 dólares, valor sugerido pelo guarda da fronteira. Mas não teve jeito, acabamos pagando 50 dólares.

Em silêncio, ele deixou a cidade e entrou numa estrada que cortava uma região inabitada e com pouca vegetação.

Pouco antes de Samarkand, paramos em um engarrafamento junto com dezenas de carros, táxis e caminhões. Pensei que a fila estivesse se formando por causa de um acidente, mas descobrimos que era uma barreira do exército na entrada da província de Samarkand. Era preciso mostrar o passaporte e todos os veículos eram revistados. Ficamos quase duas horas ali, jogando futebol entre os caminhões, comendo queijo de leite de égua e tirando fotos, até sermos liberados

No meio da tarde, o motorista nos deixou no centro de Samarkand. Paulo e Edgar foram atrás de Internet para encontrar um hotel barato enquanto eu fiquei na calçada cuidando das mochilas. Voltaram quinze minutos depois com o endereço de um hotel que ficava no centro antigo, próximo aos principais pontos turísticos da cidade. O rapaz que os tinha atendido na pequena Lan House, além de colocar aquelas informações no papel, mostrou o ponto de ônibus e indicou quais linhas nos deixariam perto do nosso destino. A passagem, segundo ele, custaria 500 SOM Uzbeque. No mesmo instante, um carro parou e o motorista conversou na língua local com o rapaz que nos estava ajudando.

– Esse senhor disse que leva vocês até lá por dois mil – ele disse, e apontou para o motorista.

– Vamos, claro. Melhor que pagar 1.500 por um ônibus que a gente não sabe a que horas vai passar – disse Paulo.

Antes de chegar no hotel, numa rua pouco movimentada, o motorista encostou o carro e pediu o dinheiro.

– No hotel damos o dinheiro – disse Edgar em inglês.

– Dois mil, dois mil, dois mil – ele disse, apontando para cada um de nós.

– Três pessoas, dois mil – disse Edgar.

– Que filho da mãe, agora ele quer dois mil por pessoa – eu reclamei em português.

– Mesmo assim é muito barato – disse Paulo. – Dá menos de um dólar por pessoa.

Eu não queria pagar. Fiquei irritado. Odeio quando somos enganados, independente da quantia. Abri a porta e ameacei descer do carro. Ele arrancou antes que eu tirasse o cinto de segurança e aceitou nossa oferta final, 5.000 SOM. Duas quadras adiante, ele nos deixou em frente ao Hotel Furkat.

Fomos atendidos pelo dono do hotel, um senhor simpático, de 54 anos, que falava bem o inglês. Quando eu disse que éramos brasileiros, ele confessou, com um enorme sorriso, que era fã da nossa seleção de 82. Era o melhor time que ele já tinha visto jogar, com Sócrates, Éder, Falcão, Zico, Toninho Cerezo. Ele sabia a escalação completa do time e elogiou o estilo ofensivo do técnico Telê Santana. "Que time", ele suspirou, e pediu para um ajudante nos mostrar o quarto, que ficava no terceiro e, último andar, do prédio.

Apesar de rústico, o quarto era aconchegante e limpo. Uma escada caracol ao lado do nosso quarto levava até o terraço do hotel, de onde era possível ver toda a cidade. O camareiro disse que o terraço ainda não estava pronto, que precisavam terminar a reforma, mas que nos serviriam o café da manhã ali, se fosse de nosso agrado. É claro que seria do nosso agrado. Impossível recusar um café da manhã com uma vista daquelas.

Historicamente famosa por causa da posição central entre a China e o Ocidente na Rota da Seda, Samarkand é hoje a segunda maior cidade do Uzbequistão, com 550 mil habitantes. Fundada em 700 a.C., é uma das cidades continuamente habitadas mais antigas do mundo e um dos principais centros de estudos islâmicos. Depois que foi declarada Patrimônio Mundial da Humanidade pela Unesco, em 2001, passou a receber um número cada vez maior de turistas internacionais.

Deixamos as coisas no quarto e saímos para caminhar. Perto do hotel, encontramos o Registan, considerado o coração da antiga cidade de Samarkand, uma praça no meio de três imponentes madrassas, que são escolas de estudos islâmicos. Era naquele lugar que a população se reunia antigamente para ouvir os anúncios reais ou para acompanhar as execuções públicas. Os prédios, erguidos entre os séculos XV e XVII, ostentam fortes traços da arquitetura islâmica e, segundo estudiosos, estão entre os mais belos do país. Hoje, o local serve de ponto de encontro, onde as pessoas se juntam para conversar, tomar sorvete, jogar futebol, namorar ou ler. Passamos por trás das madrassas e encontramos a entrada da praça.

Sob o olhar curioso de dezenas de pessoas, tiramos algumas fotos e fizemos vídeos com a bola e a tocha. Perto dali, em um gramado ao redor de um chafariz, vimos algumas crianças jogando futebol. Fo-

mos até lá, mostramos a nossa bola e perguntamos se podíamos jogar. Nenhum deles falava inglês, mas como a língua da bola é universal, concordaram com a nossa participação. Usando mímicas, nos organizamos em dois times, colocamos chinelos demarcando o gol em cada extremidade do gramado e, descalços, começamos a brincadeira. Logo na primeira jogada, fiz um gol, e as crianças correram para me abraçar. Ver o sorriso no rosto daqueles meninos e a maneira como tentavam conversar conosco, em tom de respeito e admiração, era gratificante. Percebendo a euforia das crianças ao jogar com brasileiros, os pais se aproximaram para tirar fotos. Alguns até tentaram conversar conosco, mas estávamos ocupados demais divertindo-nos. Apenas no meio da partida, percebi que havia um sistema de irrigação naquele gramado, com esguichos de plástico levemente salientes. Uma pisada em falso ou uma topada poderiam machucar quem estava jogando descalço,

algo extremamente imprudente para quem ainda tinha sete semanas de viagem pela frente. Jogamos por mais de vinte minutos, até escurecer, e tiramos uma foto todos juntos. Aquilo tinha se tornado um hábito nosso, uma maneira fácil de envolvimento com os moradores que cruzavam nosso caminho. Mais uma vez fiquei contente por termos sempre conosco a bola e a tocha de plástico.

Mais tarde, subimos até o terraço do hotel e ali ficamos por mais de uma hora, comendo sanduíches, tomando cerveja, observando as estrelas e a cidade iluminada, e conversando sobre a nossa expedição. Estávamos viajando havia apenas dezenove dias, mas já tínhamos passado por tantos lugares e aventuras, e conhecido tantas pessoas, que parecia muito mais. Eu estava aprendendo mais sobre história, cultura e política do que todos aqueles anos que passei sentado em salas de aula de escolas e universidades. E sabia que não poderia deixar de registrar cada momento, cada pensamento.

No dia seguinte, no terraço, ao admirar os telhados da cidade que se abria ante nossos olhos naquela ensolarada manhã de verão, vigésimo dia de viagem, não imaginava que aquele seria um dos dias mais incríveis de toda Expedição Olímpica. Sobre uma toalha colorida, havia pães, biscoitos, iogurte, frutas, geleias, mel, manteiga, café, chá e ovos cozidos. Enquanto saboreávamos a deliciosa refeição, analisamos os monumentos de Samarkand que podíamos ver dali e escolhemos o trajeto do nosso passeio matinal. Antes do almoço, voltaríamos para o hotel para pegar nossas coisas e seguir viagem.

Primeiro, fomos ao colorido Siyob, maior bazar da cidade, onde é possível comprar uma enorme variedade de comidas e artesanatos locais, frutas secas, sementes e outras iguarias. Enquanto eu tirava fotos das vívidas e organizadas barracas, um homem começou a falar em bom inglês com Edgar e Paulo. Sob o olhar atento das crianças que nos cercaram, ele disse que o melhor jogador do mundo tinha sido Garrincha. Perguntou se Ronaldo ainda jogava, quis saber onde andavam Rivaldo e Ronaldinho Gaúcho e afirmou que, apesar de excelentes jogadores, nenhum deles se comparava ao Garrincha, o craque das pernas tortas. Pelé tinha sido um gênio, um jogador espetacular, mas, para ele, seria sempre o segundo melhor.

Dali, fomos para a necrópole Shah-i-Zinda, um complexo com mais de vinte mausoléus e prédios usados em rituais em homenagem aos mortos. O nome, que significa 'O Rei Vivo', remete à lenda de Kusam ibn Abbas, primo do profeta Maomé enterrado ali após ter sido decapitado por causa de sua crença religiosa. Segundo a crendice popular, após ter sido enterrado, ele recolhera sua própria cabeça e mergulhara para o jardim do paraíso, onde continua vivo.

De volta ao hotel, percebemos uma movimentação incomum na entrada e no pátio. Em um cavalete de madeira em frente à porta, pendia a foto de um rapaz de cerca de dezoito anos. Algumas cadeiras enfileiradas na rua e outras no saguão de entrada indicavam que mais pessoas eram esperadas. No vão central, todas as mesas estavam arrumadas com toalhas coloridas, jarras de suco e cestas recheadas de frutas, amêndoas e pão. A mesa maior era ocupada por cinco homens que aparentavam ter mais de setenta anos. Descalços e sentados sobre as pernas dobradas, eles conversavam em voz baixa, quase sussurrando. Quatro homens de cabelos brancos, aparentando, em média, cinquenta anos de idade, vestindo tradicionais túnicas árabes brancas, estavam sentados nas cadeiras do lado de fora. Três jovens com a mesma idade do rapaz da foto estavam de pé ao lado do Sr. Furkat, o dono do hotel. Dava para sentir o clima pesado, algo de ruim tinha acontecido com o jovem da foto.

Na varanda do segundo andar, encontramos o casal de suíços que tinha tomado café da manhã conosco. Haviam saído de bicicleta da Turquia e pretendiam chegar a Cingapura. Estavam na estrada havia três meses, já tinham passado por Irã e Turcomenistão, e pretendiam passar mais um ano viajando. Não tinham compromisso algum com roteiro ou prazo para chegada, muito menos destino obrigatório pré-estabelecido. Com um mapa em mãos, deram algumas dicas sobre o Turcomenistão e pediram informações sobre o Tajiquistão. Queriam saber se a fronteira era tranquila e se a rodovia expressa de Pamir, que corta as montanhas entre Tajiquistão e China, estava liberada para ciclistas.

– Não sabemos dizer, entramos no Tajiquistão pelo vale do Shahristan, no norte. Pamir fica mais ao sul – respondi.

– Vocês não vão conseguir entrar no Tajiquistão por Panjakent, a fronteira está fechada – completou Edgar.

– Mas há outros lugares para cruzar para o Tajiquistão? – perguntou a esposa.

– Vocês têm duas opções: entrar pelo Sul, que foi por onde a gente saiu, e chegar a Dushanbe; ou ir mais para o norte do Uzbequistão e entrar por Tashkent – disse Paulo, mostrando as cidades no mapa.

– Mas preparem-se, o Tajiquistão foi o único lugar até agora onde tentaram pedir propina na imigração – eu disse, e perguntei se eles tinham tido algum tipo de problema no Irã.

– Ficamos um mês no Irã – disse o marido. – Vocês precisam tomar cuidados lá. Tivemos a impressão de que éramos vigiados vinte e quatro horas por dia. Não é permitido fazer nada fora do programado.

– No hotel em Teerã, conhecemos um norte-americano com cidadania iraniana que nos convidou para ficarmos hospedados com ele e a família. Aceitamos, claro. Pegamos nossas coisas no hotel e fomos de táxi até lá, era uma casa enorme. Meia hora depois, chegou a polícia. Disseram que não podíamos ficar na casa dele sem autorização e que teríamos que voltar para o hotel – contou a mulher – E nos levaram de volta ao hotel numa viatura caindo aos pedaços. O dono da casa foi colocado em outra viatura e levado para a delegacia para dar explicações. Não conseguimos mais falar com ele depois disso – ela concluiu.

Ainda disseram que todas as grandes cidades iranianas são ligadas por linhas de trem e que era fácil comprar passagens. Informaram, porém, que não seria possível usar cartões de crédito ou débito no país, nem para fazer saque. Em seguida, pedimos informações sobre o Turcomenistão.

– Achamos pouquíssimas informações sobre o país na Internet – eu disse.

– No Turcomenistão não tivemos problema algum, fomos muito bem tratados. Andar de trem também é bem fácil, mas as cidades são muito longe umas das outras. O melhor é pegar o trem noturno, assim economizam o dinheiro do hotel. A primeira cidade grande que vocês vão encontrar é Mary. De lá, podem pegar o trem noturno para Ashgabat, que é a capital – explicou o marido.

Conversamos mais um pouco, o suficiente para saber o necessário para cruzar os dois países mais fechados do nosso trajeto, Irã e Turcomenistão. Recolhemos nossas coisas e, ao descer as escadas, escutamos algumas orações que pareciam vir do saguão do hotel. Com as mochilas nas mãos, descemos em silêncio. O Sr. Furkat pegou a chave do quarto e nos acompanhou até a rua. Um senhor e dois jovens chegaram, cumprimentaram-no de maneira carinhosa, trocaram algumas palavras com ele e se sentaram nas cadeiras da recepção. Outro senhor chegou em seguida, beijou a mão do dono do hotel, disse-lhe algumas palavras, cumprimentou os presentes do lado de fora com um leve gesto com a cabeça e foi em direção à grande mesa do vão central. Eu estava com uma câmera na mão e o Sr. Furkat, com fundas olheiras, pediu que eu não filmasse ou tirasse fotos. Tentamos conversar para saber o que estava acontecendo, mas ele se afastou e foi receber mais convidados.

– Deve ser o velório do rapaz da foto – eu disse, e guardei a câmera.

– E pelo jeito devia ser filho dele – completou Paulo.

Sem saber o que exatamente tinha acontecido, partimos para Bukhara.

16
Uzbequistão, Confusão e Diversão

O CARRO, COM PLACAS de Samarkand, era velho e malcuidado. A pintura estava gasta e a lataria tinha enormes buracos causados pela ferrugem. Não tinha para-choques, as portas não fechavam direito, o retrovisor estava colado com fita adesiva, o estofamento saía pelos rasgos nos bancos e o porta-malas, para ficar aberto, precisava ser apoiado por um cabo de vassoura. Por 5.000 SOM, ele nos largou em um grande pátio rodeado por pequenas tendas que vendiam pão, kebab e bebidas. Um ônibus e alguns carros estavam parados na entrada do terreno. Já passava do meio dia e não poderíamos perder muito tempo se quiséssemos chegar a Bukhara, no Sudoeste do Uzbequistão, antes do anoitecer.

– Quanto custa até Bukhara? – perguntei na porta do ônibus, em inglês.

– Doze mil por pessoa – respondeu o cobrador.

– Que horas sai? – e apontei para o relógio no pulso dele.

– Em vinte minutos.

Era um preço mais que justo, cerca de 3 dólares por pessoa para percorrer quase 300 quilômetros. Se o ônibus saísse no horário, não atrapalharia nosso itinerário. É claro que chegaríamos lá mais rápido se contratássemos um carro, mas isso certamente nos custaria muito mais caro. Edgar saiu para comprar água e petiscos para a viagem. Paulo e eu ficamos esperando do lado de fora do ônibus com as mochilas. Só guardaríamos as bagagens no veículo quando nós três estivéssemos ali, assim não haveria perigo de alguém ficar para trás se o veículo partisse antes do previsto. Quando embarcamos, faltavam dez minutos para a uma da tarde, e o ônibus, que supostamente já deveria ter partido, ainda estava quase vazio. Nos acomodamos no fundo e começamos a bater papo. Quando me dei conta, era uma e vinte da tarde. Já deveríamos ter partido havia pelo menos meia hora.

– Acho que estão esperando o ônibus encher pra sair – eu disse.

Poucas poltronas estavam ocupadas e decidimos descer e ir de carro em vez de esperar por mais passageiros. Paulo ficou na porta do ônibus e Edgar foi conversar com um taxista. Eu fiquei ao lado do motorista para evitar que ele arrancasse antes que a gente pudesse tirar nossas coisas. Pouco depois, Edgar voltou ofegante:

– Achei um carro. Fechei com o cara por 70.000 SOM. Isso dá uns 20 dólares.

"Maravilha", pensei. Era o dobro do que pagaríamos para ir de ônibus, mas ainda assim, barato e, certamente, chegaríamos mais cedo e não precisaríamos esperar. Paulo desceu e foi ajudar Edgar a pegar nossas mochilas no bagageiro enquanto eu permanecia ao lado do motorista. O cobrador, que estava tomando refrigerante ao lado de uma barraquinha de pão, viu a cena e começou a gritar com o taxista. Não entendi o que eles discutiam, mas imaginei que ele estava dizendo "Você não pode tirar nossos clientes. Vou te encher de porrada, seu desgraçado". Ainda gritando, ele impediu que os rapazes pegassem nossas coisas do bagageiro. Disse algo em russo e fez sinal para que os dois entrassem no ônibus. O motorista tirou os olhos do jornal que estava lendo, deu uma espiada pelo retrovisor, abriu um leve sorriso e voltou para o jornal.

– Nós nem pagamos ainda, podemos sair a hora que quisermos – eu gritei em inglês, em pé na porta da frente.

Mas ele não deu bola para as nossas reclamações e começou a empurrar Paulo e o Edgar para dentro do ônibus pela porta traseira.

– Abre isso aí! Abre isso aí, senão eu vou descer e te encher de bordoada – gritei com ele em português ainda dentro do veículo.

Ele não entendeu o que eu falei, mas viu minha cara de indignação.

Gritou comigo na língua local e fez gestos com a mão para que eu ficasse no ônibus.

– Mas já faz mais de uma hora que estamos esperando – disse Edgar em inglês, e apontou para o relógio de pulso.

Gesticulando para os céus, o homem continuou berrando e olhando para os lados. O motorista largou o jornal dobrado embaixo do banco, ligou o ônibus e saiu bem devagar.

– Ah, viado! – gritou Paulo em português, pulando para dentro do veículo já em movimento.

Edgar entrou logo atrás. Outras quinze ou vinte pessoas que estavam do lado de fora começaram a correr ao lado do ônibus e se empurrar na porta para entrar. Indignados, sentamos no fundo, cada um com uma mochila no colo. Caso algo acontecesse, e as coisas do bagageiro sumissem ou fossem roubadas, ainda teríamos nossas coisas de valor. Uma hora depois, o cobrador começou a recolher o dinheiro da passagem.

– Olha só, tá todo mundo pagando quatro ou cinco mil mas falaram pra gente que é doze mil – disse Edgar.

– Vamos pagar cinco mil também – disse Paulo, enquanto puxava o dinheiro do bolso.

Quando chegou ao nosso lado, o cobrador mostrou um papel onde ele tinha escrito '1.200' e apontou para cada um de nós.

– Ele escreveu errado. Dá quatro mil que ele ainda tem que dar troco – eu disse.

Paulo deu quatro mil e o sujeito, confuso, viu que tinha anotado o valor errado. Escreveu mais um zero no papel e mostrou '12.000'.

– Não vamos pagar isso tudo não. Demoraram mais de uma hora para sair e todo mundo está pagando quatro ou cinco mil – disse Edgar em inglês, cruzando os braços.

Irritado, o cobrador começou a gritar conosco em usbeque e a apontar para o papel com o valor. Nós respondemos em português e inglês e nos recusamos a pagar o que ele estava pedindo. Os outros passageiros viraram na nossa direção e o motorista ajeitou o retrovisor para observar melhor o barraco.

– O preço até Bukhara é doze mil mesmo. A gente paga menos porque vamos descer no meio do caminho – disse em inglês um senhor sentado duas fileiras à nossa frente.

 Ainda desconfiados, pagamos os trinta e seis mil que ele estava pedindo. Quando o ônibus já estava quase vazio e faltavam, pelos meus cálculos, duas horas para chegar a Bukhara, o motorista encostou e os passageiros que restavam começaram a descer. Eu sabia que aquele não era o destino final, mas não sabia se deveríamos descer ou não.

 Paulo desceu primeiro para conferir se nossas mochilas ainda estavam no bagageiro e viu que os outros passageiros estavam entrando numa van. O cobrador fez sinal para que a gente também entrasse na van, jogou nossas mochilas no porta-malas do veículo e fechou a porta.

 – Bukhara? – perguntei para as pessoas que já estavam na van.

 – Bukhara, Bukhara – repetiram em coro, movimentando as cabeças em gesto afirmativo.

 Sem escolha, entramos. Menos de três minutos depois, paramos em uma borracharia. Mais perto da porta, Paulo desceu e viu que o pneu traseiro esquerdo estava furado. Perdemos mais vinte minutos ali. Chegamos a Bukhara quase no fim da tarde, em um lugar que parecia uma rodoviária antiga, com pouco movimento. Olhei para aquelas paredes malcuidadas e para a estrada de chão por onde havíamos chegado e lembrei-me do café da manhã servido no terraço do hotel Furkat, em Samarkand, uma pequena maravilha.

 De táxi, fomos até o centro da cidade, onde ficavam os dois hotéis que tínhamos pesquisado na Internet na noite anterior. Os estabelecimentos, porém, cobravam um valor muito alto para o nosso orçamento. No primeiro, queriam trinta e cinco dólares por pessoa. No segundo, quarenta. Passamos meia hora procurando nas ruas mais estreitas e encontramos um que cobrava quarenta dólares pelo quarto com três camas, com café da manhã incluso. Que achado! Depois de deixar nossas bagagens, fomos abordados por algumas crianças na ruela que dava para a praça principal. Viram a nossa bola de futebol e, ao descobrirem que éramos brasileiros, fizeram questão de jogar um pouco de futebol conosco e mostrar suas habilidades. O mais alto deles, que tinha uns 12 anos, fazia embaixadinhas melhor que eu, e dizia que era o Cristiano Ronaldo.

Aproveitamos que ainda nos restavam algumas horas de sol e saímos para conhecer a cidade, que foi fundada no século VI a.C. e que tem uma população de quase trezentos mil habitantes. Segundo historiadores, a região já era habitada cinco mil anos atrás e fora por séculos um polo de comércio, estudos, cultura e religião. O centro de Bukhara, que é rodeado por diversas mesquitas e madrassas, foi listado como Patrimônio Mundial da Humanidade pela Unesco. Apesar de contar com algumas comunidades judaicas e outras minorias étnicas desde a antiguidade, a maioria da população ainda é de tadjiques de origem Persa.

Em busca do centro histórico da cidade, cortamos caminho por entre as vielas ao redor do hotel. Em uma praça em frente a uma pe-

quena construção abandonada, encontramos um grupo de crianças jogando futebol no chão de terra. Como a nossa prioridade era sempre a diversão, resolvemos ficar ali brincando com eles e deixamos para procurar o centro mais tarde. "Ah, depois a gente acha uma mesquita pra tirar foto".

Primeiro, nos reunimos em círculo para fazer embaixadinhas. Depois, por insistência deles, separamos dois times, demarcamos os gols com tijolos e começamos a jogar. Foi uma festa só. Eles estavam realmente empolgados e levando a disputa muito à sério. Isso me preocupou um pouco. Em uma disputa, um dos garotos deu um chute tão forte que a bola passou pela única janela aberta no alto da construção abandonada. Ao ver a nossa bola sumir, fiquei preocupado. E se não conseguirmos encontrá-la? Será que algum deles consegue entrar ali? Mas, antes que eu pudesse processar todas as possíveis preocupações, outro garoto arrancou a madeira que tapava uma das janelas do térreo, pulou para dentro da construção e voltou com a bola intacta. Como se aquilo fosse a coisa mais normal do mundo, ele voltou a tapar a janela com a madeira, cobrou o arremesso lateral e o jogo seguiu. Outras crianças e alguns adultos se aproximaram para assistir à partida que durou mais de uma hora e acabou empatada. Foi, sem sombra de dúvida, um dos momentos mais divertidos e especiais de toda expedição. Mais uma vez, uma bola de futebol fez com que tivéssemos mais contato com a cultura local do que qualquer passeio turístico.

Depois do jogo, um senhor que morava na casa ao lado da construção abandonada veio conversar conosco. Ele era careca e tinha a pele muito queimada do sol, calçava sandálias de plástico e vestia uma camisa aberta que mostrava os peitos e a barriga. Nas mãos, tinha uma garrafa de plástico de dois litros que continha um líquido rosa alaranjado. Encheu uma pequena vasilha de porcelana com o líquido da garrafa e ofereceu ao Paulo.

– É cachaça – disse Paulo após tomar um gole.

Peguei a vasilha e tomei um gole. Parecia licor de cachaça. Tomei outro gole. Um sabor que balançava entre acerola e groselha. Forte, mas saboroso. Estava começando a escurecer. Agradeci e devolvi a vasilha. Reunimos os garotos para algumas fotografias e cada um de-

les ganhou uma foto instantânea. Ainda correram com a tocha junto conosco e o Edgar prometeu enviar bolas de futebol pelo correio para eles. O único garoto que falava um pouco de inglês escreveu o endereço num papel e nos entregou. A nossa intenção era realmente mandar algumas bolas para eles como agradecimento pelo momento especial que nos tinham proporcionado. Mas acabou ficando apenas na intenção, já que Edgar perdeu o papel alguns dias depois.

Alguns homens que assistiam ao jogo à sombra de uma enorme árvore também pediram para tirar fotos conosco. Depois, um deles, que falava um pouco de inglês, pediu para segurar a tocha e não quis mais devolvê-la.

– É única que a gente tem, precisamos dela – eu disse, quase implorando para que ele a devolvesse.

Mas ele se recusou, apertou a tocha contra o próprio peito e riu. Percebi que ele estava um pouco alcoolizado. O amigo que estava ao lado dele tirou uma nota de dez euros do bolso e quis me entregar. Normalmente, depois de jogar com a gente, as pessoas pediam a bola de presente ou ofereciam dinheiro, mas nunca queriam ficar com a

nossa tocha. Comecei a ficar preocupado. Não pretendia arranjar confusão, mas ele insistia em não largar a nossa tocha. Depois de alguns minutos conversando, os amigos o convenceram a largar aquele objeto que certamente não teria utilidade alguma para ele.

Quando finalmente encontramos o centro histórico de Bukhara, já estava escuro, o relógio de pulso marcava nove horas da noite. O Po-i-Kalyan, que significa 'Grande Fundação' e que fica no coração da cidade, é um complexo que inclui um minarete, uma madrassa e uma mesquita ao redor de uma pequena praça aberta. São construções que foram erguidas por volta do ano 1500 d.C. com arquitetura em estilo árabe islâmico. Enquanto tirávamos fotos em frente ao minarete que tem mais de quarenta e cinco metros de altura, um adolescente nos abordou.

– Futebol! – ele disse, apontando para ele e os dois amigos que estavam logo atrás.

Como os prédios eram bem iluminados e não havia mais turistas àquela hora, colocamos os chinelos para demarcar o campo e pudemos jogar no meio da praça entre os prédios históricos. Os meninos até que não jogavam mal. A partida durou meia hora e vencemos por dois a um. Continuávamos invictos depois de vinte dias de viagem.

O único restaurante aberto àquela hora ficava perto do hotel, à beira de um pequeno lago artificial. Uma banda tocava música tradicional ao vivo e o bufê livre custava oito dólares por pessoa. Estávamos suados e sujos. Tínhamos passado o dia visitando pontos turísticos em Samarkand e Bukhara, embarcado em vários meios de transporte e jogado futebol por quase duas horas. Mas não dava tempo de ir até o hotel tomar banho, o estabelecimento encerraria as atividades em seguida. Na mesa ao lado, seis senhoras muito bem vestidas, em trajes sociais, maquiadas e com cabelos bem ajeitados, nos olhavam com desprezo e curiosidade. Não paravam de olhar para os nossos pés e comentar entre elas. Sem tirar os olhos dos meus pés em particular, uma delas fez um telefonema e conversou alguns minutos com a pessoa do outro lado da linha. Fiquei imaginando o diálogo:

– Você não vai acreditar! Acabaram de entrar três brasileiros lindos aqui no restaurante e sentaram-se à mesa ao lado da nossa.

– É mesmo? Já conversaram com eles?

– Imagina, claro que não! Estão com os pés muito sujos. A Maria até quis se oferecer para lavar os pés do mais narigudo, mas desistiu quando viu que a unha do dedão estava preta.

– E como deixam pessoas assim entrarem num restaurante chique como esse?

– Não sei, mas tenho que desligar. Já perceberam que estamos falando deles. Mande um beijo para o Carlos.

– Pode deixar, mando sim. Até mais.

Essa conversa pode até ter sido fictícia, mas nos divertimos muito imaginando o que falavam enquanto olhavam para os nossos pés.

Voltamos para o hotel, tomamos banho e nos deitamos sem ter nada programado para o dia seguinte, quando teríamos que cruzar para o Turcomenistão. Estávamos exaustos, mas felizes. Era até difícil de acreditar que tudo aquilo tinha acontecido em apenas um dia. Tentei me lembrar de todos os acontecimentos, desde o café da manhã no terraço do hotel, o passeio por Samarkand, a discussão com o cobrador de ônibus, as comidas que provamos, o futebol com as crianças no chão de terra, o senhor que nos ofereceu cachaça, o bêbado que quis roubar a nossa tocha, outro jogo de futebol em uma das praças mais famosas do Uzbequistão e o jantar ao lado das senhoras da alta sociedade. Que dia, que dia! Realmente, tinha sido um dia longo, e o mais incrível da expedição até então. Se tudo desse certo, teríamos ainda mais cinco semanas de viagem até chegar a Londres e passaríamos por mais momentos assim. Que viagem, meus amigos. Que viagem!

17
Bem-vindos ao Turcomenistão

Logo cedo, partimos de Bukhara, no Sudoeste do Uzbequistão, para a fronteira com o Turcomenistão. Já era quase meio dia quando passamos pelo primeiro posto de imigração e embarcamos numa van para cruzar o território inóspito entre os dois países. O sol estava alto, fazia quarenta e cinco graus Celsius. Alguns minutos depois, o motorista nos deixou em frente a uma cancela e voltou ao ponto de partida. Ao conversarmos com um dos guardas, descobrimos que a fronteira estava fechada e que só abriria depois do almoço, às duas da tarde. Teríamos que esperar mais de uma hora e meia naquele sol, no meio do deserto. Que furada! Olhei à nossa volta, não havia uma sombra sequer para nos proteger. Nem mesmo uma árvore. A única sombra à vista ficava ao lado da guarita, depois da cancela. Mas o guarda estava irredutível, insistia que não poderia nos deixar passar. Um jovem casal, que estava na mesma situação que nós, conversou em russo com os guardas. Depois de alguns minutos de negociações, fomos autorizados a esperar debaixo das árvores ao lado da guarita. Alguns carros e caminhões já se organizavam em fila em frente à cancela para entrar no Turcomenistão.

Enquanto enchia garrafas com a água que vertia de um poço artesiano, puxei papo com o casal. Eram da República Tcheca e estavam em lua de mel. Tinham descido de avião em Almaty, no Cazaquistão e passariam três meses viajando, fazendo quase o mesmo trajeto que nós, até voltarem a Praga. Assim como nós, estavam adorando cada momento da viagem, inclusive as discussões com os taxistas.

Às duas horas da tarde em ponto, o guarda abriu a cancela e os carros começaram a entrar. Ainda havia duzentos metros de estrada de chão até a imigração. Pegamos as mochilas e começamos a caminhar. Um guarda, atento aos nossos movimentos, nos chamou e disse que era proibido atravessar ali a pé. Enquanto os carros seguiam para a imigração de entrada do Turcomenistão, ficamos esperando algum transporte. Em seguida, embarcamos na mesma van que nos havia levado até ali e descemos na porta de um prédio malcuidado. O atendimento foi rápido. Preenchemos alguns papeis, pagamos uma taxa de doze dólares por pessoa e passamos as bagagens pela esteira de raios-x. Do lado de fora, havia uma fila enorme de caminhões esperando a vez para cruzar a fronteira no sentido contrário e quatro ou cinco carros à espera de passageiros. Junto com os tchecos, que falavam russo, saímos à procura de alguém que estivesse disposto a nos levar até Mary, a cerca de trezentos quilômetros dali. O único taxista disponível queria cobrar seis dólares por pessoa para nos levar até Turkmenabat, a cidade mais próxima, a cerca de trinta quilômetros de distância. Enquanto a moça tentava convencer o motorista a cobrar um pouco mais barato, o marido dela parou um caminhão e pediu carona. Educadamente, o caminhoneiro disse que era proibido dar carona no país e que poderia ter problemas com a polícia se nos ajudasse.

– Seria perfeito se aquele ônibus estivesse só largando os passageiros na fronteira para voltar a Mary em seguida – eu disse em português ao ver um grupo de japoneses descendo de um ônibus de turismo do outro lado da rua.

Ficamos alguns segundos ali na expectativa, torcendo para que ele fizesse a volta e retornasse vazio. A moça continuava negociando com o taxista. Quando o ônibus começou a manobrar para retornar, comemoramos e fomos conversar com o motorista. O guia turístico que estava com ele falava inglês perfeitamente e a comunicação foi fácil.

– Podem nos dar carona até Turkmenabat? – perguntei, com cara de cachorro mimado.

– Vocês vão só até Turkmenabat ou vão para outro lugar? – ele perguntou de volta.
– Na verdade, queremos ir para Mary – respondi.
– Nós estamos indo para Mary, podemos levá-los até lá.
– E quanto vão cobrar? – perguntei, olhando de novo com aquela cara de cachorro mimado.

Ele olhou para nós cinco, trocou algumas palavras com o motorista e disse que cobraria apenas cinco dólares de cada um. Ao ver que perderia os clientes, o taxista que queria nos levar até Turkmenabat ficou indignado e começou a ameaçar o motorista do ônibus. Pelo que entendi dos gestos e dos gritos, estava querendo sair na porrada. Embarcamos rápido, antes que a confusão piorasse, e nos esticamos nos bancos. Mais uma vez a sorte nos sorria e pensei que, se existisse algum Deus, ele estaria olhando por nós. O guia, que também trabalhava em um museu em Mary, começou a explicar um pouco sobre o país.

– Quando uma pessoa compra um carro, tem direito a cento e vinte litros de gasolina grátis por mês. A eletricidade e o gás também são grátis, assim como hospital até os 15 anos de idade. O nosso presidente é também um *pop star*. É dentista, bonitão, joga tênis e futebol, sabe andar a cavalo, canta e é forte. Quando joga futebol, é sempre o camisa 10, o capitão, o goleador, e não volta para marcar – explicou aos risos. Eu já estava me acostumando com o frescor do ar condicionado quando o guia se levantou, pediu que a gente ficasse abaixado e sentou-se ao lado do motorista. Antes de me deitar no chão, vi que estávamos chegando perto de uma ponte que passava sobre um rio de água barrenta. O motorista diminuiu a velocidade e ouvi barulho de metal rangendo enquanto o ônibus sacudia de um lado para outro ao cruzar a ponte. Quando o guia voltou e disse que poderíamos nos sentar nas poltronas outra vez, olhei pela janela traseira e vi dois policiais escorados em uma viatura à beira da estrada, perto do rio.

– Essa é uma ponte provisória, não é muito segura. Um tempo atrás, um ônibus caiu no rio e várias pessoas morreram. Agora é proibido passar com passageiros. As pessoas têm que descer e atravessar a pé. Se a polícia visse algum de vocês aqui dentro a gente teria sérios problemas – ele explicou.

— Mas, e se o ônibus caísse no rio com a gente dentro, não teríamos sérios problemas? – Perguntei rindo.

— O motorista é bom, e sabe o que está fazendo, não precisa se preocupar. – ele respondeu, e continuou falando sobre o Turcomenistão.

Deitado na última fileira de bancos, dormi e não ouvi o resto da explicação. Quando acordei, uma hora e meia depois, continuávamos no meio do deserto. Pela janela, pude ver dezenas de pastores cuidando dos seus rebanhos de dromedários. Ao redor, apenas pequenos arbustos cobertos de espinhos e areia, muita areia. Areia para todos os lados. E só aqueles esparsos arbustos. Será que esses animais comem essas plantas espinhosas? E os pastores, do que se alimentam aqui no meio desse deserto? Como é que conseguem ficar caminhando debaixo desse sol sem nenhuma praia para se refrescar?

— Está muito quente lá fora, né – disse Edgar ao guia.

— Não, hoje não está muito quente. Apenas 45 graus Celsius – ele respondeu.

— E isso não é quente? – perguntou Edgar, curioso.

— Não. Assim está bom. No verão, por aqui, a temperatura chega a 60 graus Celsius, aí sim fica quente.

Com o sol ainda alto, o ônibus nos deixou perto da estação de trem, no centro da cidade de Mary. Depois de trocar dinheiro numa casa de câmbio, fomos comprar passagens para o trem noturno com destino a capital, Ashgabat. Queríamos viajar na mesma noite, pois teríamos que sair do país em dois dias e economizaríamos com hospedagem se desse para dormir no trem. Com a ajuda dos tchecos, descobrimos que já não havia mais passagens para aquele dia. O jovem casal também não conseguiu comprar para o dia seguinte, como gostariam, porque os bilhetes são vendidos apenas no mesmo dia do embarque. Só abririam as vendas às sete horas da manhã do dia seguinte para comprar passagens. Como também não havia ônibus para a capital, decidimos dormir ali mesmo em Mary. Na manhã seguinte, encontraríamos um carro que pudesse nos levar até Ashgabat, a quinhentos quilômetros.

Para procurar hospedagem, resolvemos seguir o casal de tchecos. Eles tinham um guia de viagens que indicava o endereço de uma pousada barata, o que nos pouparia bastante tempo. Encontrar o lugar, no entanto, não foi nada fácil. Eles perguntavam para as pessoas na rua e mostravam o endereço no guia, mas ninguém sabia informar onde ficava aquela pousada. Dois meninos curiosos, montados em suas bicicletas coloridas, passaram a nos acompanhar. Já estava começando a escurecer e nem uma viva alma sabia dizer onde ficava aquela pousada e nem se havia um hotel pelas redondezas. Quase duas horas e meia depois de termos saído da estação de trem, encontramos uma pousada. Não era a que estávamos procurando, e estava lotada. Como eu estava aproveitando o passeio para conhecer a cidade e conversar com os garotos das bicicletas, não fiquei chateado com todo aquele tempo perdido. Logo depois, apareceu um senhor com um carro grande, quase uma minivan, dizendo que nos levaria até um hotel ali perto.

Dois rapazes que encontramos na pousada – George e Anatoli – entraram junto no carro, que ficou um pouco apertado para nós sete. O porta-malas estava carregado de batatas e tivemos que levar as mochilas no colo. O hotel não era tão perto do centro, demoramos quase quinze minutos de carro para chegar até lá. Sabendo que não tínhamos muitas opções, o porteiro do hotel quis cobrar vinte dólares por pessoa para nos hospedar em quartos sem água. Sem perder mais tempo, entramos novamente no carro e pedimos que ele nos deixasse perto da estação de trem. No hotel que eu tinha avistado quando chegamos, conseguimos um quarto com três camas de solteiro por quarenta e cinco dólares. O quarto dos tchecos, com uma cama de casal, saiu por quarenta.

Após deixar as coisas no quarto, saímos para tomar cerveja e comer espetinhos de carne. Conseguimos beber e comer, mas não por muito tempo. Segundo as leis do Turcomenistão, todos os estabelecimentos tinham que fechar as portas às onze horas da noite. Assim, logo fomos expulsos do lugar. Não quiseram nem vender cerveja para levarmos para o hotel. Um pouco decepcionados com o nosso dia, que transcorreu sem muita emoção, dormimos. Pelo menos, tentamos dormir. O quarto cheirava a mofo e era cheio de mosquitos.

O Turcomenistão, que até 1991 fez parte da União Soviética, tinha pouco mais de cinco milhões de habitantes concentrados em quatro

grandes cidades: Ashgabat, a capital; Mary, Turkmenabat e Dasoguz. Apesar de infértil, o deserto de Karakum, que cobre 80% do território Turcomenistão, abriga a quarta maior reserva de gás natural do planeta, principal fonte de renda do país.

Mary, chamada de Merv nos tempos medievais, havia sido uma das mais importantes cidades do mundo islâmico e um dos principais pontos de parada da Rota da Seda. Hoje, com o país praticamente fechado para o resto do mundo, eram poucos os estrangeiros que passavam por ali. Banhada pelo rio Murghab, a cidade recebera esse nome porque, segundo historiadores, a mãe de Jesus, fora enterrada ali. Transformada em centro produtivo de algodão pelos soviéticos através da implantação de canais de irrigação, Mary não desfrutou de muito desenvolvimento no século XX. Passou a se desenvolver economicamente apenas no início dos anos 2000, época em que começaram a ser erguidos os principais prédios, monumentos e avenidas espalhados pela cidade. Todas essas construções, incluindo a biblioteca com observatório, escolas, hospital, ginásio e estádio, ostentam enormes fotos do atual presidente, Gurbanguly Berdimuhamedow, um dentista que já havia sido Ministro da Saúde e Vice Primeiro Ministro.

Pela manhã, após visitar a cidade de Mary, fomos até um pátio atrás da rodoviária onde havia mercados pequenos, carros estacionados e pessoas que nos olhavam como se fôssemos extraterrestres. Um senhor ouviu nossa conversa com outros motoristas, acenou para mim e deu uns tapas em uma grande caminhonete Lexus branca.

– Jipe, jipe. Oitenta Manat. Vocês três, até o centro de Ashgabat. Ok? – ele disse em inglês, e deu mais uns tapas no carro, que parecia novo e muito bem cuidado.

Isso dava cerca de 35 dólares, um ótimo preço. Embarcamos. Um jovem que aparentava ter menos de vinte anos de idade, e que não falava uma palavra de inglês, assumiu a direção e arrancou rumo à capital do país. Após quinze minutos, deixamos a cidade para trás e pegamos uma estrada que lembrava em muito as autoestradas do Brasil, repleta de trechos desnivelados, esburacados ou em construção. Nesses pedaços, onde era preciso pilotar com mais cautela, o rapaz andava a 120 km/h. Nas partes melhores, onde o asfalto era mais plano e bem cuidado, ele passava dos 160 km/h.

Entramos em Ashgabat por volta das duas e meia da tarde. Mostrei para o motorista o endereço do hotel que eu tinha encontrado na Internet, mas ele disse que não sabia onde era. Parou numa rua pouco movimentada e acenou para um táxi vazio que ia passando. Mostrou-lhe o endereço que eu tinha anotado no papel e deu-lhe cinco Manat para que nos levasse até lá. Quando chegamos ao Gran Turkmen Hotel, descobrimos que era o único cinco estrelas da cidade e que cobrava cento e vinte dólares pelo quarto triplo. Não pretendíamos ficar em um lugar tão chique, nem gastar tanto numa única hospedagem. Entramos em outro táxi e saímos à procura de hotéis mais baratos. No caminho, passamos na frente do Palácio Oguzkan, sede do governo do país, um conjunto de enormes prédios erguidos com mármore branco e adornos dourados. Tentei tirar fotos, mas o taxista disse que era proibido e que poderíamos ser presos caso fossemos flagrados por policiais.

Ashgabat, em persa, significa 'Cidade do Amor' ou 'Cidade da Devoção'. Capital e maior cidade do Turcomenistão, tinha cerca de 1,1 milhão de habitantes. Grande parte da população é de turcomenos, mas existem vários grupos de minorias étnicas, como russos, armênios e azerbaijanos. Quando ainda era uma vila do Império Persa, Ashgabat foi tomada pelos russos em 1881 na Batalha de Geok Tepe. A partir de então, a região vivenciou um período de grande prosperidade e rápido crescimento. Em 6 de outubro de 1948, foi abalada por um terremoto de 7,3 graus na escala Richter que matou dois terços da população da cidade. Ashgabat só voltou a se recuperar economicamente depois do fim da União Soviética e, em 2013, entrou para o Livro dos Recordes Guinness como a cidade com a maior concentração de prédios de mármore branco no mundo, mas nenhum desses prédios, no entanto, podem ser fotografados ou visitados.

Passamos quase duas horas percorrendo as ruas de Ashgabat apenas para descobrir que nenhum outro hotel da cidade tem autorização para aceitar hóspedes estrangeiros. Voltamos ao Gran Turkmen Hotel e pagamos a hospedagem com cartão de crédito. Não estávamos conseguindo sacar dinheiro no país com nossos cartões internacionais, nossos dólares estavam acabando e só seria possível retirar dinheiro nas agências bancárias, que voltariam a abrir apenas na segunda-feira. Era sábado e teríamos que sair do país até a meia noite de domingo. A nossa situação financeira começava a ficar complicada. Caso não encontrássemos uma maneira de sacar dinheiro, entraríamos no Irã sem um tostão no bolso. Algo que eu realmente gostaria de evitar.

Já que estávamos gastando uma fortuna naquele hotel, aproveitamos para tomar um banho de piscina antes de conhecer melhor a cidade. Depois de relaxar um pouco nas ótimas instalações do hotel, fomos a um centro comercial que a recepcionista tinha indicado. Segundo ela, ali encontraríamos uma praça de alimentação e alguns caixas eletrônicos onde talvez pudéssemos sacar dinheiro. Primeiro, fomos comer, já passava das sete horas da noite.

Enquanto degustávamos a pizza quatro queijos, discutíamos maneiras de tentar sacar dinheiro ali mesmo em Ashgabat ou no Irã. Talvez, pudéssemos receber dinheiro do Brasil através de uma agência Western Union, mas isso poderia demorar dias. Pensando na maneira de solucionar o problema, acabei encontrando um problema ainda maior. Sorrateiramente escondida sob o queijo derretido da pizza, achei uma pequena pedra de origem desconhecida. Infelizmente, descobri-a apenas depois de ter quebrado um dente. No banheiro, para meu desalento, confirmei que a maldita pedra tinha quebrado a parte lateral externa de um dos meus dentes da arcada superior. Não era um pedaço muito grande, mas a ponta que tinha ficado visível era afiada e começou a machucar a parte interna da boca e a cortar minha língua.

Que ironia, quebrar um dente num país onde o presidente é dentista.

– Preciso de um dentista. Será que o presidente poderia me atender? Se bem que não gostaria de ir a um dentista por aqui, nem no Irã – eu disse ao voltar para a mesa.

– Talvez na Europa seja mais confiável. Dá para aguentar mais uns dias? – perguntou Paulo.

– Acho que dá. Não está doendo. Está machucando a bochecha por dentro, mas não é nada grave.

Desconfiado, deixei o resto da comida de lado, não queria arriscar perder outro pedaço de dente. Descemos para o primeiro piso e, enquanto os dois compravam mantimentos, fui tentar sacar dinheiro em um caixa eletrônico na entrada do mercado. Percebi que as duas moças no balcão de atendimento ao cliente me olhavam e riam. Dei um sorriso e acenei. Rindo ainda mais, elas acenaram de volta. Fiquei lisonjeado, me achando a última bolacha do pacote. Sem conseguir retirar dinheiro, fui até lá bater um papo.

– Olympic Expedition? Brazil? – Perguntou uma delas, olhando minha camiseta, que tinha uma bandeira do Brasil bordada ao lado do nome da expedição.

– Yes, Brazil – respondi.

– Um beijo, Brasil! – ela exclamou em português, e riu.

Também ri e perguntei onde ela tinha ouvido aquela expressão. A moça, que tinha olhos verdes e cabelos loiros, e que falava inglês muito bem, explicou que tinha ouvido na música 'Ai se eu te pego', do Michel Teló. Para ter certeza que eu estava entendendo, ela ainda cantou um pedaço da música em português. Depois, quis saber o significado da letra. Meio constrangido, expliquei e ainda fiz alguns gestos para que ela entendesse perfeitamente cada frase da canção. Rimos da situação e depois contei que estávamos viajando de Pequim a Londres para os Jogos Olímpicos.

– Londres é meu lugar favorito, vou para lá todo ano, nas férias. Fico na casa de uma amiga. Vou estar lá durante as Olimpíadas – ela disse.

A amiga apenas ria. Dei a ela meu cartão de visitas com o endereço do site da Expedição Olímpica e anotei meu e-mail pessoal no verso. Ela sorriu, escreveu seu nome num pedaço de papel e me entregou.

– Me adiciona no Facebook – ela pediu.

– Você tem Facebook? Pensei que era proibido aqui no Turcomenistão.

– É proibido, sim. A maioria das pessoas nem conhece. Não sabem o que é. Mas eu sempre dou um jeito de entrar, acho muito interessante para me comunicar com pessoas de fora. Tenho muitos amigos pelo mundo. – confessou.

Anastásia era o nome dela, mas preferia ser chamada de Anna. Tinha nascido no Turcomenistão, ali mesmo em Ashgabat, mas os pais eram russos. Por isso, segundo ela, tinha uma mentalidade um pouco mais aberta que a população em geral. Enquanto Anna atendia uma cliente, perguntei à colega dela se sabia de algum bar ou discoteca legal na cidade para tomarmos uma cerveja à noite. Na verdade, eu tinha esperança de que elas topassem um convite para sair conosco para nos mostrar, pessoalmente, a vida noturna de Ashgabat. Seria legal ter uma companhia feminina depois de três semana ao lado de Paulo e Edgar 24 horas por dia. Alina, a amiga, escreveu o nome das três boates da cidade e me entregou. Enquanto Paulo e Edgar terminavam as compras, conversei mais alguns minutos com elas, mas não consegui convencê-las a nos acompanhar num passeio pela cidade.

Com as compras em mãos, fomos até a praça da independência, que ficava ali perto. Lá, corremos com a tocha e jogamos futebol entre as estátuas dos personagens mais ilustres da história do país, com

suas espadas, escudos, cetros e papiros. Enquanto meus amigos caminhavam pelo lugar, sentei-me perto do Monumento à Independência, também chamado de 'O êmbolo', uma torre sobre uma construção em forma de meia bola. Na porta, dois guardas se mantinham eretos, em posição de sentido. Já estava escuro. À direita, vi um grupo de soldados com a mesma farda marchando em direção a eles e imaginei que seria a troca de guarda. Liguei a câmera e comecei a filmar. Um policial que estava perto veio correndo em minha direção e disse que não era para gravar ou tirar fotos. Pelo menos foi isso que entendi na hora em que ele deu um forte tapa na lente do meu equipamento. Ainda fez sinal de negativo com uma mão e colocou a outra sobre o revólver que levava preso à cintura. Guardei a câmera na bolsa enquanto ele me observava.

Mais tarde, fomos a uma discoteca que ficava em frente ao hotel e que era uma das três que tinham sido indicadas pelas moças no mercado. O lugar estava bem movimentado. Duas russas que estavam saindo disseram que ali era a melhor festa da cidade. A entrada custava vinte Manat, menos de oito dólares por pessoa. Mas o nosso dinheiro estava acabando e achamos melhor não arriscar. Mais uma vez, voltamos para o hotel decepcionados. Fui para o quarto descansar, Paulo e

Edgar saíram em busca de um cassino que, segundo a recepcionista do hotel, tinha um caixa eletrônico onde poderíamos sacar dinheiro local e dólares. Já passava das onze da noite. Quarenta minutos depois, eles voltaram sem dinheiro, não tinham nem encontrado o lugar.

"Amanhã temos que encontrar esse cassino, de qualquer jeito, e sacar algum dinheiro. Não dá pra ir pro Irã só com 50 dólares", pensei e passei a língua sobre o meu dente quebrado.

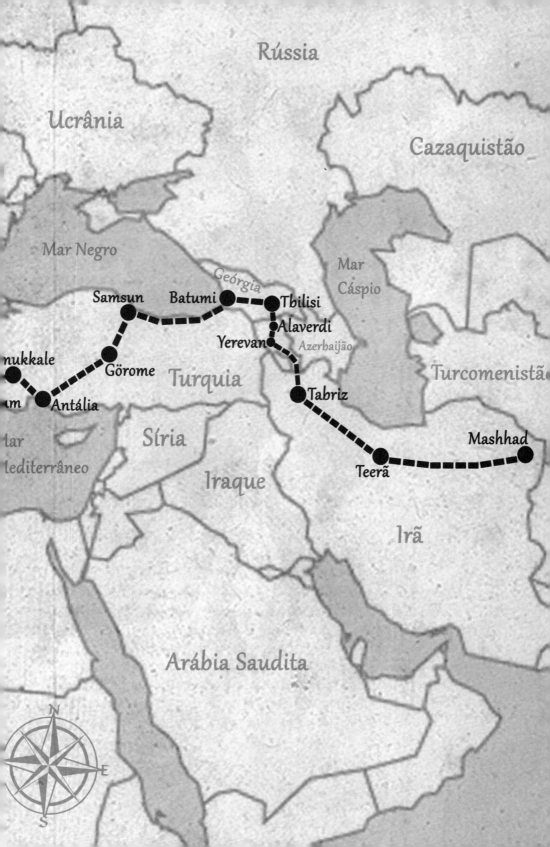

18
Irã, o País Mais Temido

PELA MANHÃ, resolvemos tomar mais um banho de piscina, para fazer valer a pena o alto preço da diária, antes de partirmos para Mashhad, no Irã, que ficava a apenas duzentos e cinquenta quilômetros de distância. Eu estava um pouco nervoso, teríamos que sair do Turcomenistão antes da meia noite para não sermos presos, mas não tínhamos dinheiro suficiente para ir até a fronteira e depois passar cinco dias no Irã. Se não conseguíssemos sacar no caixa do tal cassino, teríamos um problema sério. Pelas nossas informações, também seria impossível usar nossos cartões de crédito e débito no Irã.

Deixamos o hotel pouco depois do meio dia e pegamos um táxi até o cassino, um prédio suntuoso, todo em mármore branco. Usando dois cartões de crédito, conseguimos sacar seiscentos dólares em moeda local, dinheiro que deveria ser suficiente para garantir uma estada tranquila de cinco dias no Irã.

De lá, fomos novamente até o centro comercial, único lugar na cidade onde poderíamos trocar aquele dinheiro por dólares num domingo. E tive mais uma oportunidade para conversar com as belas meninas que trabalhavam no balcão de atendimento ao cliente, Anna e Alina. Paulo foi para a fila do Western Union, Edgar foi fazer compras e eu fiquei batendo papo com as duas até a hora de partir.

Por vinte Manat, menos de oito dólares, negociamos um táxi até a fronteira. A guarita onde o motorista nos deixou era apenas um posto de fiscalização para liberar a passagem até a imigração. Mostramos os passaportes, entramos e continuamos caminhando na estrada asfaltada que fazia uma curva em aclive cem metros à frente. Não tínhamos caminhado nem vinte metros quando um dos guardas veio correndo na nossa direção.

– Não podem caminhar aí. Não podem caminhar aí! – ele gritou, irritado.

– Mas como vamos até a fronteira? – Perguntei.

– Tem que pegar táxi! – disse ele, apontando para duas vans que estavam paradas ali perto, com as portas abertas.

Os motoristas, do lado de fora dos veículos, estavam batendo papo e fumando. Quando nos aproximamos, pediram dez dólares por pessoa para nos levar até a imigração. Aquilo era um roubo, um absurdo! Era caro demais, especialmente em um país onde a gasolina era grátis. Pagaríamos mais para andar alguns minutos montanha acima do que pagamos para viajar quatro horas de Mary a Ashgabat.

– Qual a distância até lá? – perguntei. Nenhum dos dois motoristas respondeu.

– Quanto tempo até lá? – insisti, e novamente fiquei sem resposta.

Será que não me entendem ou será que não querem me responder? Lá no fundo, eu sabia que não tinha jeito, que seríamos obrigados a pagar o que eles queriam ou não poderíamos sair do país. Eu não conseguia acreditar que turistas eram tratados daquela maneira. Não podia acreditar que instituições oficiais do país, como a polícia de fronteira, deixassem um absurdo desses acontecer bem ali, debaixo do nariz deles, pior, ainda colaborando pra isso. Depois de muita discussão, aceitamos pagar. Não teria outra maneira.

– Ok. Três pessoas – eu disse, inconformado, e entreguei uma nota de cem dólares ao motorista.

– Não tenho troco. – ele disse, e deu mais uma tragada no cigarro fedido.

Sem saber o que fazer, e sem troco, sentei no chão em frente à porta da guarita. Paulo e Edgar, numa sombra perto das vans, observavam de longe a confusão. Um homem que parecia ser o chefe dos policiais, e que já estava irritadíssimo conosco, começou a me ofender em inglês.

– Você tem um grande problema, seu idiota. Ou pega o táxi ou volta pra Ashgabat, ou some logo daqui! – gritou ele, de pé, com o dedo na minha cara.

– Eu não tenho problema nenhum – eu disse calmamente e levantei-me. – Nós queremos pagar, queremos ir embora. Mas eles não querem nos levar. Dizem que não têm troco – e mostrei a nota de cem dólares.

Ele olhou para o dinheiro na minha mão, olhou para a van, olhou novamente para mim e entrou na cabine. Sentei no chão outra vez. Por causa dos vidros escuros, não conseguia ver o que acontecia lá dentro. Quinze minutos depois, o motorista de uma das vans me chamou e disse que o amigo dele trocaria o dinheiro. Era um taxista que tinha acabado de chegar para trazer passageiros. Através da cerca, trocou minha nota de cem dólares por duas de cinquenta. Problema resolvido! Paguei o sujeito da van e entramos. Logo em seguida, entraram mais duas pessoas e um policial. Partimos. E só então descobrimos porque não podiam nos deixar atravessar a pé. A fronteira ficava a mais de quarenta quilômetros dali, montanha acima. Percorrendo estradas sinuosas que cortavam como uma serpente as montanhas de Kopet Dag, demoramos mais de meia hora para chegar ao topo, a quase três mil metros de altitude.

A passagem pela imigração do Turcomenistão foi um pouco demorada porque o homem responsável pelo carimbo estava em horário de almoço. Depois, caminhamos cerca de cinquenta metros e chegamos à entrada do Irã, o país mais temido da viagem por causa das constantes ameaças de guerra feitas pelo então presidente, Mahmoud Ahmadinejad. Entregamos os passaportes e quinze minutos depois já estávamos em território iraniano procurando por um táxi. Havia seis carros ali parados e só nós de turistas. Nada mais ao redor além de montanhas. Com o mapa do país aberto no iPad, começamos a conversar com alguns taxistas e dois policiais para decidir para onde deveríamos ir e qual o melhor caminho a fazer. O destino era Teerã, capital do país, mas não sabíamos se dava para ir direto ou se era preciso parar em outra cidade antes. Depois de ouvir os conselhos deles, optamos por ir para Mashhad, 250 quilômetros ao sul dali. De lá, pegaríamos um trem no dia seguinte para Teerã, mais 900 quilômetros a oeste.

Pagamos a corrida adiantado no guichê dentro da própria alfândega e embarcamos num táxi. Na primeira cidade após as montanhas, em Ququn, o motorista, que falava bem inglês, encostou em frente a uma casa e pediu para embarcarmos noutro carro.

– O meu irmão vai levá-los até Mashhad, na estação de trem. Lá, vocês podem comprar as passagens de trem e depois encontrar um hotel ali perto – ele explicou antes de se despedir educadamente.

Não gostei muito daquilo, mas embarquei no outro carro. Os nossos nomes estavam em alguma lista no computador daquele sujeito da alfândega, junto com a placa do outro carro e o nome do outro motorista. Não sabíamos nada sobre a política do país com estrangeiros e era preciso evitar problemas com o governo ou a polícia iraniana. Para piorar, esse novo motorista não falava uma palavra de inglês. Ficou mudo a viagem toda, por mais de três horas. Ao chegarmos à estação de trem, Edgar foi comprar as passagens junto com o motorista. Paulo e eu ficamos esperando no carro. Pelo menos o rapaz tinha nos deixado onde prometeu que deixaria. Como não havia mais passagens de trem para Teerã pelos próximos seis dias Edgar comprou passagens de ônibus.

Os bilhetes estavam escritos em Persa, a língua local. Até os números eram diferentes, não dava para saber o local nem o horário de partida do ônibus. Pelo que Edgar tinha entendido da explicação da atendente, partiríamos ao meio dia do dia seguinte e chegaríamos às oito da noite em Teerã. O nosso motorista, no entanto, estava ficando impaciente, nervoso. Ele não falava inglês, mas estava tentando nos dizer algo sobre a passagem. Apontou para umas letras no bilhete e para o relógio no pulso dele. "Será que ele está dizendo que o ônibus sai agora?", pensei. Mas o rapaz desistiu de explicar, entrou no carro e fez sinal para que a gente entrasse.

Com o rosto cravado no volante, começou a falar sozinho enquanto olhava a todo instante para o relógio no pulso. Sem dar muita bola para bicicletas, motos ou pedestres, cortou a frente de vários carros, fez ultrapassagens proibidas e passou dois sinais vermelhos. Ele não tinha obrigação nenhuma de nos ajudar e provavelmente estava infringindo diversas leis para que nós chegássemos a tempo de pegar o ônibus. Já tínhamos pago a corrida com antecedência e o combinado era nos deixar na estação ferroviária. Ele poderia muito bem ter nos abandonado lá mesmo. Mas, mesmo sem falar uma palavra sequer que a gente pudesse entender, fez questão de nos ajudar a comprar a passagem e nos levar até o local do embarque. Só, então, imaginando que estávamos atrasados, fizemos questão de agradecer com entusiasmo a ajuda que ele tinha dado.

Entramos na estação às quinze para as oito da noite e perdemos minutos valiosos tentando descobrir qual era o nosso ônibus e qual o horário da partida. Mostramos nossos bilhetes de embarque para várias pessoas e conseguimos encontrar o motorista que nos levaria até a capital do país. Para ter certeza que não havia mal-entendido algum, perguntei em voz alta para os passageiros que já estavam acomodados em suas poltronas: "Teerã?". Alguns fizeram sinal positivo com a cabeça, outros responderam "Teerã!". Ainda ficamos mais meia hora esperando até que o ônibus partisse. Às nove e meia da manhã de segunda-feira, 25 de junho de 2012, chegamos a Teerã.

19
Teerã, um Bom Lugar para Arranjar Problemas

O QUE NOS PREOCUPAVA enquanto estávamos no Irã, e até mesmo antes do início da Expedição, era a possibilidade de o país estar se preparando para uma guerra nuclear contra Israel e Estados Unidos. Nos dois anos que antecederam a nossa viagem, o país tinha sido assunto recorrente nos noticiários internacionais por conta de seu presidente, Mahmud Ahmadinejad. Além de insinuar que o holocausto e os atentados de 11 de setembro eram invenções do ocidente, ameaçou dizimar Israel e proibiu a Agência Internacional de Energia Atômica de inspecionar a construção de uma usina de enriquecimento de urânio. No início de 2011, Ahmadinejad mandou executar 97 prisioneiros para "aliviar o sistema carcerário" e ameaçou fechar o estreito de Ormuz, única ligação do Golfo Pérsico com o mar aberto, e por onde passa 20% da produção mundial de petróleo. Sem contar as notícias sobre prisões de estrangeiros e jornalistas locais acusados de conspiração contra o governo. Portanto, qualquer pessoa sensata teria receio em cometer irregularidades, por mínimas que fossem, em um país assim.

E foi nesse clima de apreensão que chegamos a Teerã após uma viagem de ônibus de treze horas. E tivemos que deixar nossos passaportes com a recepcionista do hotel. Eles disseram que era a lei e que ficariam com nossos documentos até a hora de irmos embora.

O trânsito era caótico e havia mais motos do que carros nas ruas. Não fosse pelos letreiros em Persa e pela vestimenta – mulheres cobertas mostrando apenas as mãos e o rosto, algumas com burca –,

poderia jurar que estávamos em alguma capital da América do Sul. Apesar de um taxista malandro que tentou nos enganar, percebemos que era uma cidade muito segura. Em nenhum momento chegamos a nos sentir ameaçados ou em perigo.

O único inconveniente é que éramos obrigados pelas leis do Irã a vestir calças compridas, mesmo sob o calor de quarenta graus. O uso de bermudas era proibido para os homens, mas chinelos e sandálias estavam liberadas. As mulheres, sempre muito bem maquiadas, podiam mostrar apenas o rosto e as mãos. Nem o cabelo poderia ser exibido em público. Em todo tempo que estivemos no país, também não vimos casais andando de mãos dadas ou se beijando nas ruas e nos parques.

A região metropolitana de Teerã tem uma população estimada em quinze milhões de habitantes, sendo nove milhões na própria capital. É a maior cidade da Ásia Ocidental e a quinta maior do mundo. Destino constante de migrantes que chegam do interior do país em busca de melhores oportunidades, Teerã abriga diversas construções históricas, como templos, igrejas, mesquitas e sinagogas. O Irã já teve outras trinta e uma capitais ao longo da história, mas Teerã já ocupa essa posição há cerca de 220 anos.

Depois da sesta vespertina, fomos até o Palácio Golestan, o mais antigo monumento histórico de Teerã, um complexo de prédios recheados de mármore, ouro, vitrais e jardins. Por algum motivo que a gente não entendeu, o palácio estava fechado e era proibido tirar fotos do lado de fora. Um pouco desapontados, fomos para o Parque Sahar, ali perto. Lá, vimos muita gente sentada nos bancos ou na grama, fazendo piquenique, caminhando ou praticando esportes.

Um menino me chamou para jogar pingue pongue com ele enquanto alguns idosos e outras crianças conversavam com Paulo e Edgar. Estavam contentes por poder encontrar turistas e praticar inglês. E, como eu estava com a camisa do Brasil, logo perceberam nossa nacionalidade. Demonstraram interesse em saber o que as pessoas no nosso país pensavam sobre o Irã, se o país deles era querido lá fora assim como o nosso país era querido por eles.

— Os Estados Unidos dizem que somos maus, que o Irã é mau, mas não somos. Somos pessoas muito boas. Gostamos muito do Brasil e da Venezuela. Lula e Hugo Chávez são nossos amigos — disse um senhor de barba branca que acompanhava o meu adversário de pingue pongue.

— Aqui ninguém gosta dos Estados Unidos, da Itália ou da França. Mas adoramos o Brasil. — disse outro senhor.

Quando larguei a raquete e me juntei à conversa, fomos chamados para uma partida de futebol em uma área aberta perto da parte central do parque. Demarcamos os gols com pedras, puxamos um deles para o nosso time e jogamos por mais de meia hora. Algumas pessoas se reuniram ao redor e aplaudiram algumas jogadas. Vencemos por um a zero e continuamos invictos em nossa excursão pela Ásia.

Depois desse momento de profunda interação, fomos visitar a torre Azadi, que foi erguida em 1971 em comemoração aos 2.500 anos do Império Persa. No início, a torre era chamada de Sharyad, que significa 'Memorial ao Rei'. Mas, em 1979, recebeu o nome atual, que significa 'liberdade', em homenagem à Revolução Islâmica que decretou o fim da pluralidade religiosa no país.

Era hora de dormir. O meu dente quebrado ainda não doía, mas continuava machucando a boca por dentro. Eu não me arriscaria a ir

num dentista ali no Irã, nem na Armênia ou na Geórgia, mas estaria disposto a ir a um na Turquia, onde entraríamos em cinco ou seis dias.

Tínhamos planejado ficar cinco dias no Irã, mas pelo que tínhamos visto durante o dia, não fazíamos questão de passar mais tempo na capital. Decidimos que no dia seguinte partiríamos para Tabriz, no noroeste do país, e de lá seguiríamos para a Armênia.

Na manhã seguinte, encontramos a estação rodoviária e compramos passagens para Tabriz. Como o ônibus partiria apenas às 11:30, teríamos mais de meia hora para trocar dinheiro e comprar comida e água. Edgar ficou cuidando das bagagens enquanto Paulo foi trocar alguns dólares e eu saí para comprar frutas. Sentado ao lado das mochilas, Edgar aproveitou para tirar algumas fotos das placas em persa ao redor e de algumas mulheres que estavam sentadas ali perto.

Quando voltei, vi que um policial estava com a máquina do Edgar nas mãos. Aproximei-me, cauteloso, tentando descobrir o que estava acontecendo. O policial fez sinal para que eu sentasse e continuou falando e gesticulando com Edgar em uma língua que imaginei ser o persa. Pelo que entendi, era proibido fotografar ali, e ele queria ver as fotos que meu amigo tinha tirado. Como o Edgar fazia sinais de que não estava entendendo, o policial o levou pelo braço até o segundo andar da rodoviária. Tentei intervir, mas o policial me mandou ficar sentado, outra vez. Paulo voltou correndo assim que viu o policial pegando Edgar pelo braço, mas eles já tinham sumido quando chegou.

– E se ele for preso, dá para falar com a embaixada brasileira aqui? – perguntou Paulo, preocupado, quando expliquei o que estava acontecendo.

– Não sei. Vou ver se encontro alguma anotação sobre isso – e abri a caderneta onde eu mantinha todas as informações necessárias para a viagem.

Meia hora depois, ele ainda não tinha aparecido. E a gente tinha um ônibus para pegar. Eu já estava pronto para ligar para a embaixada quando vi Edgar correndo pelas escadas. Ofegante, e com a câmera em mãos, ele disse que estava livre para ir. Pegamos nossas coisas e corremos para o ônibus. Já sentados, ele começou a explicar o que havia acontecido: no segundo andar, Edgar foi levado até um senhor que aparentava ser o chefe da segurança e que estava em reunião com mais umas dez pessoas. De lá, foi levado para outra sala e depois mais outra, sempre com o policial apertando o braço dele para evitar que fugisse. Ao todo, a máquina passou pelas mãos de nove pessoas diferentes que, não sabendo mexer no equipamento, falavam em persa com ele. Em inglês, ele tentava explicar que só havia tirado fotos dos amigos e que precisaria pegar o ônibus para Tabriz, mas eles também não entendiam. Ele tinha tirado fotos de uma moça bonita que estava na rodoviária, e sabia que isso não era permitido, mas tentou ficar calmo para não transparecer a profunda preocupação que ele tinha em ser preso no Irã. Na verdade, estava morrendo de medo. Ele sabia que o Irã não era um bom lugar para cometer esse tipo de transgressão. Então, numa das poucas vezes em que teve a máquina em mãos durante os interrogatórios, conseguiu apagar as últimas fotos, as da moça. Os policias continuavam falando com ele, às vezes gritando, mas ele não entendia nada. Quando ele já tinha certeza de que seria levado para a cadeia, apareceu um policial mais jovem que falava inglês muito bem. Mais calmo que os demais, ele explicou que era proibido tirar fotos dentro da rodoviária e que os superiores queriam que ele fosse preso. Apavorado, Edgar explicou que não sabia disso, pediu desculpas e afirmou que poderiam apagar todas as fotos se isso fosse acalmá-los. Depois de alguma conversa com os chefes, e mais ameaças, ele foi obrigado a apagar todas as fotos que tinha na máquina, só depois disso o liberaram.

Eu já tinha copiado no computador as fotos que haviam sido tiradas nos últimos dias, então isso não seria um problema. Nós três riamos muito, até sermos interrompidos pelo rapaz que tinha nos vendido as passagens, e que entrou correndo no ônibus.

– Vocês estão no ônibus errado – disse, em inglês, preocupado – Esse ônibus vai para o sul do Irã, o de vocês é aquele ali do lado, disse ele apontando para um ônibus que acabara de ligar o motor, bem ao nosso lado.

Trocamos de ônibus, e partimos com com uma hora e meia de atraso. Depois de três grandes paradas para refeições e outras tantas para recolher passageiros, chegamos a Tabriz. Já estava escuro, mas conseguimos alugar um pequeno apartamento para passar a noite, onde preparamos nosso próprio jantar; salada de alface e espaguete com molho branco de atum e ervilhas. Como eu ainda estava me recuperando de um problema intestinal, e ainda me acostumando com o dente quebrado, comi apenas o suficiente para não passar fome.

20

Uma Briga de Taxistas

Hoje com cerca de oitenta milhões de habitantes, o Irã é o berço de uma das civilizações mais antigas do mundo, a Pérsia. Após a revolução comandada pelo Aiatolá Khomeini que derrubou a monarquia em 1979, o país passou a ter um sistema político diferenciado, que combina elementos de parlamentarismo com teocracia islâmica. Resumindo, o Irã teria presidente e Primeiro Ministro, mas quem mandaria seria o Aiatolá, líder religioso. A constituição estabelecida naquele mesmo ano, decretou o Islamismo como religião única do país e proibiu qualquer outra manifestação religião.

Demos uma passeada pelo centro de Tabriz pela manhã, e tive a impressão de que era uma cidade igual a Teerã, confusa e com trânsito caótico, só que menor. Ao entregar as chaves do apartamento, descobrimos que um ônibus para a Armênia custava cinquenta dólares por pessoa e que o próximo sairia dentro de dois dias. Mas não poderíamos, nem queríamos, esperar tanto tempo. O rapaz que trabalhava na pousada sugeriu irmos a uma estação rodoviária para tentar encontrar outro meio de transporte. Com o endereço num pedaço de papel, entramos em um Lada Laika branco caindo aos pedaços e tivemos uma experiência superdivertida que valeu por toda a estada no Irã. Graças ao motorista, que foi o cara mais maluco que encontramos durante a expedição. Enquanto conversava conosco num inglês precário, o homem fazia gestos e largava a direção com frequência. Parecia estar mais concentrado em conversar do que em dirigir. Pelo que entendi, chamava-se Reza, era professor de árabe na Universidade de Teerã mas estava lecionando na Universidade de Tabriz. Rindo, e fazendo mímicas, explicou que gostava de música, de dança e de bebidas, e que não gostava das leis que proibiam o consumo de álcool no país. Disse que dirigia nos dias de folga porque viver no Irã era muito caro. Ainda fez questão de dizer que não era casado porque não tinha dinheiro suficiente, apesar de já ter mais de cinquenta anos de idade. Depois de cantar umas cinco ou seis músicas diferentes, quase bater o carro algumas vezes e rir muito, o motorista malucão nos deixou num lugar que parecia ser uma rodoviária abandonada, meio afastada da cidade.

Fomos até o guichê que estava aberto, mas não havia ônibus ali para o Armenistan, que é como eles chamam a Armênia. No estacionamento, havia alguns carros e, assim que chegamos, fomos rodeados por vários homens oferecendo seus préstimos, cena que já estávamos acostumados. O primeiro que veio falar comigo era alto, mais alto que o Paulo, forte, cabelo cheio de gel, pele escura, barba por fazer, camisa polo de manga comprida e cara de mau. Estava acompanhado de um senhor de idade, mais baixo e de cabelos grisalhos. Parecia ser o pai dele, ou um tio. Mostramos a fronteira no mapa do iPad e ele fez sinal

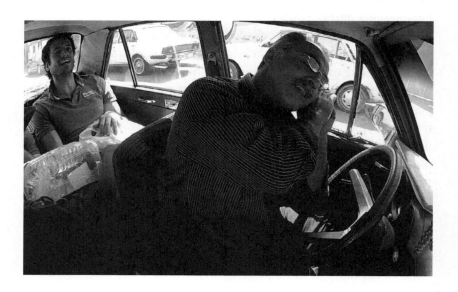

que sim com a cabeça. Perguntei quanto custava, mas ele não conseguiu dizer o valor. Na verdade, ele disse o valor em persa, mas nenhum de nós entendeu. Peguei o telefone do Edgar, entreguei na mão dele e mostrei os números, para que ele digitasse o valor. Como ele não entendeu o que eu queria, peguei o dedo dele, coloquei no teclado do telefone e apertei uns números. Ele entendeu e, enquanto pensava no que digitar, chegou um homem maior que ele, com o cabelo todo bagunçado e não tão bem vestido. O sujeito maior parou bem atrás de mim e os dois começaram a trocar palavras na língua local. Mas, como todos os iranianos falam alto e com aspereza, eu não sabia se eles estavam conversando ou brigando. De repente, senti uns perdigotos na nuca e um bafo quente na cabeça. O homem que estava atrás de mim começou a se aproximar e eu fiquei bem no meio dos dois enquanto eles discutiam. Olhei para o lado, Paulo e Edgar estavam cercados por outros dez homens que se ofereciam para nos levar até a fronteira. Dei um passo para o lado e fiquei apenas observando. O segundo grandalhão ergueu a mão direita e, com dedo em riste, começou a gritar mais alto. O primeiro respondeu no mesmo tom, deu um passo para frente e colocou o celular, que eu havia entregue a ele para digitar o valor da viagem, no bolso. "Ele quer ficar com a mão livre para poder brigar", pensei. Agarrei o braço dele, peguei o celular de volta e dei dois passos para trás. Não queria estar muito perto quando começassem a trocar socos. Com a mão livre, o primeiro grandalhão deu um tapa na cara do outro e os dois começaram a se empurrar e a trocar tapas. Outro senhor mais velho, de cabelos brancos, alto como eles, calça social e sandália, se meteu e tentou separar. Os outros que conversavam com o Paulo e o Edgar também tentaram segurar os dois, mas não conseguiram. Eles eram maiores e mais fortes que qualquer um ali. O segundo grandalhão desferiu um chute na barriga do primeiro e, antes que pudesse preparar outro golpe, levou dois chutes nas pernas e diversos socos no rosto. Quando tentou reagir, os dois foram finalmente interrompidos. A briga não tinha durado nem um minuto, mas tinha sido violenta, e divertida, para quem estava de fora. Com a mão no rosto, apertando o queixo e ainda xingando o outro homem, o segundo grandalhão se afastou.

– Caramba, vamos com o cara que ganhou a briga, né. Pelo menos vamos estar protegidos – eu disse em português.

Esperei que ele se acalmasse e pedi mais uma vez que ele digitasse um valor no telefone. Ele fez sinal que não precisava do telefone, puxou um bolo de dinheiro do bolso e colocou setecentos mil não minha mão.

– Três pessoas até a fronteira, setecentos mil, ok? – falei em inglês, mesmo sabendo que ele não entenderia.

Ele fez que sim com a cabeça, mas eu disse que era caro e ofereci quatrocentos. "Tomara que ele não se sinta ofendido e queira me bater", pensei na hora. Apenas por mímicas, negociamos mais um pouco e fechamos por quinhentos mil, pouco mais de 25 dólares.

Colocamos a bagagem no porta-malas, embarcamos e ficamos esperando que ele entrasse. Mas ele ficou no estacionamento e o senhor que estava com ele é que foi dirigindo. Antes mesmo de sairmos de Tabriz, descobrimos que o motorista nunca tinha ido à fronteira. Ele conseguiu se perder três vezes antes mesmo de sair da cidade, e foi seguindo as placas que indicavam Jofur, um vilarejo perto da Armênia.

Ao ver uma retroescavadeira quebrando pedras na montanha, ele ficou indignado. Apontava para a montanha, dizia algo que a gente não entendia e mexia a cabeça em sinal de reprovação. Ainda reclamando, parou no acostamento para que a gente pudesse mijar. Antes de embarcarmos no carro de volta, ele me chamou, colocou a mão nas próprias costas e fez cara de dor. Em seguida, colocou as duas mãos abertas sobre o próprio peito e puxou para trás, como se quisesse esticar a coluna. Para explicar exatamente o que queria, ele veio até mim, pressionou o peito contra as minhas costas, colocou as mãos no meu peito e, enquanto se inclinava para trás, me puxava para cima. Entendi, e fiz o mesmo com ele três vezes enquanto Paulo e Edgar tiravam fotos e riam.

Depois que passamos por Jofur, ele continuou na estrada principal e ainda parou cinco vezes para perguntar o caminho para Nordooz, onde cruzaríamos para a Armênia. Ao chegarmos à imigração, trocamos os Rials que tinham sobrado por dólares, fizemos os trâmites e seguimos a pé pela ponte que cruza sobre o rio Aras. Do outro lado, fomos abordados por um policial.

– Vocês têm visto?

– Não – respondeu Paulo.
– Então esperem ali – ele disse, e apontou para uma guarita.

Lá dentro, pegamos o último visto necessário para a viagem. A Armênia era o oitavo país da expedição e os outros países dali em diante não exigiam visto para Brasileiros. Fui o primeiro a passar pela imigração. Do outro lado da cabine, um rapaz pegou meu passaporte, comentou "Brasil", e se levantou. Logo em seguida chegou uma mulher um pouco mais nova que ele, com seus vinte e poucos anos. Era loira com olhos azuis, cabelo curto cacheado, gordinha, com bochechas enormes e vestia um uniforme bem apertado. Ela colocou o passaporte embaixo de uma fonte de luz azul, virou as páginas, passou a mão na foto e nos outros vistos. Apertou um botão e a luz ficou amarelada. Deu mais uma olhada, depois puxou uma lupa e começou a examinar cada página com calma em busca de algum indício de falsificação. Ficou quase dez minutos analisando meu documento, até que me liberou. Passei as malas pela máquina de raios-X e fui para a saída esperar pelos outros.

Um senhor se ofereceu para nos levar até Yerevan, capital do país, por cento e vinte e cinco dólares. Ofereci oitenta, mas ele não aceitou. Lá fora, em uma estrada de chão, onde havia apenas uma casa e um bar, vimos outros carros.

– Duzentos dólares – disse um senhor que chegou apertando meu braço.

– O outro ali dentro queria cento e vinte e cinco, bem mais barato – eu disse.

– Ok. 150 Euros para vocês – ele insistiu.
– Não temos Euros. Noventa dólares, ok? – ofereci.

Mas ele não aceitou e foi juntar-se aos outros taxistas em frente ao portão. Sentamos na porta do bar e tomamos algumas cervejas enquanto discutíamos nossa estratégia. Mais uma vez a gente tinha cruzado uma fronteira sem saber o que encontraríamos do outro lado, sem saber como chegaríamos ao nosso próximo destino. Mas sabíamos que a sorte tinha estado do nosso lado até então e que não iria nos abandonar. O último motorista voltou e disse que cento e dez era o mínimo que poderia cobrar pelo trajeto de quase 400 quilômetros.

Do outro lado da rua, Edgar estava parando os poucos carros que passavam para pedir carona. Um senhor que estava numa caminhonete, e que acabara de deixar duas pessoas na fronteira, aceitou nos levar até Yerevan sem cobrar nada.

– É isso aí galera, a nossa sorte voltou. Vamos embora – disse Edgar sorrindo, enquanto corria para pegar as mochilas.

Os taxistas começaram a gritar com o homem da caminhonete, provavelmente fazendo ameaças. Sem dizer uma só palavra, o cara da caminhonete fechou o vidro do carro, acelerou e vimos a nossa carona sumir no meio da poeira. Naquele momento eu tive vontade de encher aqueles sujeitos de tapas. Queria que eles aprendessem a não sacanear mais com os turistas. Mas eu não podia fazer nada. Se tentasse alguma coisa, provavelmente levaria uma boa surra. A primeira impressão da Armênia não era boa. Juntamos nossas coisas e saímos caminhando em direção à estrada asfaltada que começava em seguida. Quinhentos metros à frente, o mesmo motorista que tinha oferecido por cento e dez dólares apareceu. Estava numa Mercedes preta, grande, bem cuidada. Parou ao meu lado e fez sinal para que eu entrasse. Acenando com mão, disse que não queria. Ele foi mais à frente, fez a volta e passou bem devagar, olhando fixo nos meus olhos. Menos de cinco minutos depois, apareceu outro senhor e pediu cento e vinte dólares. Sem muita paciência para negociar, oferecemos cento e dez e embarcamos. Em seguida, ele parou em um posto de gasolina, ao lado de uma bomba. Descemos e fomos para uma sombra ali perto. Ele abriu o capô, deu duas voltas no carro, abriu o porta-malas, pegou o celular e começou a falar no telefone. "Tem alguma coisa errada aí", pensei. Comecei a ficar desconfiado e fui para perto do carro.

– Troco. Gasolina. Cinquenta – ele disse, em inglês, sem tirar o telefone da orelha.

Chamei os rapazes e concordamos em pagar um pouco adiantado, já tínhamos feito isso em outras ocasiões sem problema. Paulo puxou um bolo de dinheiro local, o equivalente a cinquenta dólares, e estendeu para o motorista. Mas ele não aceitou.

– Dólares, dólares – ele disse, e estendeu a mão aberta.

Tirei uma nota de cem do bolso e mostrei para ele que não tinha troco. Ele puxou a nota da minha mão e continuou conversando no telefone. Fiquei mais desconfiado ainda. Segurei a nota e tentei puxar da mão dele.

– Esse cara quer trocar por dinheiro falso, só pode ser – eu disse em português.

Após ter morado anos na China, fiquei traumatizado de tanto ver taxistas trocando notas verdadeiras por falsas com turistas. Mas ele segurou a nota firme com as pontas dos dedos e olhou bravo para mim. Continuei puxando a nota sem desviar o olhar, até que ele a soltou. Como ele continuava no telefone, corri para o carro, o porta malas ainda estava aberto.

– Vamos sair daqui. Esse cara tá de sacanagem com a gente. Ele quer fazer alguma merda – eu disse para os rapazes enquanto colocava uma mochila nas costas e as outras no chão. – Ele ainda nem chamou o frentista para colocar gasolina, tem coisa errada aí.

Assim que me viu pegando as mochilas, ele desligou o telefone e deu dinheiro para o rapaz que estava no guichê do posto. Enquanto outro rapaz foi até a bomba colocar combustível no carro, o motorista pegou as mochilas do chão e as colocou calmamente de volta no porta-malas. Entramos no carro e seguimos viagem por entre as montanhas com o Rio Aras nos acompanhando do lado direito. Em pouco tempo, as montanhas pedregosas e sem vida começaram a dar lugar a terras verdejantes, forradas de árvores e plantações. Passamos por algumas casas encravadas nos pés das montanhas e continuamos pela estrada sinuosa. De repente, o motorista começou a ir mais devagar. Abriu a janela, colocou a cabeça para o lado de fora e começou a dar leves pressionadas no freio. Parecia que estava tentando escutar algum barulho.

– Stop, stop. Problem – ele disse, e apontou para a roda dianteira direita.

– Pronto, lá vem sacanagem de novo – eu disse em português, ainda chateado com o que tinha acontecido no posto.

Enquanto dirigia, fez alguns telefonemas e parou numa cidadezinha à beira da estrada.

– Esperar. Irmão – ele disse.

Eu não fazia ideia de qual tipo de sacanagem ele poderia fazer conosco, mas estava muito intrigado desde o início. Definitivamente, eu preferia descer naquela cidade mesmo e procurar outro transporte, mas sabíamos que seria muito difícil encontrar alguém que falasse inglês por ali e decidimos esperar. Passava das quatro horas da tarde, ouvíamos música alta e gritos animados vindos de um prédio em frente. Paulo ficou no carro, Edgar e eu fomos até lá conferir a festa. Parecia um casamento no porão do edifício, com pessoas de todas as idades bem vestidas. Cantavam, dançavam, brindavam e bebiam. Que povo animado! Num dos lados do salão, um homem cantava ao vivo e tocava teclado. Tive vontade de ficar por ali por algumas horas, mas a expedição era mais importante.

O irmão do motorista chegou em um carro da Opel, muito similar a uma Parati da Volkswagen. Das duas, uma: ou o carro estava realmente com problemas, ou era procedimento normal pegar os passageiros com um carro bom, para poder cobrar mais caro, e trocar para um mais simples no meio do caminho. Ainda desconfiados e tentando compreender o que estava acontecendo de verdade, compramos alguns mantimentos no mercado em frente e partimos no veículo novo. Meia hora depois, paramos para abastecer. O carro era a gás, assim como a maioria dos que tínhamos visto nos postos de combustível. Mas o sistema de abastecimento era lento, demorava mais de vinte minutos para encher o tanque. Além disso, por causa do perigo, era proibido ficar perto do veículo durante o procedimento. Todos os passageiros tinham que esperar em uma sala especial ao lado do estacionamento.

No caminho, fomos surpreendidos pelas belezas naturais que cercavam a estrada. Um rio de água cristalina, montanhas rochosas, florestas, planícies verdejantes. Quando passamos por dentro de um arco de pedra que envolvia o caminho sinuoso, fomos obrigados a parar para tirar fotos e correr com a tocha por alguns minutos, enquanto o motorista nos observava intrigado.

Às dez e meia da noite, quando chegamos a Yerevan, o motorista telefonou para uma mulher que falava inglês e passou o celular para o Paulo. Ela perguntou onde a gente queria ficar, quantos dias ficaríamos e quais eram nossos planos. Depois, disse que tinha hotel para oferecer, a cem dólares o quarto. Paulo disse que o hotel dela era muito

caro, que queríamos ficar no centro para procurar hospedagem mais barata, e desligou.
– Hotel, barato – eu disse em inglês para o motorista.
Levantei a mão, esfreguei o indicador no polegar e afastei os dedos a menos de um centímetro de distância. Ele riu e fez um sinal de ok com a mão. Em seguida, parou numa área de prédios residenciais e comercias. Dissemos que queríamos descer ali para procurar hotel, mas ele insistiu para que a gente ficasse no carro. Entrou em um dos edifícios e saiu em seguida com uma sacola de roupas. Embarcou, fez a volta e entrou numa rua escura cortada por becos. Passou por um estacionamento, contornou um prédio e parou atrás de um centro comercial. Na mesma hora, a menina que falava inglês ligou de novo para conversar com o Paulo. Queria saber que horas a gente iria embora da cidade no dia seguinte e o que a gente queria fazer, mas o Paulo não entendia porque ela fazia essas perguntas. Eu não estava num bom dia, já tinha me estressado muito e estava cansado. Peguei o telefone da mão do Paulo.
– Por que você está fazendo essas perguntas?
– Porque eu preciso saber.
– Quem disse que você precisa saber? – eu também não estava entendendo o interesse dela na nossa rotina.
– Mas como o motorista vai pegar vocês amanhã se não souber a hora?
– A gente não quer motorista para amanhã. A gente só quer que ele nos deixe num hotel agora, perto do centro, e vá embora. Só isso que queremos – respondi, com uma gentileza que me é peculiar.
– Ah, ok. Entendi. E onde vocês estão agora?
– Não sei.
– Deixe-me falar com o motorista – ela disse, e eu passei o telefone para o rapaz.
Depois de trocarem algumas palavras, ele desligou.
– Hotel – ele disse, e apontou para o prédio na nossa frente.
Não havia letreiro, portaria nem recepção. Mesmo assim, entrei. 'Recepção no terceiro andar', estava escrito numa pequena placa perto da escada. Subi. Ao lado do balcão, em um banco comprido en-

costado na parede, havia três senhoras gordinhas, com seus quarenta e poucos anos. Vestiam roupas muito coloridas, curtas com decotes generosos, e muito justas. Assistiam a um jogo de futebol na TV. Espanha e Portugal pela Eurocopa. Ainda no primeiro tempo, zero a zero. Uma delas me olhou e sorriu. Sorri de volta e cumprimentei com a cabeça. Ela piscou.

O quarto com três camas custava quarenta e cinco dólares, um preço justo para o momento, onze e vinte da noite. Decidimos ficar ali mesmo. Pegamos nossas coisas e fomos para o aposento que nos foi indicado. Uma mulher, bem mais velha que as outras da recepção, entrou em seguida para colocar lençóis nas camas.

– Querem garotas sexy? – ela perguntou num inglês quase incompreensível.

– Você é a garota sexy? – perguntei de volta.

– Não, as outras – ela respondeu rindo.

– Não, obrigado. Já estamos saindo para jantar – agradeci e saímos.

– Pelo menos vamos poder dizer que dormimos num bordel nessa viagem – disse Paulo, enquanto descíamos a escada em busca de um bar na noite de Yerevan.

21
O Pão mais Saboroso do Mundo

YEREVAN, CAPITAL DA Armênia, é uma das cidades continuamente habitadas há mais tempo no mundo e tem mais de 1,1 milhão de habitantes, cerca de um terço da população do país. Por causa da localização central entre Europa e Índia, foi disputada por Persas e Otomanos ao longo de seus 2.700 anos de história. Hoje, é o centro industrial, cultural e científico do Cáucaso, a região que fica entre o Mar Cáspio e o Mar Negro. Segundo a mitologia grega, foi ali que Prometeu foi acorrentado por Zeus após ter roubado o fogo de Héstia do monte Olimpo para entregar aos mortais. Isso foi tudo o que descobri sobre a cidade numa rápida pesquisa na Internet naquela manhã do vigésimo sétimo dia de viagem, enquanto Paulo e Edgar ainda dormiam.

Ao meio dia, teríamos que recolher nossas coisas do bordel e continuar a saga. Por isso, a visita à cidade pela manhã foi rápida. Logo que chegamos à Praça da República – também conhecida como Praça Lênin durante o período em que o país fez parte da União Soviética –, presenciamos um protesto em frente a um dos prédios do governo. Não conseguimos entender muito bem o que era, mas vi algumas mulheres chorando, carregando flores e fotos de jovens rapazes. No meio da confusão, a mais agitada das mulheres desmaiou e foi socorrida pelos policiais que protegiam o prédio. Alguns repórteres chegaram em seguida com câmeras de TV e eu achei prudente saímos logo de perto.

Durante o passeio, fomos abordados por um homem que se apresentou como Wladimir Putin, então presidente da Rússia. E não é que ele era mesmo parecido com o Putin? Com um forte odor de álcool que exalava e com a língua um pouco enrolada, conseguiu explicar em inglês que era músico. Edgar, imaginando que fosse alguma brincadeira, pediu que ele cantasse para nós. Alegre com a oportunidade de se mostrar para nós, Putin cover entregou o casaco para o meu amigo, encheu o peito e, em vez de cantar, começou a imitar o som de um trompete. Tocou uma música inteira em seu instrumento imaginário. Achamos aquilo engraçado e, enquanto ele caminhava cambaleando pela calçada, o apelidamos de 'O Músico Bêbado de Yerevan'.

Pela primeira vez em 27 dias de viagem, conseguimos sentar num restaurante no horário do meio dia para almoçar. Tinham sido quatro semanas de muita adrenalina e correria, mas a primeira parte da nossa viagem estava acabando. Nossa agenda, até então, se resumia a acordar, visitar a cidade, pegar a estrada e dormir. Uma noite em cada lugar. Eu sempre soube que o primeiro trecho da viagem, da China à Armênia, seria o mais complicado. E que o maior desafio não era sair da China ou atravessar países onde a língua oficial era o russo e chegar ao Irã, um dos lugares mais temidos por jornalistas do mundo todo. O grande desafio era fazer isso tudo em menos de um mês e sem grandes percalços. Da Armênia em diante, tudo ficaria mais tranquilo. Pelo menos era o que eu imaginava. Nenhum dos países restantes exigia visto de entrada e, em quinze dias, encontraríamos dois amigos na Europa para seguir até Londres com um carro alugado. E, como ficamos apenas três noites no Irã, em vez das cinco que estavam programadas, conseguimos corrigir o nosso cronograma. Se tudo continuasse bem, chegaríamos à Inglaterra a tempo de acompanhar a cerimônia de abertura dos Jogos Olímpicos.

Aproveitamos o nosso primeiro almoço tranquilo para avaliar o itinerário. Não havia pressa em sair do país, já que a gente tinha planejado chegar a Tbilisi, capital da Geórgia, apenas no final do dia seguinte. Decidimos dormir mais uma noite na Armênia, mas não tínhamos a mínima ideia de onde ficaríamos.

– Vamos pra estação rodoviária, lá escolhemos pra onde ir – sugeriu Paulo. – Pode ser qualquer lugar perto da fronteira com a Geórgia.

Edgar e eu concordamos. Já na calçada, um gari desdentado e vestindo um colete verde limão, chegou com uma vassoura na mão e se ofereceu para ajudar. A gente não entendia o que ele falava, mas tentamos explicar em inglês que queríamos pegar um ônibus para qualquer cidade na região da fronteira com a Geórgia. Sem saber se ele tinha entendido ou não, Edgar esticou o braço para chamar um táxi. O gari deu um tapa na mão dele e fez um sinal indicando que não era para pegar táxi. Edgar riu e esticou o braço de novo. Levou outro tapa. Sem hesitar, o gari bateu no peito como quem diz 'deixa comigo', foi para o meio da rua, parou uma van e falou algo para o motorista. Pelo que entendemos, aquela van passaria pela estação rodoviária e o motorista nos avisaria a hora de descer.

Vinte minutos depois, o motorista parou em frente a um prédio, abriu a porta e fez sinal para descermos. Pelo jeito, ali era a estação. Entramos pela porta da frente de um enorme e vazio saguão branco de uns oitocentos metros quadrados. Até as bilheterias estavam vazias. Lá dentro, apenas duas senhoras sentadas em um comprido banco de madeira que separava o ambiente em dois.

– Auctobus – perguntei para uma delas.

Auctobus era uma das poucas palavras que eu tinha aprendido em russo durante a viagem. Sem levantar a cabeça, ela apontou para uma porta lateral. Ali fora, havia dezenas de vans e ônibus e mais de uma centena de pessoas sentadas ou em pé.

– Por favor, sabem informar se aqui tem ônibus para o norte? – perguntei em inglês a um grupo de jovens perto da porta.

– Para onde vocês querem ir? – perguntou uma das garotas.

– Qualquer lugar bacana para passarmos a noite. Amanhã à tarde vamos para a Geórgia – explicou Edgar.

– Estamos indo para Alaverdi. É lá no Norte, perto da Geórgia. Vocês podem ir para lá, é cheio de monastérios e lugares bonitos para visitar – ela sugeriu.

Gostamos da ideia. Uma hora depois, entramos na mesma van que eles. Parecia que todos passageiros se conheciam. Pelas minhas contas, ao menos oito garotas e dois rapazes se conheciam. Tiravam fotos uns dos outros e trocavam guloseimas enquanto o motorista dirigia com agilidade por uma estreita e irregular rodovia. Sentados no último banco, batíamos com a cabeça no teto a cada vez que ele passava num buraco. Se eu que sou baixinho já batia a cabeça, imagina Paulo e Edgar, que são bem mais altos. E o motorista passou por muitos buracos sem frear ou desviar. Não desacelerou nem quando começou a chover. Parecia que estava com pressa.

Para passar o tempo, Edgar puxou papo com a menina com quem havíamos falado antes, e um dos rapazes. Eram todos médicos e estavam fazendo residência em Yerevan. Aproveitariam os dias de folga do hospital e ficariam na casa dele em Alaverdi.

– Vocês conhecem algum lugar por lá onde podemos nos hospedar? – perguntou Edgar.

– Acho que deve ter algum hotel lá. Mas se quiserem podem ficar na casa conosco – ofereceu o rapaz.

– Obrigado, mas não queremos atrapalhar – respondeu Edgar.

– Oito mulheres sozinhas numa casa com dois caras e o Edgar diz que a gente não quer atrapalhar? – perguntei em português para o Paulo.

– Se ele insistir mais uma vez, aceita logo, Edgar – sugeriu Paulo.

Mas ele não insistiu e a viagem seguiu por mais uma hora, até que paramos num lugar para um lanche rápido e uma ida ao banheiro.

– Aqui tem o melhor pão do mundo, vocês precisam experimentar – disse a garota ao descer.

Mais de vinte padeiros trabalhavam sem descanso assando pães arredondados, quase tão finos quanto uma massa de pizza. Com rápidos movimentos, eles grudavam os pães nas paredes internas dos fornos à lenha, que eram arredondados com uma pequena boca no topo. Todos os passageiros, sem exceção, compraram pelo menos um pão. Se todo mundo comprava é porque devia ser bom mesmo. Comprei dois para experimentar. Não vou dizer que era o melhor pão do mundo, mas era mais saboroso que o nosso tradicional pão de trigo.

Descemos no centrinho da vila de Alaverdi. O grupo de jovens médicos desceria cinco quilômetros à frente. Chovia muito. Não havia movimento de carros ou pessoas. Nem estabelecimentos comerciais abertos.

– Hotel, Hotel – gritei para um senhor de cabelos brancos e nariz protuberante que passava em um Lada Laika branco.

– Ok, Hotel – ele disse e bateu com a mão aberta no peito.

Nenhum dos marcadores do painel do carro funcionava. Assim como o rádio, o limpador de para-brisas e um dos faróis. As portas também não fechavam direito, era preciso ficar segurando para que não abrissem. E entrava água pelo piso. Enquanto dirigia, ele batia no painel do carro e dizia alguma coisa em russo. Pelas mímicas, e pelas poucas palavras que eu entendia, imaginei que ele disse que só existiam quarenta carros como aquele, ou que ele tinha sido produzido em 1940. Algo assim.

Ele entrou por uma estrada de chão batido, atravessou uma ponte sobre o Rio Debed e virou à direita na outra margem. Em seguida, parou em frente a uma casa de dois andares. Saiu do carro e fez sinal para que o seguíssemos. Uma senhora nos recebeu e nos levou para ver os quartos, que eram bem limpos e organizados.

– Só tem um problema. Estou sem Internet. A antena está quebrada – ela disse, em inglês.

Era bom saber que alguém naquele lugar escondido entre as montanhas da Armênia podia falar inglês. Agradecemos e pedimos para o motorista nos levar a um lugar com Internet. Havia dias que não atualizávamos o site e era preciso fazer contato com o mundo exterior para dizer que tínhamos saído do Irã sem grandes problemas, vivos e com saúde.

– Pouco antes de a van parar, eu vi uma placa laranja que dizia 'Iria Bed and Breakfast'. Vamos pedir para nos levar lá – disse Paulo.

– Iria, Iria – eu disse ao motorista enquanto caminhava para o carro, e apontei para a direção que a gente queria ir.

Ele fez sinal com a cabeça, sabia onde era a pousada da Iria. A chuva já estava ficando mais moderada. Ele cruzou novamente a ponte, percorreu três quilômetros no asfalto e virou à direita numa estradinha de terra. Logo virou à direita de novo numa subida íngreme e chegou a uma casa de dois andares. Lá embaixo, depois da estrada e da ferrovia, dava para ver um grande rio. O barulho da força da água barrenta ecoava pelo vale.

A simpática Dona Irina, também chamada de Iria, nos atendeu sorrindo e pude ver alguns dentes de ouro. Ela não falava inglês tão bem quanto a senhora da pousada anterior. Na parede da cozinha, em um quadro de vidro, vi uma página do guia de viagens Lonely Planet com a descrição e a avaliação da pousada dela.

– Custa cinco mil por pessoa. Se quiserem café da manhã é mais dois mil por pessoa. Vocês terão o segundo andar da casa inteiro só para vocês, não tenho outros hóspedes no momento. Se quiserem jantar, é três mil por pessoa, mas tem que confirmar agora porque tenho que ir ao mercado fazer as compras – ela disse, enquanto nos levava para ver os quartos.

Sete mil Dram por pessoa, cerca de dez dólares, por uma hospedagem tranquila, com café da manhã incluso, era um ótimo negócio. Mas recusamos o jantar. Queríamos sair para conhecer a cidade, sacar dinheiro e encontrar um cabeleireiro. Logo escureceria de vez, mas pelo menos a chuva estava parando. Com a ajuda da Dona Iria, pedimos para o motorista nos buscar ali às nove e meia da manhã para nos levar até a fronteira com a Geórgia, ao norte. E, pelo preço que combinamos, ele ainda nos levaria para visitar alguns monastérios de Alaverdi antes de seguirmos para a fronteira. Enquanto a Dona Iria nos servia um delicioso café armênio com biscoitos de chocolate, sentamos na sacada para apreciar a linda vista do vale. Para saber um pouco mais sobre o lugar, Edgar começou a ler em voz alta um guia que encontrou sobre a mesa. Contente por nos receber, Iria disse que éramos os primeiros hóspedes brasileiros dela. Antes de nos deixar sozinhos, ela pediu desculpas pela falta de luz e de Internet. E disse que antes do anoitecer a prefeitura consertaria os estragos causados pela chuva da noite anterior.

Saímos a pé em direção ao centro da vila, aonde a van tinha nos deixado. Depois de vinte e cinco minutos de caminhada, às nove horas da noite, encontramos um mercado. Compramos ingredientes para sanduíches, algumas frutas e cervejas de diferentes marcas. Paulo e Edgar também queriam leite, mas não encontraram nas prateleiras. Perguntamos para as quatro atendentes, que pareciam ser irmãs, mas nenhuma delas entendia inglês. Intrépido e esperto, Edgar resolveu explicar de uma maneira mais prática e universal: "Muuu, muuu", ele repetia, enquanto apertava o próprio peito, e fazia sons de alguém ordenhando uma vaca. A mulher que nos atendia caiu na gargalhada. Chegou a se curvar e colocar as mãos nos joelhos para recuperar o ar, de tanto rir. Ainda rindo, gritou para as outras atendentes e explicou em armênio a mímica que o Edgar tinha feito. Elas também riram. Olhavam para nós e riam. Riam muito. A que estava nos atendendo fez um sinal com a mão, dizendo que não tinha, e continuou rindo. Pagamos a nossa conta, nos despedimos. Do lado de fora, na calçada, ainda era possível ouvir as gargalhadas das quatro mulheres.

Quando chegamos à pousada, a luz já tinha voltado. E poderíamos usar a Internet.

– Acabei de receber um e-mail. Amanhã chega um grupo de quatro pessoas para se hospedar aqui, e uma delas é brasileira – disse a Dona Iria, muito contente.

Ao ouvir minha voz, o marido da Dona Iria entrou por uma porta lateral, se apresentou e sentou-se ao meu lado. Tinha o guia Lonely Planet da Armênia e mostrou a avaliação recebida pela pousada deles.

– O Ministro do Turismo já ficou hospedado aqui – disse, e mostrou alguns certificados pendurados na parede.

Conversamos mais um pouco enquanto eu postava fotos no nosso site. Como éramos os únicos hóspedes, o café da manhã seria servido no horário que mais nos agradasse. Pedi para comermos às nove horas, desejei-lhes boa noite e subi. O segundo andar tinha uma sala grande com TV, uma mesa, estantes com alguns livros, uma sacada, dois quartos e um banheiro onde a descarga só funcionava com a luz ligada. A caixa d'água ficava no térreo e o mesmo interruptor que ligava a luz também ligava a bomba que puxava a água para o banheiro.

Mais relaxados, comemos sanduíches, tomamos algumas cervejas e assistimos à vitória da Itália sobre a Alemanha por dois a um pela Eurocopa. Naquela noite, dormimos embalados pelo agradável som do rio.

22
A Melhor Surpresa da Viagem

Quando a região de Alaverdi foi anexada pelo Império Russo ao final do século XVIII, equipes de mineiros gregos foram instaladas ali para começar a exploração de cobre. Enquanto estiveram em operação, aquelas minas foram responsáveis por um quarto de todo cobre da Rússia. Em 1989, pouco antes da queda da União Soviética, a cidade tinha cerca de 26.300 habitantes. Com a produção do minério em decadência, a população caiu para 16.500 em 2009 e se manteve-se estável desde então. Hoje, Alaverdi é conhecida pela ponte medieval de Sanahin, erguida em 1195, e pelos diversos monastérios espalhados nas montanhas, alguns construídos no século V.

O café foi servido às nove horas em ponto, com omelete, panquecas com geleia de amora e cereja, pães e biscoitos. O motorista chegou logo em seguida e cobrou onze mil dram, cerca de 18 dólares, para nos levar a três monastérios e depois à fronteira.

— Eu vi o site de vocês. Gostei bastante, podem falar da nossa pousada, mas não mencionem o problema de falta de luz, por favor — disse a Dona Irina, com seu sorriso dourado.

— Deixamos algumas cervejas na geladeira de presente para a brasileira que chegaria hoje à tarde. A senhora, por favor, diga para ela entrar em contato — eu disse, entregando um cartão da Expedição Olímpica, antes de embarcar no velho Lada Laika branco.

Primeiro, fomos até o Monastério Sanahin, erguido no século X e que em armênio significa 'Este é mais velho que aquele'. As paredes dessa construção da Igreja Católica Armênia ostentam diversas khachkars, que são pedras com gravuras que representam uma cruz. Como o lugar não era muito grande, a visita foi rápida.

Tiramos fotos na ponte Sanahin, aquela que foi construída em 1195, e seguimos para o Monastério Haghpat, que também foi erguido no século X, mas é mais novo que o Monastério Sanahin. Chegou a ser um grande centro de estudos religiosos na Idade Média e entrou para a lista de Patrimônio da Humanidade da Unesco em 1996. Empolgados com a beleza do lugar, largamos a bola no gramado e jogamos futebol ao redor da construção principal até sermos repreendidos por um guarda. Com a bola guardada na mochila, tiramos fotos e fizemos alguns vídeos. Do outro lado do monastério, encontramos os médicos que viajaram na van com a gente no dia anterior. O grupo tinha aumentado. Dois rapazes e uma moça que não estavam na van tinham se juntado a eles. Sentamos no gramado com eles e começamos a conversar. Eles queriam saber sobre o Brasil e sobre a expedição, e nós queríamos saber sobre a Armênia. Foi um papo bem gostoso.

A última parada na região de Alaverdi foi no Forte de Akhtala, estrategicamente erguido no século X no topo de uma rochosa monta-

nha e que desempenhou importante papel na defesa do noroeste da Armênia por séculos. Originalmente chamado de Pghindzahank, que significa 'Mina de Cobre' em armênio, é um dos mais bem preservados do país. A igreja principal, que fica no meio do pátio central, é famosa pelos afrescos artísticos que cobrem as paredes internas. Eu tinha lido que aquela igreja estava desativada e que servia apenas como ponto turístico. Mas, ao chegarmos, encontramos um padre realizando uma cerimônia para cerca de cinquenta pessoas que, espalhadas pelos bancos de madeira bem conservados, entoavam cânticos religiosos.

Para não atrapalhar a missa, demos uma rápida olhada no interior e seguimos até um pé de amora que havia ao lado. Uma excursão de adolescentes tinha acabado de chegar e alguns rapazes comiam amoras dos galhos mais baixos. Olhei para cima e vi que os galhos do alto estavam ainda mais carregados de frutas.

– Se a gente não comer, essas amoras vão estragar. E faz tempo que não subo numa árvore dessas – eu disse, enquanto me agarrava no primeiro galho. Afinal, as frutas estavam em um lugar sagrado e, por isso, eram abençoadas. Subimos os três, e passamos alguns minutos lá em cima. Como fui o primeiro a subir, consegui chegar ao galho mais alto, a cerca de cinco ou seis metros do chão, onde a quantidade de amoras maduras era inacreditável. Para qualquer lugar que eu esticasse o braço havia galhos carregados. Eram tão maduras e doces que derretiam na língua, não precisava nem mastigar. Por quinze minutos, mais uma vez, voltamos a ser crianças.

– Nada melhor para encerrar a passagem pela Armênia do que se divertir em um pé de amora abençoado – disse Paulo, e fomos ao encontro do motorista que nos esperava em um bar do lado de fora do forte. Dali, fomos em direção à fronteira com a Geórgia. A estrada principal estava em reformas e tivemos que atravessar as montanhas por uma estrada de terra muito ruim, esburacada e cheia de curvas. Olhando a paisagem, me dei conta de que a Armênia tinha sido a melhor surpresa da viagem. Povo amável, paisagens impressionantes, clima agradável e construções lindas. Uma experiência incrível.

Quando começamos a elaborar o roteiro da Expedição Olímpica, descobrimos que teríamos que escolher entre Azerbaijão ou Armênia

porque os dois países mantinham um conflito constante por causa de uma disputa territorial. Se entrássemos no Azerbaijão, não poderíamos passar para a Armênia, já que as fronteiras entre os dois países estavam indefinidamente fechadas. Mesmo se déssemos a volta pelo Norte e entrássemos na Rússia, ainda poderíamos ser impedidos de entrar na Armênia por causa do carimbo do Azerbaijão no passaporte. Para facilitar os trâmites, optamos por ir pela Armênia, que não exigia visto com antecedência e depois cruzar a Geórgia até a Turquia. Assim, o Azerbaijão ficou para outra visita no futuro.

Ao chegarmos à imigração da Geórgia, percebemos que estávamos entrando numa região completamente diferente de todas as que tínhamos passado até então na viagem. O prédio era novíssimo, espaçoso, moderno, limpo e muito organizado. Tive a impressão de estar entrando em um país de primeiro mundo. Já do outro lado, encontramos um motorista que topou nos levar até o centro de Tbilisi por vinte dólares. Durante o trajeto de 130 quilômetros, passamos por uma enorme plantação de girassóis, algumas montanhas mais baixas e outras plantações de milho e trigo. Ao pararmos em um posto de combustível para abastecer, Edgar fez as contas e concluiu que o litro da gasolina custava um dólar e trinta centavos. Ou seja, os nossos vinte dólares serviriam apenas para cobrir os custos do combustível do trajeto. "Deve ter ido levar alguém na fronteira e está cobrando só o custo, já que voltaria sozinho", pensei.

Depois de quase duas horas de viagem, ao passarmos por uma colina, avistamos a cidade que se estendia pelo vale lá embaixo. Na entrada de Tbilisi, numa região pouco movimentada, ele parou em frente a um ponto de ônibus e disse para descermos.

– City Center? – perguntei.

Eu tinha certeza que ali não era o centro e que ele estava querendo nos enganar, mas perguntei para não deixar dúvidas.

– City Center – ele confirmou na maior cara de pau.

Pelo que eu tinha visto de cima da montanha, era uma cidade grande, não existia a menor possibilidade de aquilo ali ser o centro. Mais uma vez estavam tentando nos sacanear. Tínhamos combinado de pagar vinte dólares até o centro e queríamos que ele nos largasse lá, onde seria mais fácil encontrar hotel. Indignado, desci com o iPad na mão e fui até uma mercearia atrás do ponto de ônibus. Mostrei o mapa no ipad e perguntei para a mulher do caixa se ali era o centro. Assustada, ela fez um sinal com a mão indicando que o centro estava bem longe dali. Ela ainda pegou o ipad da minha mão, chamou o motorista e explicou como chegar até lá. Pela falta de interesse na explicação da mulher, percebemos que ele já conhecia a cidade e o caminho, apenas não queria nos levar. Chateado e conformado, ele nos deixou poucos minutos depois perto da Praça da Liberdade. O primeiro hostel que encontramos não tinha vagas e o rapaz que trabalhava ali explicou como chegar a um lugar chamado Georgia Hostel. Caminhamos por mais de meia hora e não encontramos o endereço que ele tinha indicado. Tivemos que sair perguntando às pessoas na rua. O porteiro de um prédio explicou que era só virarmos à esquerda na primeira rua que encontraríamos um prédio com uma bandeira da Polônia na fachada. Era uma construção antiga e malcuidada. Parecia estar abandonada e não tinha indicação alguma de que havia qualquer estabelecimento lá dentro. Edgar subiu as escadas com cautela e bateu na única porta que havia no segundo andar. Paulo e eu ficamos na calçada cuidando das bagagens.

Não era o local que estávamos procurando, mas servia. Jacob, o polonês que era dono do Opera Hostel, explicou que o estabelecimento era novo e que seríamos os primeiros hóspedes brasileiros dele. Por isso, aceitou cobrar US$ 18 de cada um por uma noite.

O lugar era amplo e espaçoso, tinha cinco quartos com cinco ou seis beliches em cada, uma sala grande, área de serviço e uma cozinha com mesa para oito pessoas. Havia apenas um chuveiro, que ficava exatamente no nosso quarto, mas isso acabou não sendo problema. Deixamos as coisas sobre as camas e saímos para visitar a cidade. Na volta, prepararíamos o jantar. O relógio da parede marcava cinco da tarde, ainda teríamos pelo menos mais quatro horas de sol.

Fundada no século V, Tbilisi já serviu como capital da Geórgia por mais de mil anos em diversos períodos. Hoje, tem mais de um milhão e meio de habitantes, cerca de um terço de toda a população do país. Pela localização estratégica às margens do Rio Mtkvari – também chamado de Rio Kura, em turco –, foi disputada por diversos impérios ao longo dos anos e até hoje serve como rota de trânsito para diversos projetos globais de energia e comércio. Ao caminhar pelas ruas, percebi na arquitetura a mistura de diversos estilos medievais, clássicos e soviéticos.

Depois de passar mais uma vez pela Praça da Liberdade, dessa vez com a câmera em mãos, paramos em frente a um bonito prédio onde havia um chafariz comprido e mastros com as bandeiras do país e da cidade. Quando eu estava na esquina, onde tinha um melhor ângulo para filmar, três carros pretos com as janelas escuras saíram de trás do prédio escoltados por veículos da polícia. Uma das viaturas parou ao meu lado, um policial desceu e tampou a lente da minha câmera com a mão.

– No photos, no photos! – ele gritou.

– Ok – respondi, e virei as costas para seguir caminhando.

Irritado, ele apertou meu braço com força e disse que queria ver as fotos. Antes que eu pudesse dizer algo, meia dúzia de pessoas já estavam ao nosso redor observando a cena. Constrangido, mostrei as fotos, mas não o vídeo que havia gravado, em que os carros apareciam. Ele pegou a máquina, passou as fotos para frente e para trás para ter certeza que eu não tinha fotografado nada proibido, e me liberou. Rindo do acontecimento, continuamos por aquela rua, passamos por uma pequena praça onde havia uma exposição de quadros e por outra onde havia uma diversificada feira de antiguidades ao ar livre. Dali, subimos em direção ao topo de uma ladeira para encontrar uma enorme igreja que tínhamos visto de longe, logo no início do passeio. A subida era longa e a cada cinco metros havia um guarda de cada lado da rua. Achei aquilo estranho, o uniforme deles era diferente dos usados pelos outros policiais que tínhamos visto pela rua. "Deve haver alguma coisa importante lá em cima", pensei ao passarmos por um grupo de cinquenta policiais que descia a ladeira com os mesmos trajes.

Lá em cima, viramos à direita e encontramos o Palácio Presidencial, um enorme prédio desenhado pela arquiteta italiana Michele De Lucchi e que foi erguido entre 2004 e 2009. Na frente do prédio, havia dezenas de guardas com uniformes diferentes. Para evitar problemas, nem tentei tirar fotos.

Três quadras adiante, achamos a igreja que tínhamos avistado de longe. Era a Catedral Sameba, conhecida como a Catedral da Santíssima Trindade da Igreja Ortodoxa Georgiana. Construída entre 1995 e 2004, é a terceira Catedral Ortodoxa mais alta do Ocidente. Tem uma arquitetura que une conotações Bizantinas com os estilos tradicionais que dominaram a arquitetura cristã da Geórgia ao longo da história.

Corremos com a tocha e jogamos um pouco de futebol em frente à igreja até que apareceu um policial e, gentilmente, pediu que a gente se comportasse e guardasse a bola.

No caminho de volta para o hotel, invadimos uma casa vazia que estava em reformas e que ficava no penhasco à beira do rio. Dali, tínhamos uma vista panorâmica da cidade e pudemos tirar fotos do Forte Narikala, que foi erguido no século IV e que ficava do outro lado do rio. Quase totalmente destruído por um terremoto em 1827, o forte nunca havia sido totalmente recuperado, e até hoje é um dos principais pontos turísticos de Tbilisi.

Vimos que havia um teleférico ligando o nosso lado do rio – conhecido como Novo distrito – a uma praça perto do forte, no centro histórico. Mas optamos por descer a pé e cruzar pela Ponte da Paz.

Construída em forma de arco, a Ponte é usada apenas por pedestres e tem vigas em aço e uma cobertura ondulada de vidro que representa um animal marinho. Diariamente, ao final da tarde, as luzes de LED que cobrem toda a estrutura são ligadas e exibem formas coloridas que chamam a atenção dos turistas e moradores que usam a região ao redor como área de lazer.

Chegamos ao hostel às dez e vinte da noite e, enquanto preparávamos nosso delicioso banquete, começamos a tomar vodca com Pepsi. Finalmente, depois de um mês de viagem, conseguiríamos aproveitar a vida noturna. Às onze horas, Jacob começou a nos apressar. Queria que fôssemos beber com ele e outros hóspedes no Bar Dublin, onde havia música ao vivo. Mas, a gente não estava com pressa e eles acabaram seguindo sem nós.

Depois do jantar, ainda conversamos por meia hora com a esposa do Jacob. Falante e extrovertida, ela contou que era nativa de Tbilisi e que havia morado na Polônia, onde conhecera o marido, e que tinham aberto o hostel havia menos de um mês. Contamos sobre a nossa viagem e ela disse que tinham feito algo parecido, a *Friendship Expedition*. Haviam comprado três Jeep Cherokee na Polônia e dirigido até a Geórgia na companhia de amigos. Hoje, os carros eram alugados para turistas e serviam como fonte de renda. Depois, falou sobre as belezas do país e, com o ipad na mão, mostrou vários clipes de músicas tradicionais georgianas. Enquanto eu colocava o resto da vodca dentro da garrafa de dois litros de Pepsi, ela explicou como chegar a pé ao bar onde o Jacob estava com o pessoal.

No caminho, parei numa loja de conveniência para comprar mais refrigerante, porque a bebida na nossa garrafa estava muito forte. Como não tinham Pepsi, comprei uma Coca-Cola mesmo. Uma escolha da qual mais tarde eu me arrependeria. Alegres e levemente embriagados, caminhamos pelas ruas de Tbilisi relembrando os momentos mais marcantes da Expedição Olímpica até então.

Antes de entrar no Bar Dublin, escondi a garrafa de dois litros no meio de uma moita com o intuito de pegá-la na saída para beber o que ainda restava. Sentamos no balcão e pedimos três cervejas. Cada caneco custava o equivalente a cinco dólares, muito mais caro do que qualquer cerveja que já tínhamos tomado no último mês. Um rapaz loiro e barbudo sentou ao lado do Edgar e puxou conversa. Estava um pouco bêbado, assim como nós, e a princípio não acreditou que éramos do Brasil.

– Vocês têm a pele muito clara, os brasileiros são todos escuros – ele afirmou, enquanto tentava dar um beijo na boca do Edgar. – Vamos ser amigos?

– Ok. Vamos ser amigos. Mas não vou te beijar. Na minha cultura não se faz isso, não – disse Edgar rindo, e empurrou o rapaz com a mão.

Pedi informações à garçonete e ela anotou num papel o endereço de um clube que, segundo ela, era o melhor da cidade. Na saída, o barbudo me deu um beijo no rosto e ainda tentou beijar o Edgar na boca mais uma vez. Eu não consegui me conter e caí na gargalhada. Do lado de fora, peguei a garrafa de plástico que tinha escondido na moita e entramos num táxi. Descemos em frente a um prédio muito movimentado, parecia ser uma boate de três andares com uma enorme fila na porta. Enquanto conversávamos com os georgianos que estavam na nossa frente, uma discussão começou no início da fila e logo virou uma grande confusão. Alguns jovens começaram a trocar socos, os seguranças se envolveram e o pessoal da fila se afastou. Aproveitando esse momento de descuido, caminhamos calmamente até a porta do clube e entramos, como se não houvesse fila. Lá dentro, tomamos mais algumas cervejas, dançamos e interagimos com moças locais e saímos.

Na mesma quadra, encontramos outros bares e entramos na fila do que estava mais movimentado. Na nossa vez de entrar, porém, o porteiro disse que o lugar já estava cheio e que era melhor irmos embora. Mesmo assim, continuamos no início da fila, batendo papo. Ora, se estava cheio, era só esperar alguém sair para poder entrar. O segurança, que era bem mais alto e mais forte que eu, me deu um empurrão e eu quase caí no chão. Sem entender o que estava acontecendo, voltei para o lugar onde estava.

– Por que você fez isso? Qual o problema? – perguntei.

– Vocês têm que ir embora – ele gritou.

Ainda não estávamos bêbados, não havia motivo para não nos deixarem entrar. Se o lugar estava lotado, estávamos dispostos a esperar que alguém saísse para que pudéssemos entrar, como acontece em qualquer lugar civilizado. Alguns rapazes do lado de dentro viram o que estava acontecendo e foram conversar com o segurança. Não entendi o que eles estavam dizendo, mas um deles nos explicou que o porteiro não podia nos barrar e que não estávamos fazendo nada de errado.

– Saiam daqui! Vão embora! – ele gritou mais uma vez, em inglês, e fez menção de me empurrar novamente.

– Não encoste em mim. Não é uma boa ideia – eu disse, e continuei conversando com os rapazes que estavam do lado de dentro.

Tentei chamar a moça responsável por liberar a entrada, mas o segurança não me deixava chegar perto dela. Os nossos amigos georgianos, indignados com a situação, falaram com a moça e explicaram o que estava acontecendo. Pelo que entendi, pediram que ela liberasse a nossa entrada para nos juntarmos a eles. Indiferente, ela apenas sacudiu a cabeça para dizer que não, e sumiu no meio do movimento. Indignados e incrédulos, saímos dali e entramos no bar em frente, que não estava tão cheio, mas tinha música ao vivo. Tomamos mais uma cerveja, conversamos com algumas pessoas e voltamos ao hotel.

Quando me deitei na cama, às cinco horas da manhã, percebi que o teto girava mesmo quando eu estava com os olhos fechados. Demorei a pegar no sono.

Acordei empapado em suor, com uma dor de cabeça infernal e um gosto de guarda-chuva molhado na boca. Como eu tinha imaginado, a ressaca estava sendo terrível e, pela minha experiência no assunto, eu só estaria totalmente recuperado à noite. "Nunca mais vou misturar Coca com Pepsi", pensei, e lembrei-me do chá de boldo que meu pai sempre me preparava nas manhãs de carnaval. Mas era hora de seguir viagem. E eu teria que seguir de ressaca mesmo. Próximo destino: Batumi, às margens do Mar Negro, no oeste do país.

O território ocupado hoje pela Geórgia e seus cinco milhões de habitantes já foi dividido em vários reinos ao longo da história até que o país fosse unificado e atingisse seu ápice econômico e político entre os séculos XII e XIII. No início do Século XIX a Geórgia foi anexada pelo

Império Russo e, após um breve período de independência, foi anexada pela União Soviética em 1921. Com a queda do bloco socialista, em 1991, o país entrou numa guerra civil que durou até 1993, quando um governo democrático foi estabelecido e uma reforma econômica implantada. Até o final da década de 1990, porém, o país lutava para superar a crise econômica. Hoje, a Geórgia já é um país bem desenvolvido, como confirmamos ao andar no moderno sistema de metrô que serve a capital.

– Marcocha? – Paulo perguntou para uma moça quando chegamos à estação indicada pela esposa do Jacob.

A moça apontou para uma janela e vimos um enorme terreno com centenas de carros e vans estacionados e rodeados de pessoas. 'Marcocha', pelo que a mulher do Jacob tinha nos ensinado, significa 'estação de ônibus' na língua local. E, pela rapidez com que a moça indicou o lugar, concluímos que Paulo tinha acertado na pronúncia. Na primeira van que encontramos para Batumi, pediram dez dólares por pessoa, só que o veículo estava vazio e sabíamos que eles esperariam mais passageiros para depois partir. A viagem até lá demoraria cerca de seis horas e meia de van. De carro, o trajeto poderia ser percorrido em quatro horas, segundo o Jacob. Um taxista se ofereceu para nos levar até lá por 20 dólares por pessoa. A gente sabia que a viagem de carro seria muito mais rápida, tranquila e arejada, mas ainda assim queríamos pagar um pouco mais barato. O motorista não falava inglês, mas conseguimos um garoto de sete anos que nos serviu de tradutor.

– Não quero discutir preços. Diz pra ele que se for quinze por pessoa, nós vamos. Se não, nós vamos de van. Não é pra fazer contra oferta, é sim ou não, diz pra ele – pediu Edgar.

O homem reclamou um pouco, mas aceitou. Já havia um rapaz sentado no banco da frente da Mercedes e partimos em seguida. Ao entrar, percebi que era um carro importado de algum país que tinha mão inglesa. A direção ficava do lado direito do carro. Mas, como o trânsito é igual ao do Brasil, onde se dirige do lado direito da estrada, ele precisava da ajuda do caroneiro sempre que queria fazer uma ultrapassagem. No meio do caminho, depois de uma rápida parada para comer, e o motorista e o caroneiro trocaram de posição. Nós, como ainda estávamos de ressaca, comemos apenas um kebab que o Paulo tinha comprado em Tbilisi.

Ainda tinha sol quando chegamos ao centro de Batumi, às oito horas da noite. Enquanto fiquei na calçada cuidando das bagagens, Paulo foi trocar dinheiro e Edgar saiu à procura de hospedagem. A duas quadras dali, encontramos um hostel que aceitou cobrar US$ 15 dólares por pessoa a diária. Largamos as coisas no quarto que tinha dois beliches e saímos para conhecer a região. Encontrei um barbeiro que cobrou US$ 2 dólares para fazer a minha barba, que já estava crescendo há mais de três meses. Como estávamos entrando numa parte da viagem onde passaríamos por várias praias, inclusive ali mesmo em Batumi, optei por tirar a barba e pegar um pouco de sol no rosto.

Depois, compramos os ingredientes para o jantar e o café da manhã em um pequeno mercado que ficava no mesmo quarteirão. Eu estava feliz. Mesmo de ressaca, prepararia mais uma vez o jantar. Pelo menos no meu ponto de vista, isso era garantia de uma refeição mais equilibrada, saborosa, saudável e também mais barata. Nem sempre conseguíamos nos acostumar com a alimentação dos lugares que estávamos visitando e eu preferia preparar nossa comida sempre que possível. Usando a cozinha comunitária junto com outros dois casais, fizemos espaguete com molho de salsichas, salada de cebola e tomate e tomamos dois litros de cerveja. Podia não ser o melhor macarrão do mundo, mas eu já não aguentava mais comer kebabs.

Era sábado. Depois de comer, tomamos banho e nos preparamos para mais uma noite de diversão, música e bebidas.

– O melhor é ir na New Boulevard, na ponta da praia. Só tem três prédios lá, se não tiver festa em um, vai ter nos outros, com certeza – explicou o rapaz da recepção.

– Realmente, ouvi dizer que vai ter festa hoje na New Boulevard, acho que vai ser festa boa – disse o rapaz que estava ao lado dele, um hóspede que já estava ali há alguns dias.

Fomos até lá de táxi e, quando chegamos, descobrimos que os únicos três bares daquela praia deserta estavam fechados. O maior deles, inclusive, parecia abandonado, com telhas, paredes e janelas caindo aos pedaços. Alguns jovens bebiam na escada da entrada. Chateados, começamos a caminhar de volta para o centro da cidade pela avenida principal. Passamos por outros dois bares no caminho que estavam abertos, mas sem nenhum movimento. Se for para bebermos sozinhos, melhor comprar cerveja no mercado e tomar no hostel.

Mais uma vez, não conseguimos nos divertir em um sábado à noite. Pelo menos, eu estava completamente recuperado da ressaca e consegui dormir tranquilamente. No dia seguinte, cruzaríamos para a Turquia, onde deveríamos passar pelo menos cinco noites, e eu estava ansioso para chegar à Capadócia.

23
Aberta a Temporada de Praias

CHOVIA MUITO NA manhã em que a expedição completava um mês. Trinta dias viajando, sem descanso, pulando de cidade em cidade utilizando os mais diversos tipos de transporte, 24 horas por dia juntos, sem uma alimentação balanceada e sem muita noção do que acontecia no Brasil e no mundo. Mesmo assim eu acordava eufórico a cada manhã sabendo que visitaria lugares que nunca imaginei que existissem, vivenciaria experiências novas, conversaria com pessoas com as quais jamais voltaria a encontrar e estava feliz porque, apesar dos percalços, a Expedição Olímpica estava dentro do prazo. Tudo estava dando certo! Pelo menos até então. E aquele primeiro de julho de 2012, apesar da chuva, não poderia ser diferente.

Batumi era uma cidade da Geórgia banhada pelo Mar Negro que, pela proximidade com a Turquia, foi um dos refúgios preferidos da elite russa durante a época da União Soviética. Atualmente, é uma das cidades mais desenvolvida do país. Antes de conhecer melhor a praia e partir para a Turquia, tomamos um café da manhã reforçado na cozinha do hostel.

Sentados à mesa da cozinha em silêncio, um casal comia sanduíches e tomava suco. Enquanto eu preparava minha tigela de cereais, percebi duas meninas de Israel e um rapaz do Iran discutindo sobre o Holocausto, no sofá que ficava no canto, perto da área de serviço.

– A propaganda americana mente. Eles noticiaram que o Armadinejah afirmou que não existiu o holocausto. Na verdade, ele fez uma pergunta 'O holocausto existiu?'. É uma pergunta retórica, ele não está esperando que ninguém responda. Isso, na nossa cultura, é uma maneira de afirmar uma situação. Ele apenas questionou quantas pessoas morreram. O que ele discorda é sobre o número de vítimas. E quem matou os Judeus? Não foram os alemães? Se foram os alemães, por que os Palestinos é que precisam pagar? Só porque um deus disse que aquela era a terra prometida? Vocês duas mesmo acabaram de afirmar que não acreditam em deus, então por que acreditar que aquela é a terra prometida se quem prometeu não existe? – explicou o rapaz com calma, falando um inglês fluente. As meninas até tentaram argumentar, mas o embasamento do iraniano era muito mais consistente que o delas. Eu preferi não me meter e ficar calado comendo o meu pote de cereais com iogurte. Em seguida, sem chegar a um acordo, elas foram para o quarto e ele foi lavar a louça que tinha usado.

Depois de comer, resolvemos enfrentar a chuva para conhecer o Mar Negro. A moça da recepção, que estava em seu primeiro dia de trabalho, ficou encantada quando soube que éramos brasileiros.

– A América do Sul é a minha parte preferida do mundo. Sou dançarina de salsa e adoro dançar a salsa brasileira – ela disse, esperando algum comentário meu.

Depois de tanto tempo morando fora do Brasil e de ter conhecido tantas pessoas, dos mais variados países, eu já tinha desistido de explicar que a salsa não é brasileira e que no nosso país normalmente não se dança esse ritmo.

Quando saímos, a chuva já estava mais fina. A praia, que é de pedras de coloração escura e não de areia, estava praticamente deserta. A única pessoa que encontramos por lá foi um senhor que se banhava completamente nu, uns duzentos metros à nossa direita e que foi embora logo que chegamos. Era difícil caminhar naquelas pedras arredondadas, principalmente dentro d'água. Tentamos jogar um pouco de futebol também, mas era difícil controlar a bola e ficar de pé, e logo desistimos. Definitivamente, eu preferia as praias de areia branca e fofa de Santa Catarina ou da Tailândia.

Tomamos banho e, com as mochilas nas mãos, fomos ao mesmo lugar onde o carro tinha nos deixado no dia anterior. A chuva já tinha cessado e o sol aparecia tímido por entre as nuvens que se dissipavam lentamente. Enquanto eu procurava uma van para Sarpi, na fronteira com a Turquia, Edgar saiu para comprar alguma lembrança que tivesse o nome do país. Queria presentear a filha do nosso amigo Deived Pegoraro, uma menina que se chama Geórgia.

Encontrei uma van que sairia em quinze minutos e que cobrava apenas um GEL por pessoa, menos de um dólar. Embarcamos e, no meio do caminho, percebemos que o motorista não tinha muito respeito pela capacidade máxima de passageiros do veículo. Parava para todos que faziam sinal da estrada e as pessoas foram se amontoando umas sobre as outras. O terminal onde nos deixaram ficava ao lado da praia e, como não estávamos com pressa, descemos até as pedras, tiramos as camisas e ficamos tomando sol por quase meia hora.

A travessia entre as duas imigrações foi bem tranquila, não demoramos mais de dez minutos para cruzar. Na Geórgia, passaram nossos passaportes em um leitor ótico e carimbaram. Na entrada da Turquia, apenas carimbaram. Já do outro lado, uma moça nos informou que ali não existiam ônibus para nenhum lugar da Turquia, e que a melhor opção seria pegar um táxi para a cidade mais próxima. Seguindo a sugestão dela, chegamos a Hopa. Porém, ao contrário do que tinham nos garantido os motoristas de táxi, ali não havia transporte algum para a Capadócia, que ficava mais ao sul, no coração da Turquia, há quase novecentos quilômetros de distância. Por sugestão de um senhor que trabalhava em uma das empresas de transporte, fomos de ônibus até Rize, ainda às margens do Mar Negro. A viagem de cem quilômetros durou quase três horas. O motorista, além de não correr, parava a cada dez minutos para recolher passageiros ou deixar alguém.

Chegamos a Rize às seis horas da tarde e descobrimos que ali também não havia transporte para a Capadócia. Como só pretendíamos chegar ao nosso destino na noite seguinte para nos preparar para o passeio de balão, estávamos tranquilos. O jeito era ir de cidade em cidade até encontrar uma maneira de chegar ao nosso destino.

Decidimos ir até Samsun, ainda às margens do Mar Negro, uma cidade um pouco maior do que as outras que tínhamos passado até então na Turquia. Quando embarcamos no ônibus, Paulo percebeu que tinha perdido o ipad dele. Na esperança de tê-lo guardado em algum lugar, vasculhamos todas nossas mochilas sem sucesso. Também não estava no banco onde estivemos sentados o tempo todo nem na agência onde compramos as passagens.

– Tô desconfiado de um cara lá da agência, ele me olhou com uma cara muito estranha quando perguntei se tinha deixado lá – disse Paulo, já assimilando o prejuízo.

Embarcamos de novo, já estava na hora de partir. Pelo menos eu ainda tinha o meu ipad, que continuaria servindo como mapa e fonte de entretenimento. Quando o ônibus já estava dando ré para sair, um dos funcionários da agência entrou e devolveu o eletrônico perdido para o Paulo. Era o mesmo sujeito de quem meu amigo estava desconfiado. Disse que tínhamos esquecido na agência quando compramos as passagens.

– Se eu tinha mesmo esquecido lá, por que não me disseram quando perguntei da primeira vez? Eu ainda fui mais duas vezes lá e me disseram que não estava com eles – reclamou em português e ligou o ipad para jogar War.

Cada poltrona tinha um pequeno televisor que exibia uma programação única. Era impossível trocar de canal. Durante as quase seis horas de viagem até Samsun, assistimos a três filmes, todos em turco. Os assentos não eram muito confortáveis, mas consegui dormir um pouco. Mais uma vez, por falta de planejamento e de sorte, não tínhamos trocado dinheiro. Para poder comprar sanduíches e água no caminho, troquei cinco Euros com um senhor que viajava conosco. Tentamos trocar dinheiro com outras pessoas e no próprio restaurante, mas não conseguimos.

Perto da meia noite, fomos deixados numa estrada escura e sem movimento, e sem nenhum hotel por perto. Fomos até uma avenida maior e caminhamos por cerca de um quilômetro até um posto de gasolina que estava aberto. Ninguém falava inglês, mas para nossa sorte um dos frentistas falava alemão. Tinha morado e estudado na Alemanha e conseguiu nos ajudar. Ele disse que não havia hotel algum ali por perto, apenas motéis, onde se paga por hora para fazer sexo, como no Brasil. Atencioso, ele ligou para um taxista, que chegou em menos de quinze minutos. Antes de embarcarmos, enquanto tirávamos fotos com o frentista, o motorista fez algumas ligações e disse que tinha encontrado um hotel por cem Liras para os três, cerca de 43 Euros. Por mais dez Liras, menos de cinco dólares, ele nos levou até lá. Ainda demos uma pesquisada nos estabelecimentos ao redor, mas aquele era mesmo o mais barato.

    O quarto do hotel era realmente bom e limpo, com três camas confortáveis, TV a cabo, Internet e café da manhã. Antes de dormir, assistimos à reprise da final da Eurocopa 2012, vitória da Espanha sobre a Itália por quatro a zero. Às três da manhã, estávamos dormindo. Precisaríamos acordar cedo para encontrar uma maneira de chegar à região da Capadócia. Se tudo desse certo, chegaríamos à noite, a tempo de encontrar hotel e comprar um passeio de balão.

24
Passeio de Balão na Capadócia

Por ser o país que liga o Ocidente ao Oriente e por controlar a área entre o Mar Negro e o Mar Mediterrâneo, a Turquia tem grande importância estratégica na região. Com uma população estimada em setenta e sete milhões de habitantes, quase todos muçulmanos, o país tem um dos povos mais antigos do mundo. Para conhecer mais profundamente a história do lugar, precisaríamos passar muito mais tempo ali. Mas a Expedição Olímpica tinha prazo e poderíamos ficar apenas poucos dias.

Pelo trajeto inicial da expedição, passaríamos pelo norte da Turquia, passando por Ankara e Istambul e cruzando o norte da Grécia para entrar na Albânia. Nos últimos dias, entretanto, tínhamos começado a debater um trajeto opcional, que incluía passar nas praias do sul da Turquia até chegar a Bodrum, onde cruzaríamos de navio para Atenas. Naquele momento, eu estava muito propenso a topar a ideia de alterar o roteiro inicial e ir pelo sul. Eu não fazia muita questão de passar em Istambul, além do mais, Atenas tinha muito mais relevância para a Expedição Olímpica que qualquer outra cidade. Nesse caso, também poderíamos tentar passar em Olímpia, pequena cidade no Noroeste da Grécia onde surgiram os Jogos Olímpicos.

Localizada bem no meio da Turquia, a região da Capadócia é mundialmente conhecida pelas belezas naturais, como as formações rochosas chamadas de 'chaminés de fadas', as cavernas que são habitadas até hoje e as cidades subterrâneas usadas pelos cristãos para fugir da perseguição do Império Romano. Por causa do clima favorável e das suaves correntes de ar que sopram por aquelas planícies e montanhas, a região tornou-se um dos mais importantes pontos de balonismo do mundo. Eu, particularmente, fiz questão de incluir a Capadócia no nosso roteiro depois que uma amiga mostrou as fotos do passeio de balão que fez quando esteve lá.

Na rodoviária de Samsun, na tarde de 3 de julho de 2012, embarcamos em um ônibus com destino a Kayseri, que fica um pouco antes de onde queríamos ir. De lá, teríamos de encontrar outro transporte com destino a Gorome, pequena cidade turística de onde saem os passeios de balão. Conseguimos sentar na primeira fila de poltronas e tínhamos uma vista completa da estrada por onde passávamos. No meio da viagem, o motorista cutucou minha perna, apontou para meus pés e sacudiu a mão aberta em frente ao próprio nariz. Pelo jeito, meu chulé o perturbava. Depois, apontou para o Edgar, que estava ao meu lado, e fez sinal para que ele parasse de comer biscoitos porque estava sujando o ônibus. Ele obedeceu, é claro. Pela janela, pudemos apreciar as belas paisagens cortadas por aquela estrada. Morros verdejantes, campos floridos, algumas cidades com prédios de dez, doze andares, muitas plantações e pouquíssimas criações de gado.

Quando chegamos a Kaisery, às sete e meia da noite, fomos recebidos por um funcionário da empresa de transportes que já sabia da nossa situação. Ele nos levou até o balcão de outra empresa, comprou passagens para Nevsehir e nos entregou. Só então descobrimos que o preço que tínhamos pagado de manhã já incluía o segundo trecho. Enquanto esperávamos a hora de embarque, fizemos mais algumas pesquisas em uma Lan House na rodoviária. Não queríamos ir até Nevsehir, queríamos descer no meio do caminho, em Gorome ou Urgup, mas precisávamos saber exatamente onde descer para ter certeza de que conseguiríamos comprar um passeio de balão para aquela madrugada. Eu já sabia que era preciso sair do hotel às quatro horas da manhã para esses passeios, e sabia que era preciso reservar com antecedência. Mas, como não sabíamos se chegaríamos a tempo e nem onde nos deixariam, resolvemos procurar o passeio de balão apenas quando chegássemos à Capadócia.

Para nossa sorte, o ônibus parou no centro de Gorome. Já passava das nove e meia da noite. Pesquisamos nas agências de turismo que estavam abertas e encontramos um hotel com quarto triplo por 40 Euros e passeio de balão por noventa Euros por pessoa. Nos levaram de van até o hotel e confirmaram que passariam por nós às quatro e quarenta e cinco da manhã para o voo de balão. Não era preciso comer, eles nos serviriam café da manhã na agência, antes do embarque. A dona do hotel, uma senhora de mais de sessenta anos e cabelos vermelhos, nos levou até o quarto, que era novo e imitava uma caverna, e entregou folhetos com as regras do estabelecimento. Deixamos nossas coisas e fomos caminhando até o centrinho da vila, onde compramos pão, requeijão e cerveja para a janta.

À meia noite, nos deitamos. As roupas que usaríamos no dia seguinte já estavam separadas junto com as câmeras, a bola e a tocha, tudo que levaríamos para o mais esperado passeio turístico da Expedição Olímpica. Havia anos eu sonhava em flutuar num daqueles balões coloridos que a gente vê na televisão, e não existia momento mais propício para isso, em um dos lugares mais bonitos do mundo e durante a maior viagem de nossas vidas. Demorei a pegar no sono, estava excitado.

Exatamente às quinze para as cinco, um funcionário do hotel bateu na porta e disse que a van já estava esperando por nós. O sol ainda não tinha aparecido, o céu estava nublado e o vento sacudia as roupas que pendiam no varal do pátio. Havia chovido um pouco durante a noite e a chance de continuar chovendo era grande. Se isso se confirmasse, ou se o vento não acalmasse, todos os passeios de balão da região seriam cancelados e seríamos obrigados a ficar mais um dia ali. Eu não pretendia seguir viagem sem ter andado de balão. Fomos levados até a sede da empresa onde nos juntamos a outras quarenta e cinco pessoas. Ficamos no pátio conversando e analisando o céu, torcendo para que o tempo melhorasse. Por volta das seis horas, uma moça de cabelos loiros cacheados pediu que todos entrassem para o salão principal.

– Pessoal, o tempo lá fora está ruim, como vocês podem observar, e ainda não sabemos se será possível fazer o passeio. Se continuar assim, é muito perigoso e arriscado para nós e para vocês. Ainda estamos esperando a confirmação do pessoal que está na área de partida, mas é bem provável que o passeio seja cancelado – ela disse, para tristeza de todos – Quando tiver mais informações, eu chamo de novo. Enquanto isso, aproveitem o café, o chá e os biscoitos.

É claro que eu fiquei decepcionado, assim como meus amigos, mas imediatamente começamos a planejar o resto do dia. Decidimos que voltaríamos para o hotel para dormir mais um pouco, tomaríamos o café que estava incluso na diária e sairíamos para conhecer a cidade. No dia seguinte, faríamos o passeio de balão e partiríamos para o próximo destino, que ainda não estava definido.

– Todas as empresas de balonismo cancelaram os voos de hoje. Quem quiser voar amanhã, basta confirmar conosco. Quem não quiser voar ou não puder voar amanhã, basta falar com a pessoa que vendeu o passeio que eles devolvem o dinheiro – ela explicou quinze minutos depois. Confirmamos o passeio para o dia seguinte e fomos dormir. Acordamos pouco antes das nove horas da manhã e, durante o café, decidimos que a expedição seguiria pelo sul da Turquia. Paulo e Edgar já conheciam Istambul e achamos mais interessante passar uns dias nas praias do Mar Mediterrâneo e visitar Atenas, na Grécia. Depois, se desse tempo, ainda tentaríamos visitar Olímpia. Primeiro, seguiríamos para a Antália, no litoral sul da Turquia. Paulo tinha lido que além de belas praias a região oferecia uma variada e movimentada vida noturna. Lá, teríamos que decidir se seguiríamos para Izmir, mais ao norte, ou Bodrum, mais ao sul, para depois embarcar numa balsa para Atenas.

Naquele dia, em vez de comprar um dos tradicionais passeios turísticos oferecidos pelas empresas da região, optamos por alugar três scooters. Assim, teríamos a liberdade de ir onde quiséssemos, visitar os lugares mais importantes e parar em qualquer lugar que julgássemos interessante. Eu sempre preferi viajar assim, odeio sair com grupos turísticos, odeio ter que ficar andando em grupo atrás do guia em visitas programadas. O mesmo rapaz que nos alugou as motos forneceu mapas da região. Elaboramos um trajeto inicial e fomos primeiro ao Museu ao Ar Livre. Eu só tinha pilotado scooter uma vez na minha vida, em Bali, na Indonésia, dois anos antes. É como uma pequena

moto, com motor de cem cilindradas e câmbio automático. Basta saber acelerar e frear. E a sensação de liberdade, do vento no rosto, é inexplicável, mesmo a uma velocidade que não ultrapassa os 70 km/h. Parecíamos três crianças andando de bicicleta.

Achamos muito cara a entrada do Museu ao Ar Livre, cerca de dez dólares por pessoa. Compramos apenas um ingresso e, enquanto eu entrei para tirar fotos e filmar, os dois ficaram passeando pelas cavernas que havia do outro lado da rua, perto do estacionamento. Havia centenas de cavernas entalhadas nas rochas da montanha, mas era proibido filmar e fotografar dentro delas. Por fora, era liberado. Algumas cavernas eram maiores que as outras e tinham mais de um cômodo, outras eram pequenas, mas tinham a frente esculpida com colunas e ornamentos. Caminhei mais de meia hora lá dentro e fiquei enjoado de ver tanta caverna. Aliás, o que mais tem na cidade é caverna, de todos os tamanhos e tipos, basta entrar em meia dúzia e você consegue ter uma ideia de como as pessoas viviam ali dentro. Algumas pessoas ainda vivem, hoje em dia, em lugares como aqueles, mas são poucas. A maioria já vive em casas espalhadas pelas pequenas cidades ao redor.

De lá, fomos para Urgup. No caminho, além de mais cavernas e das formações rochosas conhecidas como 'chaminés de fadas', passamos por paisagens de tirar o fôlego, vales e montanhas esculpidos pelo vento. Corremos com a tocha e jogamos futebol em alguns desses lugares. Passamos por Avanos, onde visitamos o Rio Vermelho e conhecemos os artesanatos que produzem artefatos de argila, principal atividade econômica do lugar, há séculos. Visitamos também o centro histórico da cidade, onde pequenas casas de barro se amontoam ao redor de estreitas e irregulares vielas.

Depois, seguimos para visitar um dos lugares mais assustadores que eu já fui, a cidade subterrânea de Kaymakly, que fica a dezenove quilômetros de Nevsehir. Usada pelos cristãos para se protegerem da perseguição do Império Romano, que não aceitava o Cristianismo como religião, a cidade tem mais de cem túneis ligando residências, cômodos pequenos, salas de reunião, despensas, etc. Ali também entrei sozinho para tirar fotos e filmar. As galerias internas eram todas iluminadas e ventiladas, mas eu não esperava que os túneis fossem tão estreitos e baixos. Em certos momentos, fui obrigado a engatinhar e mesmo assim a cabeça raspava no teto e os ombros nas paredes. O caminho também não era linear, várias vezes encontrei bifurcações e fui escolhendo o trajeto por instinto. Quando me dei conta, já estava passeando sem encontrar ninguém há mais de quinze minutos. Antes disso, sempre havia alguém pelos cômodos que eu passava. Nesse momento quase entrei em pânico. Comecei a suar, o ar ficou pesado e senti uma leve tontura. Escorei o ombro em uma das paredes e o único barulho que consegui ouvir foi o acelerado palpitar do meu coração. Fiquei parado mais alguns minutos, tentando me acalmar. Caminhei um pouco, sempre prestando atenção aos ruídos que chegavam fracos, quase inaudíveis, por cada uma das passagens ao redor. Sem ter muita certeza de qual caminho escolher, entrei no túnel que parecia levar mais para cima. Se continuasse subindo, inevitavelmente acharia a saída. Alguns minutos depois, encontrei um grupo de japoneses e os acompanhei por um tempo, até encontrar outra subida que poderia me levar à saída. Andei mais alguns minutos e fiquei aliviado quando encontrei placas indicando o caminho. "Como as pessoas se achavam

aqui embaixo nesse labirinto de túneis? Tudo muito parecido, muito fácil de se perder", pensei quando finalmente consegui sair.

Na volta para Gorome, uma pequena pedra entrou no meu olho esquerdo. Era uma pedra minúscula, mas que entrou com força. "Caramba, como é que fui esquecer de trazer meus óculos de sol?", pensei enquanto tentava pilotar com o olho machucado fechado. Paramos várias vezes no acostamento para colocar água no meu rosto, mas era muito dolorido manter o olho aberto. Só não fiquei preocupado com a minha visão porque o Paulo garantiu que não havia nenhum ferimento aparente no globo ocular e porque eu ainda conseguia enxergar quando abria o olho.

Quando voltamos para o hotel, o relógio da cômoda marcava dez e meia da noite. Se tudo desse certo e o tempo continuasse firme, acordaríamos às quatro e meia da manhã para o tão desejado voo de balão.

Ao primeiro toque do despertador eu já me pus de pé e corri para a janela. O céu estava limpo, estrelado e sem nuvens. Comemorei com uma gargalhada e fui lavar o rosto. Como é bom acordar de bom hu-

mor. A van nos buscou quinze minutos depois, como combinado, e seguiu para outro hotel, onde duas senhoras embarcaram. Na sede da empresa de balonismo, encontramos várias pessoas que tinham estado ali no dia anterior, inclusive um grupo de brasileiros. O tempo continuava ótimo e logo que o sol começou a sair fomos divididos em quatro equipes. No caminho para a área de decolagem, com o sol ainda tímido ao fundo, era possível ver os balões sendo inflados ao longo de uma planície. Pouco a pouco, eles começaram a subir e logo encheram o céu com seu colorido excitante. Junto com a guia, Daria, e mais dezessete pessoas, subimos no cesto e ouvimos as rápidas instruções antes de decolar. Fomos ensinados, por exemplo, a ficar na posição de aterrissagem. Ao final do passeio, quando a guia gritasse 'landing position', deveríamos nos agachar no fundo do cesto e agarrar as bordas. Isso, segundo eles, ajudaria a evitar que o cesto virasse, garantindo a nossa segurança durante o pouso. Os ajudantes que estavam do lado de fora soltaram as cordas que prendiam o cesto ao chão, Daria acionou os quatro bicos de fogo e o balão começou a subir lentamente. Para poder flutuar, esses balões são enchidos com ar quente, que é mais leve que o ar frio em volta e por isso vai para o alto. Quanto mais ar quente, mais alto e mais rápido subimos. Para controlar a altura do balão, e as velocidades de subida e descida, Daria acionava os bicos de fogo que ficavam logo acima da cabeça dela. No nosso balão, eram quatro jatos, sempre acionados em pares ou em conjunto. Levamos casacos porque faz frio lá em cima, mas esqueci de levar chapéu. Como sou careca e fiquei bem ao lado da guia, logo abaixo das chamas, sentia a cabeça queimando cada vez que ela acionava o fogo. Mas isso não tirou o brilho daquela ensolarada manhã de verão, o céu estava cheio de balões coloridos que subiam, desciam e se moviam todos na mesma direção, com velocidades muito semelhantes.

Acostumada com o vento e as temperaturas da região, Daria sabia exatamente por onde passaríamos e onde deveríamos pousar. Além de ter sido a primeira mulher piloto de balão da Turquia, quinze anos atrás, ela também era instrutora e integrava a equipe que avaliava os novos balonistas da região.

Depois de dar um rasante sobre as casas da vila de Urgup e passar sobre uma plantação de oliveiras, ela fez o balão subir, novamente. Por alguns momentos, ficamos acima de todos os outros grupos. As pessoas lá embaixo pareciam pequenos pontos que se moviam lentamente. Aos poucos, fomos descendo. Passamos perto de um vale

encoberto por 'chaminés de fadas' e cruzamos sobre algumas cavernas. Lá em cima, a única coisa que podíamos ouvir era o sussurrar das pessoas que estavam no mesmo cesto que nós e, claro, o barulho do fogo sendo acionado. Já estávamos a cerca de uma hora no ar quando percebi o nervosismo de Daria. Olhando fixamente para um planalto à frente, ela começou a falar no rádio enquanto balançava uma perna e batia o pé irritantemente no fundo do cesto. Quando nos aproximamos do planalto, ela gritou 'landing position'. Sem pestanejar, agachei-me, agarrei na borda e continuei segurando a câmera para fora do cesto. Não queria perder a cena da aterrissagem. Algumas pessoas não entenderam o comando e continuaram de pé, o que deixou Daria ainda mais nervosa. "Landind position", ela gritou mais três vezes até que todos entendessem. Paulo, que mesmo agachado conseguia ver por cima da borda, ficou narrando os acontecimentos. Naquele momento, o vento estava mais forte que o previsto e começamos a nos aproximar rapidamente do local de pouso. Ela acionou as chamas uma última vez, mas não foi o suficiente. O balão não subiu o tanto que deveria.

– Segura que vai bater! Vai bater! – gritou Paulo.

O balão atingiu com força o barranco, cerca de um metro abaixo do topo e foi arrastado para cima. Tudo aconteceu muito rápido, difícil descrever com todos os detalhes. Quando chegamos à parte plana, o cesto se inclinou, quase tombou, e foi arrastado mais alguns metros enquanto algumas mulheres gritavam. Em seguida, cinco homens pularam no cesto, agarraram as cordas que a guia tinha soltado e puxaram a corda que abre a parte de cima do balão e que libera o ar quente. O cesto se acalmou e os passageiros comemoraram aliviados, alguns até bateram palmas. Estávamos todos sãos e salvos.

Depois de um brinde com espumante e de pegar os nossos certificados, entrevistei a Daria com a ajuda de duas meninas turcas que falavam inglês. Segundo a guia, normalmente não tem vento naquela área e os voos começam e terminam em Gorome. Como havia mais vento no dia, descemos um pouco depois de Urgup, bem longe de onde saímos.

– Por um lado, pudemos ver mais coisas. Mas, por outro lado, o pouso ficou muito mais perigoso – ela completou.

De volta ao hotel, ainda conseguimos chegar na hora do café, onde encontramos com a dona do hotel. Enquanto comia minha omelete, perguntei se ela conhecia a região da Antália, para onde iríamos em seguida, no litoral sul da Turquia.

– Não é um bom lugar, tem muitas russas e faz calor – ela reclamou. – Fiquem em Side, que é uma praia. É mais barato e é onde tem mais festas, mais jovens. Imagino que vocês queiram festas, não?

Continuamos comendo enquanto a mulher falava sobre a vida dela. Era turca e tinha um ex-marido, também turco, com quem tinha dois filhos. Ao falar do divórcio, ela começou a ficar com o rosto vermelho, e disse que odiava os homens, todos os homens. – São todos uns imbecis – concluiu, tomou um gole de café, se levantou e saiu.

Terminamos nossa refeição em silêncio, juntamos as bagagens e fomos a pé para o centro. Não ficava longe, menos de dez minutos de caminhada. Às dez horas em ponto o ônibus chegou. Logo que sentei na minha poltrona demarcada, fui avisado pela cobradora que eu não poderia reclinar o meu banco. Olhei em volta, todos os bancos estavam reclinados. Eu era a única pessoa em um veículo de quarenta e seis lugares que não poderia reclinar o banco. Achei aquilo injusto e quis saber o motivo.

– Nenhuma razão – ela respondeu.

Eu ri, achei que era brincadeira. Paulo e Edgar, sentados numa fileira à frente, já estavam com os bancos reclinados.

– Só pode ser brincadeira – eu disse em português, e deitei o meu banco.

– Por favor, não recline o seu banco. Volte à posição vertical – ela ordenou, erguendo a voz.

– Pode me explicar o motivo?

– Não posso – ela disse, e sorriu constrangida.

A senhora que estava atrás de mim, com olhar impassível, parecia não entender nada da nossa conversa em inglês. "Essa mulher deve ter pedido pra não me deixarem deitar o banco", pensei e sentei-me resignado. Na primeira parada, desci indignado e dei uma volta para esticar as pernas e esfriar a cabeça. Já estava viajando há uma hora sem poder reclinar o banco, me sentindo num avião da Gol, e sabia que teria de continuar daquele jeito até o fim da viagem. A mulher que estava atrás de mim não desceu. Abriu uma bolsa e puxou uma sacola de plástico com dois sanduíches. Deu um para a menina que estava ao seu lado e ficou com o outro. Quase meia hora depois, o motorista chamou os passageiros e todos subiram. Fiquei por último. Estava mal-humorado, tinha me planejado para dormir no ônibus, mas não conseguia por causa da mulher que não me deixava reclinar o banco.

– Ah, não – eu disse para o Paulo. – Vou reclinar o meu banco. Se ela quiser me proibir, que chame a polícia ou me arranje outra poltrona.

Mas todos os outros assentos estavam ocupados, eu sabia que ela não me colocaria em outro lugar. Sentei, reclinei meu banco um pouco, olhei indignado para a mulher que estava atrás de mim, levantei os dois braços e perguntei "ok?".

– Ok – ela respondeu com um sorriso meio sem jeito.

As pessoas ao redor me olharam com espanto. "Será que nunca viram ninguém desobedecendo às ordens de uma cobradora de ônibus?", pensei, e tentei dormir um pouco. Na parada seguinte, antes de me levantar, ergui o banco até a posição inicial. Desci e fiquei debaixo de uma sombra conversando com os rapazes, discutindo sobre o nosso itinerário. Para onde deveríamos ir depois de Side? Dez minutos depois, a senhora que estava no banco atrás do meu desceu segurando a filha, a moça que estava sentada na poltrona ao lado dela. Só então descobri porque eu não podia reclinar o banco. A filha tinha problemas motores, não conseguia caminhar direito e precisava de cuidados constantes. Se eu reclinasse muito o banco, limitaria o espaço que ela teria para se mexer na poltrona e cuidar da filha. Naquele momento, me bateu um remorso do tamanho do Maracanã. Não. Fiquei com muita raiva de mim mesmo por ter me portado daquela maneira apenas por causa da inclinação de um assento. Mas fiquei com mais raiva ainda da moça que me disse para não reclinar o banco. Por que ela não me explicou logo o motivo? Eu jamais agiria daquela maneira. Seguimos viagem. Com o banco reto e a consciência pesada, coloquei os fones de ouvido, "Have you ever seen the rain", do Creedence Clearwater Revival, tocava no meu ipod.

Menos de duas horas depois, quando paramos num posto de gasolina, a cobradora veio até nós e disse que o veículo tinha problemas e que teríamos que descer por dez minutos. Descemos, fomos ao banheiro e ficamos do lado de fora do ônibus conversando. Quando me dei conta, já havia se passado meia hora e não havia aparecido ninguém para arrumar nada no ônibus. Alguns passageiros batiam papo perto da porta, outros no restaurante e alguns na loja de conveniência. Sem entender o que estava acontecendo, continuamos esperando. Vinte minutos depois, um rapaz entrou e ligou o motor. Achei estranho, fui até o restaurante e encontrei o motorista em uma das mesas, rindo e conversando com dois outros funcionários da mesma empresa, todos uniformizados. Enquanto os motoristas se divertiam, ficamos conversando com um jovem local que falava bem o inglês.

– Queremos ficar em Side, mas não temos certeza se é o melhor lugar da região da Antália – disse Edgar.

– Tem outras praias que são boas também, mas Side fica no caminho onde o ônibus passa, tem muitas festas e é um lugar barato. Vocês têm que descer em Manavgat, que é lá perto, e pegar um ônibus de linha até a praia, apenas quinze minutos de distância – explicou o rapaz.

Um garoto que desceu no mesmo ponto disse para irmos até o posto de gasolina do outro lado da rua onde havia algumas vans paradas. Nenhuma delas ia para onde queríamos, mas um frentista explicou onde pegar o ônibus correto. Menos de quinze minutos depois, já estávamos em um micro-ônibus com destino a Side. Fazia 37°C na rua e, para refrescar, a porta ficava sempre aberta. Perguntamos ao motorista, que falava inglês, se ele conhecia algum hotel barato por lá. Ele disse que sim e que nos deixaria em frente. Pouco depois, parou numa esquina e apontou para um portão no fundo da rua.

Era um camping que também alugava cabanas. O único quarto triplo disponível não tinha ar condicionado, mas isso não era problema. Já estávamos viajando a mais de um mês e não tínhamos ligado o ar nenhuma vez. Nos fundos do quarto havia uma varanda com duas cadeiras e um varal para esticar roupa. Também havia uma cozinha coletiva com geladeira, congelador, fogão e todos os utensílios necessários para preparar uma refeição. Pagamos cinquenta e cinco Liras, cerca de

24 Euros, pela diária sem café da manhã, largamos as coisas no chão e fomos direto para a praia. Em breve começaria a escurecer.

A maré estava alta e a areia escura estava tomada por cadeiras de praia vazias que pertenciam aos bares e hotéis da orla. Algumas pessoas já caminhavam no calçadão, prontas para um jantar em família ou alguns drinques com amigos. Fomos até a ponta oeste e voltamos. Foi um passeio rápido, queríamos jantar antes de conhecer a vida noturna de Side. Pela primeira vez na viagem, compramos gelo para colocar na vodca com Coca-Cola, dessa vez, sem misturar com Pepsi.

Preparei um tradicional macarrão com salsichas e uma enorme vasilha de salada. Paulo fez três copos de bebida e comemos em uma das mesas do pátio, sob uma árvore.

Já passava da meia noite, mas não tínhamos pressa. Sentamos à beira do calçadão para observar as pessoas que passavam. Os bares da redondeza pareciam legais, mas estavam todos vazios. Vendo que nos divertíamos apenas com uma garrafa de refrigerante, três garotas e cinco rapazes, todos russos, pararam para conversar conosco. O papo foi legal, mas eles ficaram o tempo todo tirando sarro da gente por causa da nossa bebida. Como bons russos, achavam um absurdo misturar vodca com refrigerante. Diziam que deveríamos tomar pura. Conversamos mais um pouco, explicamos que queríamos um lugar mais movimentado.

– Os bares bons e movimentados ficam no fim da praia. Estamos indo para lá – disse uma das meninas, e apontou para o leste.

– Nos vemos lá depois, então – eu disse, e agradeci.

Após observar o movimento por mais alguns minutos, fomos até a ponta da praia, onde ela nos tinha indicado, e encontramos o 'The Zone', uma rua ladeada por bares e restaurantes vazios. Seguimos mais um pouco e encontramos a discoteca 'Apolo', também vazia. Era uma boate grande, bem decorada, mas com apenas alguns casais não muito animados. De volta ao 'The Zone', tomamos algumas cervejas no bar mais movimentado e, quando a rua começou a ficar mais animada, entramos no clube em frente. Ali, finalmente conseguimos interagir com mulheres, nativas e turistas, mas começamos a perceber como os turcos são ciumentos e possessivos. Tentamos dançar e conversar mais intimamente com algumas delas, mas sempre chegava um sujeito do lado para atrapalhar. Cansado, voltei para a pousada às três da manhã. Paulo e Edgar ficaram conversando com algumas suecas que estavam cercadas de turcos. "Tomara que não se metam em confusão", pensei no caminho de volta. Uma hora depois, eles chegaram fazendo barulho, levemente bêbados. Edgar garante que beijou uma das suecas e que teve que sair da boate para não apanhar. Sem dar muita atenção à conversa, voltei a dormir.

25
Antália, um Pedacinho da Grécia no Litoral Turco

LAVAR ROUPAS SEMPRE foi um problema durante toda a expedição. Como cada um de nós estava carregando apenas uma mochila, não havia espaço para muitas roupas. E como a gente não queria andar como mendigos, era preciso encontrar maneiras de lavar as roupas sempre que possível. Mas havia mais de um mês que a gente passava apenas uma noite em cada lugar, não dava tempo de lavar e secar tudo que a gente queria. Lavar cuecas e meias no chuveiro tinha se tornado um hábito, e da noite para a manhã, normalmente já estavam secas. Mas camisetas, calças e bermudas? Na Capadócia, transformamos a banheira do quarto numa bacia de lavagem e conseguimos lavar várias peças de roupa à mão. Ficamos duas noites lá, mas o tempo estava meio chuvoso e as roupas mais grossas não secaram direito. Em Side, no dia seguinte, aproveitamos o clima quente e o varal na sacada para estender as que estavam úmidas e ainda lavamos mais algumas peças.

Na manhã do 34º dia de viagem, enquanto as roupas secavam no varal do nosso chalé, decidimos visitar as ruínas do Templo de Apolo, erguido há mais de dois mil anos por colonizadores gregos e que hoje é o principal ponto turístico de Side. Debaixo das poucas colunas que ainda estavam de pé, era possível observar as escunas carregadas de turistas que passeavam pela orla sob o sol de 41°C. Em seguida, visitamos as ruínas do muro que cercara a cidade na antiguidade e do Anfiteatro de Side, que foi erguido em estilo romano, escavado no chão, porque a região não tinha colinas que pudessem abrigar uma construção com

características gregas. Em geral, os gregos construíam esse tipo de teatro ao lado ou no meio de morros para que o palco pudesse ficar abaixo das arquibancadas. Foram visitas rápidas. Não poderíamos perder muito tempo ali porque queríamos chegar à noite em Pamukkale, a mais de 300 km de distância, para visitar as mais famosas piscinas de águas termais do país.

Depois de pegar três ônibus e uma van, chegamos ao centro da vila de Pamukkale por volta das dez horas da noite. Em poucos minutos, encontramos uma agência de turismo que nos arranjou um quarto triplo num hotel com piscina e café da manhã. Paulo ficou descansando no quarto, Edgar e eu saímos para fazer compras.

– Aonde vocês vão? – perguntou um menino com cerca de 12 anos, provavelmente filho do dono do hotel.

– Ao mercado – respondi.

– Também vou ao mercado – ele disse, e começou a caminhar junto conosco pelas ruas de terra da vila.

O problema é que o menino era muito chato, ficava o tempo todo interrompendo e fazendo perguntas cretinas. Mas, pelo menos ele falava inglês direitinho e dava para entender o que dizia.

– Vocês sabem brigar? – ele perguntou, depois parou na minha frente e deu três socos desajeitados no ar.

– Sei brigar, sim. Quer brigar comigo? – respondi, e dei uma gargalhada.

Ele fez sinal que não e riu também. Logo mudou de assunto e continuou falando. Por três vezes eu tentei conversar com o Edgar em português para decidir o que comprar para a janta ou para discutir o nosso próximo destino, mas o menino não deixava. E ele não se contentava apenas em falar, ficava cutucando meu braço a todo instante ou puxava um de nós, o que estava me deixando chateado.

– Não vamos mais ao mercado, vamos ao bar tomar uma cerveja – eu disse, imaginando que o garoto nos deixaria em paz.

– Muito bom. Vou lá também, o DJ é amigo do meu pai – ele disse, e eu caí na gargalhada de novo. Eu estava tentando me livrar do garoto, mas ele insistia em ficar ao nosso lado. Em seguida, passamos pelo irmão mais velho dele, um rapaz de quinze anos que tínhamos conhecido na hora em que chegamos ao hotel.

– Aonde vocês vão? – ele também perguntou.

–Vamos ao bar tomar uma cerveja – respondeu Edgar.

– Só faltava ele também querer ir com a gente e ficar incomodando – eu disse em português.

– E vocês precisam da ajuda dele? – perguntou, apontando para o irmão tagarela.

– Não, não precisamos – respondi seco.

– OK. Até mais – ele disse, pegando o irmão pelo braço e seguindo em direção ao hotel.

– Boa noite – eu falei, e sorri aliviado.

A vila é tão pequena que havia apenas um bar e um mercado, ambos abertos, mas sem nenhum movimento. Desistimos da cerveja e compramos cereais em flocos, leite e água mineral.

Já na cama, acessei meus e-mails e vi que tinha recebido uma mensagem do Ozgur, amigo turco que tinha trabalhado comigo em Pequim. Além de lamentar que não passaríamos por Istambul, onde poderia nos hospedar, informou que Bodrum era conhecida por ter algumas das festas mais loucas no verão do Mediterrâneo. Como ele também escreveu que lá seria mais fácil conseguir balsas para Atenas, decidimos partir para Bodrum no dia seguinte, logo depois de visitar as piscinas de águas termais de Pamukkale.

Na entrada do parque, às oito da manhã, encontramos o rapaz da agência de turismo. Ele estava de moto e levava na carona uma turista chinesa que tinha acabado de chegar à cidade. Deixou-a na portaria e saiu apressado. Nascida em Xangai, Yixiong morava e estudava em Londres e viajava de férias pela Europa. Impressionada por encontrar estrangeiros que falavam chinês, ela nos acompanhou por quase todo o passeio em Pamukkale, que em turco significa 'Castelo de algodão'.

Do lado de fora do parque já dava para ver a montanha toda coberta de sedimento branco de calcário. À medida que subíamos, passávamos por piscinas de água morna e cristalina com o fundo coberto por uma pasta calcária branca. O chão e as paredes, de um branco que reflete o sol sem misericórdia, são formados por um sedimento de rocha calcária chamado de travertino. Esses sedimentos são depositados ali

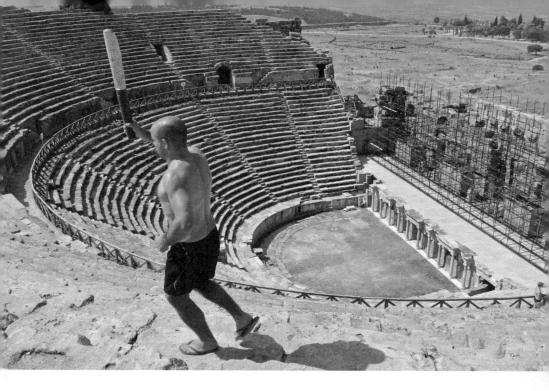

constantemente por dezessete fontes de águas termais e a temperatura da água varia de 35°C até 100°C. A área foi reconhecida como patrimônio da humanidade em 1988 e muitas daquelas piscinas tinham sido construídas depois disso.

Tomamos banho em algumas piscinas e passamos a pasta de calcário no corpo porque nos disseram que era medicinal. O lugar já estava cheio quando fizemos a tradicional corrida com a tocha e as pessoas nos olhavam com um misto de surpresa e incompreensão. Era obrigatório andar descalço ali dentro, nenhum tipo de calçado era permitido, nem tripé para as fotos e os vídeos. Lá em cima, no topo da colina, havia uma grande piscina termal onde as pessoas tomavam banho e se divertiam e se bronzeavam nas cadeiras espalhadas pelo pátio.

Mais adiante, encontramos as ruínas de Hierápolis, uma cidadela erguida há mais de dois mil anos no alto da montanha para servir como spa. Até hoje, pouco se sabe sobre as primeiras comunidades que viveram naquelas construções com estilo greco-romano e bizantino. Além de um anfiteatro – onde corremos com a tocha –, há um museu e um cemitério.

Perto do teatro, ainda encontramos diversos corredores treinando nas trilhas da montanha. Ao conversar com atletas portuguesas, descobrimos que seria realizada ali, no dia seguinte, uma etapa do Circuito Europeu Juvenil de Corrida de Montanha. Também encontramos equipes uniformizadas de Rússia, Itália, Grécia e Romênia. Na descida, paramos novamente em algumas piscinas para tomar banho e relaxar. Antes de nos despedirmos de Yixiong, trocamos contatos e combinamos de nos encontrar em Londres durante as Olimpíadas. Voltamos para o hotel e ela seguiu para a agência de turismo, onde pegaria um ônibus às três da tarde para a Antália. De lá, embarcaria em um voo de volta para Londres dois dias depois.

Após um almoço rápido, fomos até Denizli, onde embarcamos em um ônibus em direção a Bodrum, no Sudoeste da Turquia. Cruzamos uma cadeia de montanhas por uma estrada cheia de curvas, subidas e descidas. A viagem durou cinco horas. Na chegada, depois de passar pela última montanha, podíamos ver a praia recheada de iates, hotéis de luxo e diversos prédios em reforma ou em construção espalhados pelo vale. Às oito horas da noite, ainda com sol, desembarcamos na rodoviária no centro de Bodrum e saímos caminhando à procura de hospedagem. Encontramos uma pousada que tinha um apartamento vago, com dois quartos, cozinha, banheiro, ar condicionado e uma enorme sacada envolta por videiras onde havia uma mesa e cadeiras de plástico. Custava cento e cinquenta Liras por noite, com café da manhã incluído. Era um pouco caro para o nosso orçamento, mas poderíamos cozinhar e economizaríamos nas refeições. E, para nosso deleite, havia uma máquina de lavar roupas e um enorme pátio com varais, onde as roupas certamente secariam com rapidez e eficiência. Isso pesou muito na nossa decisão pela hospedagem. Até então, a gente esfregava as roupas com um pouco de sabão, enxaguava e deixava secar, geralmente dentro do quarto. Utilizar máquina de lavar roupas seria um luxo.

Enquanto eu preparava um farto jantar – arroz com batata, salada e bifes ao molho de mel e hortelã, Paulo e Edgar lavaram todas as nossas roupas. Até mesmo as que tínhamos lavado dois dias antes. Tudo com sabão e amaciante. Escaparam apenas as que usaríamos aquela noite. Para alegrar o trabalho, vodca com suco de laranja.

Saímos para caminhar pouco depois da meia noite. As lojas ainda estavam abertas e muitas famílias caminhavam tranquilamente pelas ruas tomando sorvete. Na avenida principal, perto da praia, encontramos muitos bares e boates. Terminamos a nossa bebida e tentamos entrar no primeiro bar.

– Tem nome na lista? – perguntou o segurança, que era umas três vezes maior que eu.

– Não – respondi.

– Então não entra. Vão embora, agora!

Caramba, que grosso! Belo jeito de tratar os turistas! Estranhei a atitude dele, o bar não estava tão cheio. Mas tentamos entrar em mais cinco bares na mesma rua e fomos barrados em todos. Todos! E em nenhum deles disseram o motivo. Encontramos dois turcos que moravam na Holanda e eles explicaram que nossa noite em Bodrum não seria tão divertida como imaginávamos.

– Em nenhum lugar aqui eles deixam entrar homens estrangeiros sozinhos – disse um deles.

– É para evitar que vocês peguem as mulheres daqui. Dizem que as mulheres daqui são só para os Turcos e que as estrangeiras que vem para cá é porque querem um homem turco. Vocês só vão conseguir entrar nos lugares se estiverem acompanhados de pelo menos uma mulher para cada um – explicou o outro, rindo.

Também rimos, não era nossa noite de sorte. Caminhamos mais um pouco e encontramos um bar que não tinha seguranças na porta. Entramos rápido, antes que algum brutamonte aparecesse para nos colocar para fora, e fomos direto para o balcão no fundo. Eu já estava sedento, cansado da caminhada e chateado por causa da xenofobia masculina. Precisava beber algo. Pedimos cerveja, mas o garçom disse que estava em falta e sequer ofereceu outras bebidas. Que maravilha! O único bar que conseguimos entrar não tem cerveja, só pode ser sacanagem. Mas, como somos brasileiros e não desistimos nunca, seguimos em direção ao Castelo de Bodrum, que fica sobre os rochedos na beira da praia. No caminho, encontramos uma viela rodeada de pequenos bares com mesas espalhadas pelas calçadas. Estavam lotados, todos. Não havia lugar para sentar e também não havia seguranças barrando a entrada de estrangeiros. Entramos em um dos bares, pedimos cervejas no balcão e ficamos de pé, ao lado da porta, olhando as mesas na calçada. Quando tocou uma música turca, todos levantaram os braços e começaram a cantar em coro, abraçados, pulando.

– Caramba, não tem nenhum estrangeiro aqui, só turco – comentou Paulo.

Olhei ao redor e confirmei que éramos provavelmente os únicos turistas ali. Pelo menos, éramos os únicos que não estavam cantando. Eu não tinha tomado nem metade da minha cerveja quando uma briga estourou em uma mesa perto de nós. Primeiro, foi apenas um empurra-empurra. Depois, alguns rapazes começaram a trocar socos e em seguida duas cadeiras de madeira voaram no meio da confusão. Nos afastamos um pouco e vi dois rapazes com a cabeça sangrando. Outro, que parecia ser garçom, entrou correndo no bar em que a gente estava. Tinha um galo enorme na testa e muito sangue escorrendo pelo nariz. Passou por trás do balcão, pegou uma faca, e saiu gritando. Dois garçons que estavam dentro do bar foram atrás dele. Logo que os três entraram no bar da frente, onde outros rapazes buscavam proteção, duas cadeiras voaram na direção deles. Uma bateu na parede e a outra atingiu uma garota que estava sentada. Ela caiu no chão, colocou a mão na cabeça ensanguentada e começou a chorar e gritar. Dois rapazes a pegaram no colo e saíram correndo no meio da multidão que acompanhava a pancadaria. Aproveitamos que a briga tinha sido transferida para o bar da frente e saímos dali. Ficamos na esquina apenas observando e tomando a nossa cerveja. No meio do empurra-empurra, vi quatro rapazes segurando o garçom com o galo na cabeça, mas ele já não tinha mais a faca na mão. Levaram-no de volta para dentro do primeiro bar, a música voltou a tocar alta e as pessoas se ajeitaram em suas mesas e começaram a cantar e dançar novamente. Decepcionados com mais uma noite sem muita diversão, voltamos para a pousada.

Inglaterra
Londres
X
Amsterdan
Berlim
Polônia
Calais
Bruxelas
Alemanha
Wroclaw
Praga
França
Viena
Bratislava
Budapeste
Austria
Hungria
Itália
Croácia
Timisoara
Bósnia
Sérvia
Craiova
Dubrovnik
Budva
Tirana
Skopie
Sofia
Espanha
Sarande
Patras
Atenas
Olímpia
Kos
Argélia
Líbia
N
E
S

26
Grécia, o Berço dos Jogos Olímpicos

"*Cerveja, se plantar, brota?*
Gostaria de responder sim à pergunta acima, mas o experimento foi sacrificado em prol de dividir com os suecos as cervejas que vocês deixaram na casa da Irina. Obrigada pelas cervejas. Pena que a gente não se encontrou, teria sido legal conversar com vocês, pegar umas dicas sobre os vistos da Ásia Central, é raro encontrar brasileiro que vai para lá, e como essas coisas são em função da nacionalidade..."

Eu nem lembrava mais que tínhamos deixado aquelas cervejas no refrigerador da pousada da Iria, em Alaverdi, na Armênia, para uma brasileira que se hospedaria lá um dia após a nossa partida rumo à Geórgia. Por isso, fiquei surpreso ao receber esse e-mail da Anna Stein. Junto com a mensagem, ela ainda mandou uma foto em que fazia um brinde com os amigos na mesma sala em que a gente tinha tomado algumas cervejas e assistido a uma partida de futebol nove dias antes. Ela também conferiu nosso trajeto no site e deu dicas úteis sobre alguns dos países que ainda passaríamos, como Albânia e Macedônia, pelos quais ela já havia passado.

Fiquei imaginando como deve ser você chegar numa pequena vila no interior da Armênia, no meio das montanhas, em um lugar que pouca gente ouviu falar, e a dona da pousada diz que tem cerveja na geladeira para você, presente deixado por brasileiros que estiveram ali na noite anterior. Deve ter sido engraçado.

Enquanto comentávamos o e-mail recebido e as dicas passadas por Anna, desfrutamos o delicioso café da manhã oferecido pela pousada, com azeitonas, pão, tomate, pepino, ricota, ovos cozidos, chá e café.

Inicialmente, tínhamos pensado em ficar duas noites em Bodrum, a última cidade da nossa passagem pela Turquia. Mas, por causa da maneira como fomos tratados nos bares locais, decidimos partir para a Grécia o quanto antes. Teríamos que pegar uma balsa para Kos, uma ilha grega perto dali, e depois um navio para Atenas. A última balsa do dia partiria para Kos à tarde, sem horário definido. A moça que vendeu as passagens informou que seria bom chegar ao píer às três e meia da tarde para fazer a imigração e garantir um bom lugar no barco. Teríamos tempo suficiente para aproveitar a praia pela manhã e almoçar antes de seguir viagem.

Com as passagens em mãos, fomos para a praia que, como imaginávamos, era de pedra e não de areia. No entanto, as pedras eram um pouco menores que as do Mar Negro e era mais fácil caminhar ali. O pouco espaço de orla que havia entre a água e as construções da cidade era tomado por cadeiras colocadas pelos hotéis e restaurantes que atendiam os turistas. A água era cristalina, calma e não muito gelada, excelente para nadar.

Na volta para a pousada, passamos mais uma vez pelo Castelo de Bodrum, também conhecido como Castelo de São Pedro de Halicarnasso, para algumas fotos. A imponente construção, erguida por cavaleiros das cruzadas para proteger a região há seiscentos anos, serviu de refúgio para os Cristãos da Ásia Menor por séculos e resistiu a duas invasões do Império Otomano. A primeira, após a queda de Constantinopla, em 1453, e depois em 1480. Hoje restaurado, é o principal ponto turístico da região.

Bodrum não é uma cidade muito grande, mas tem belas praias de águas cristalinas e opções de entretenimento que atraem turistas turcos e estrangeiros. Na década de 2000 a cidade passou a ser um importante destino turístico do país e a população passou de 32 mil para 120 mil habitantes em apenas nove anos. Também é conhecida por ter abrigado o Mausoléu de Halicarnasso, uma tumba construída entre 353 e 350 a.C. por Mausolus, governador da região na época. A

construção, com 45 metros de altura e adornada com quatro esculturas criadas por alguns dos maiores artistas gregos da antiguidade, apresentava uma estética tão encantadora que foi considerada uma das sete maravilhas do mundo na antiguidade. Pouco se sabe sobre a história do mausoléu, ou suas medidas exatas, porque os documentos da época foram perdidos ou destruídos em séculos de guerras. No entanto, acredita-se que a principal causa tenha sido um terremoto – ou mais de um – entre os séculos XII e XIV d.C. As poucas ruínas que ficaram na cidade ainda podem ser visitadas.

Enquanto recolhíamos as roupas do varal e arrumávamos as mochilas, ouvimos o som das orações que brotavam dos alto falantes de algumas mesquitas ali perto, costume religioso comum em locais onde predomina o Islamismo.

A balsa já estava no píer quando chegamos, às três e vinte da tarde. Passamos pela imigração, colocamos as bagagens na parte de baixo da balsa e subimos para o deck superior, onde dava para aproveitar a vista e pegar um pouco mais de sol. Às quatro horas, deixamos a Turquia para trás e, quando chegamos a Kos, a apenas quatro quilômetros de distância, fomos os únicos passageiros a ter as bagagens revistadas. Ali, percebemos que os Europeus gostam de dar um tratamento diferenciado aos brasileiros. Recebemos mais um carimbo no passaporte e descemos na ilha, o décimo primeiro país da Expedição Olímpica 2012.

Ainda tínhamos duzentas Liras, mas não trocamos por Euros por causa do valor baixo que estavam oferecendo. Pela cotação oficial, um Euro custava 2,30 Liras. No entanto, queriam nos cobrar em média 2,70 Liras por Euro. Isso representava uma perda de quase 20%. Edgar e eu ficamos em uma lanchonete comendo fritas e tomando cerveja enquanto Paulo foi sacar dinheiro e comprar as passagens para Atenas. A próxima balsa saía apenas às oito e meia da noite e chegaria às seis da manhã em Piraeus, porto de Atenas. Como passaríamos a noite navegando, optamos por pagar setenta e cinco Euros cada um para ficar em uma cabine com camas e chuveiro. A poltrona normal custava cinquenta Euros.

– A mulher que vende as passagens não estava com a mínima vontade de me atender. Ficou batendo papo com uma amiga na minha frente um tempão e ainda não quis responder a nenhuma das minhas perguntas – reclamou Paulo ao retornar com os bilhetes.

– Aqui não foi diferente – emendou Edgar. – A menina que me vendeu o lanche também foi bem grossa.

– Estamos há menos de uma hora na Grécia e já é o país menos amigável da viagem – completei.

Aproveitamos as duas horas e meia de tempo livre para conhecer a ilha, que tem apenas quarenta quilômetros de extensão por oito de largura. Após vinte minutos de caminhada, encontramos as ruínas de um antigo ginásio de esportes e um anfiteatro chamado de Odeon, onde estavam sendo instalados equipamentos de som para algum show.

A Sarah, amiga de origem alemã e grega que morava em Pequim e que tinha acompanhado os últimos meses de preparativos da viagem, mandou um e-mail quando soube que passaríamos por Atenas. O Manolis, tio dela, nos receberia na cidade e nos hospedaria no apartamento dos pais dele. *"Mas me desculpem pela bagunça na casa, meus avós nunca vão lá e meu tio é muito desorganizado"*, ela escreveu e passou um número de telefone para que eu entrasse em contato com ele. Antes de embarcar rumo a Atenas, liguei do meu celular brasileiro, que já estava funcionando em roaming, e falei com a Poly, namorada dele. Expliquei que chegaríamos de manhã cedo e ela disse que, como era fim de semana, estavam todos em Maratonas, praia que fica a menos de uma hora de distância.

– Mas não tem problema, vamos nos organizar aqui e depois mando uma mensagem para o celular de vocês dizendo a hora e o local para nos encontrarmos – ela disse, e nos desejou boa viagem.

Quando a balsa chegou a Kos, às nove horas da noite, muitas pessoas e automóveis desceram, e poucos subiram. Embarcamos e encontramos a nossa cabine, 8157, no terceiro andar. Era um quartinho com quatro camas, uma já ocupada, e um banheiro. Deixamos nossas coisas e saímos para conhecer o barco.

Depois de andar de trator, carroça, moto, balão, táxi ilegal e balsa, estávamos agora em um navio. Era imenso, parecia mais com o navio de cruzeiro do que com uma balsa. Tinha diversos bares, restaurantes e cafés, deque externo com piscina, TVs em áreas comuns, salas com mesas de plástico, cadeiras espreguiçadeiras e vários setores com poltronas normais e poltronas de avião. Encontramos uma enorme sala vazia com uma TV ligada e resolvemos fazer ali o nosso lanche. Aproveitei para passar as fotos e os vídeos dos últimos dias para o meu computador e para os dois HDs que estávamos usando como backup. Quando voltamos ao quarto, havia outro homem dormindo em uma das nossas camas. Edgar acordou o sujeito e pediu para que ele saísse. Contrariado, ele levantou, mostrou o papel que indicava o número da cabine e disse que aquela era a cama dele. Mas o bilhete dele indicava apenas o número da cabine, não tinha marcação de lugar. Os nossos, além do número da cabine, indicavam que nossas camas eram as B, C e D. Em busca de uma solução amigável, Edgar foi com o rapaz até o balcão de atendimento no primeiro andar. O bilhete do sujeito tinha custado vinte e cinco Euros, enquanto o nosso era de setenta e cinco Euros. Isso não fazia muito sentido. No meio da conversa com o atendente, Edgar entendeu que o rapaz tinha pago a mais ao entrar no barco para ter um lugar melhor.

– Está tudo certo com ele. Vocês é que estão errados, tem apenas duas passagens e estão em três pessoas. Tem que pagar uma a mais – disse o atendente, meio confuso.

– Claro que não! Nós temos três bilhetes – explicou Edgar, e mostrou os papéis.

– Então aquele senhor que está na outra cama da cabine é que está errado, vamos até lá – e subiram os três.

Entretanto, o homem que estava na cama 'A' e que já estava deitado quando chegamos possuía a passagem correta. Ao fim de quase quarenta minutos de discussão, os funcionários se convenceram de que tinham cometido um erro e nos colocaram numa cabine ao lado. O navio cortava as águas do Mediterrâneo com tanta tranquilidade que nem dava para sentir o balanço do mar. Olhei pela pequena janela da cabine e vi que navegávamos no meio da escuridão. "Esses caras estão acostumados a passar por aqui, não deve ter problema", pensei. A chegada estava marcada para as seis da manhã. Coloquei o despertador para as cinco e meia e dormi em seguida. Ainda daria tempo de um banho rápido antes de desembarcar.

27
ATENAS E MARATONAS, OVERDOSE DE ESPÍRITO OLÍMPICO

NÃO LEMBRO exatamente com o que eu estava sonhando, mas lembro que eu caminhava no meio de uma vila na China quando a voz de uma mulher chamou a minha atenção. No início, não entendi o que ela dizia. Aos poucos, porém, a voz que vinha do alto das montanhas começou a ficar mais clara e percebi que ela falava em inglês. Acordei assustado. Alto falantes instalados dentro da cabine repetiam a mesma mensagem em grego e inglês "Estamos chegando a Piraeus, preparem-se para descer."

Pela janela, dava pra ver o sol nascendo atrás das montanhas. O navio se aproximava lentamente do porto. Olhei o celular e vi que havia uma mensagem da Poly: "Encontrem com o Manolis às 10h da manhã na entrada da estação de metrô de Panepistimo". Como chegamos a Piraeus uma hora antes do previsto, não deu tempo de tomar banho. Entramos em um ônibus estacionado ao lado da rampa e desembarcamos na entrada do porto. Para aproveitar as três horas e meia de tempo livre, pegamos um trem até o Estádio Olímpico de Atenas, construído para os jogos de 2004.

O estádio, que fica no Complexo Esportivo Olímpico de Atenas, leva o nome de 'Spiros Louis', vencedor da primeira Maratona Olímpica da era moderna, nos Jogos de 1896. Palco das cerimônias de abertura e encerramentos dos Jogos Olímpicos de 2004, não parece muito grande por fora, mas tem capacidade para mais de 75 mil pessoas. Atenas também sediou os I Jogos Olímpicos da era moderna, em 1896,

realizados no Estádio Panathinaiko. Pequeno para a grandiosidade que o evento adquiriu em pouco mais de cem anos, o antigo estádio recebeu apenas as competições de tiro com arco e a chegada da Maratona de 2004. Além do Estádio Olímpico, o complexo erguido para os Jogos de Atenas conta com um ginásio, centro aquático, velódromo, centro de tênis e outras estruturas ainda utilizadas em outros eventos esportivos e culturais ali realizados.

    Depois de visitar todas as instalações, partimos para o centro da cidade, onde encontramos com o Manolis, mais conhecido como Manolo, no horário marcado. Ele estava de moto e, quando estendi a mão para cumprimentá-lo, ele me abraçou e me deu dois beijos no rosto. Desacostumado a cumprimentar desconhecidos tão efusivamente, fui pego de surpresa e fiquei um pouco sem jeito. Depois de abraçar e beijar Paulo e Edgar, ele chamou um táxi e explicou as coordenadas ao motorista. O apartamento dele não era longe, mas a subida para chegar até lá era íngreme e Manolo não queria que subíssemos a pé com as mochilas nas costas. Ele não falava inglês muito bem, mas sabia italiano e conseguimos nos comunicar sem grandes problemas. Quando entramos no prédio, ele percebeu que tinha deixado a chave do apartamento em Maratonas, onde os pais passavam a maior parte do tempo. Largou o capacete e outros pertences na escada e tocou a campainha do vizinho da direita, mas ninguém atendeu. Bateu na porta do apartamento do lado esquerdo e foi recebido por uma senhora. Ele entrou no apartamento da mulher, e dois minutos depois, ou até menos, ouvimos um barulho dentro do apartamento dele.

– Já entrei, agora estou procurando uma chave. Sei que minha mãe deixa uma cópia aqui em algum lugar – gritou ele de dento do apartamento.

Por alguns minutos, ouvi barulhos de portas se abrindo, gavetas se fechando, papeis caindo pelo chão e móveis sendo arrastados.

– Richard, você sabe usar Iphone? – ele perguntou através da porta.
– Sim – respondi.
– Então pega o meu, que deixei na escada, e liga para a Poly. O telefone aqui dentro não está funcionando para fazer ligações. Pede para ela ligar para os meus pais e perguntar onde tem uma chave.

Peguei o telefone, que estava ao lado da carteira dele, e do capacete, liguei para a Poly e expliquei a situação. Pouco depois, ela ligou para o telefone do apartamento e contou que havia uma chave reserva em cima da geladeira. Ele parecia exausto ao abrir a porta, mas continuava sorrindo. Antes de mostrar os quartos, ele nos levou até a sacada e fez questão de explicar como tinha entrado no apartamento. Apontou para o apartamento do lado e mostrou que tinha pulado uma grade e um vão de um metro para chegar até ali. Depois, contou como, com o auxílio de uma faca, tinha aberto a porta da sacada para entrar na sala.

Enquanto ele preparava os dois quartos, um com uma cama de casal e outro com duas camas de solteiro, ficamos na sala decidindo o que fazer durante o resto do dia. Depois de explicar como funcionava a Internet e nos entregar as chaves, ele explicou como pegar um ônibus para Maratonas. Se a gente quisesse, poderíamos encontrar com ele lá, no final do dia, para aproveitar um pouco da praia também. Já que ele e a Poly voltariam para Atenas à noite, poderíamos pegar uma carona na volta.

Às onze horas da manhã, saímos a pé em direção à Acrópole, principal ponto turístico de Atenas que fica no topo de um morro de pedra no coração da cidade. Logo que começamos a subir o morro de pedra, nossa água acabou. Fazia 41°C e não havia uma nuvem sequer no céu. Precisaríamos ainda de muita água para suportar aquele calor. Ainda bem que havia um bebedouro na entrada do parque e conseguimos encher as garrafas.

Já dentro da Acrópole, puxamos a tocha para tirar umas fotos, mas um segurança veio correndo e mandou guardá-la. Ali tudo era proibido, jogos, brincadeiras, fotos, bandeiras.

A Acrópole de Atenas, cujas fotos estão em todos os livros de história antiga, é um complexo com ruínas de diversas construções de valiosa importância histórica e arquitetural que começaram a ser erguidas no século V Antes de Cristo. O mais proeminente dos edifícios é o Parthenon, ou Templo de Atenas Virgem, padroeira da cidade. Entre os séculos V e VI d.C, o templo foi convertido em igreja Cristã dedicada à Virgem Maria. Depois de ser conquistado pelos Otomanos, o Parthenon ainda foi transformado em mesquita por volta de 1460 e mais

tarde também serviu como guarnição de munições. Uma explosão causada por tiros de canhão disparados em um ataque dos Venezianos em 1687 danificou severamente a construção e vários dos objetos de arte que ornavam seu interior. Outros artefatos foram saqueados posteriormente e pararam em museus espalhados pelo mundo ou se perderam.

No deque de observação construído em uma das pontas da Acrópole é possível ter uma vista quase completa de Atenas. Sentado em um banco ao lado de um casal de brasileiros, fiquei alguns minutos observando aquelas construções que passei a vida vendo em livros e programas de TV. "Quantos escravos não morreram para trazer todas essas pedras e levantar todos esses prédios", pensei.

Como também já tínhamos visitado o centro da cidade e o Estádio Olímpico, não precisávamos ir a nenhum outro lugar em Atenas. Estávamos prontos para ir embora. Resolvemos, então, aceitar o convite de Manolo e fomos ao terminal rodoviário para pegar um ônibus para Maratonas. Liguei para a Poly e disse que sairíamos de Atenas no ônibus das três e meia e que chegaríamos por volta das quatro e meia em Maratonas.

Sentei na minha poltrona, coloquei meus fones de ouvido e dormi ao som de músicas brasileiras. Acordei uma hora depois com o Paulo me cutucando. A cobradora, que não tinha sido muito gentil no início, estava avisando que aquele era o nosso ponto. Dez minutos depois, Manolo chegou de carro e nos levou direto para a praia, onde a namorada dele nos esperava. Ela se chamava Polytimi Boznou, mas preferia o apelido, Poly, e já namorava com o Manolo há alguns anos. Estava contente por nos conhecer porque tinha trabalhado diretamente na organização dos Jogos Olímpicos de 2004 e corrido com a tocha oficial no dia da Cerimônia de Abertura em Atenas. Conversamos mais um pouco, caminhamos pela praia e mergulhamos nas águas cristalinas e calmas de Maratonas.

Quando o sol começou a se por, trocamos de roupa e fomos para outra praia, onde jantamos em um restaurante de madeira na beira da água. Eles pediram porções de sardinhas, batatas fritas, a tradicional salada grega, cervejas e uma pequena garrafa de ouzo, uma bebida incolor com sabor de anis e graduação alcoólica de 40%. Na beira do

mar, um casal tirava fotos com água na altura do joelho. Ela vestida de noiva e ele de smooking. Depois de algumas fotos correndo, andando de mãos dadas e sorrindo, o noivo, seguindo ordens do fotógrafo, tentou levantar a futura esposa no colo. Até conseguiu segurá-la por alguns segundos, mas desequilibrou-se, deu dois passos para trás e os dois caíram na água. Fiquei com um pouco de vergonha alheia, mas torci para que o fotógrafo tivesse capturado o momento. Uma foto daquelas deixaria o álbum de casamento muito menos monótono.

Fizemos mais alguns brindes e fomos visitar os pais do Manolo, que estavam morando ali mesmo em Maratonas numa casa rodeada de árvores frutíferas. Entramos pelo portão da frente, demos a volta na casa e subimos na varanda dos fundos, onde a Dona Euthymia, de 86 anos, já tinha colocado pratos de frutas e jarras de suco sobre uma grande mesa quadrada. Todas as frutas – cerejas, pêssegos, melões e mamões – tinham sido colhidas no próprio quintal. O esposo, Nikos, chegou em seguida e sentou-se. Ele tinha 91 anos, não enxergava mais nada como o olho direito e via apenas vultos com o esquerdo. Eles falavam apenas grego e um pouco de alemão, mas a Poly ajudou com a tradução e pudemos ouvir algumas histórias do casal. Provamos todas as frutas e os sucos e conversamos por quase uma hora. Antes de irmos embora, tiramos fotos instantâneas para presentear os anfitriões. Nos despedimos, embarcamos no carro com o Manolo e partimos de Maratonas, que significa 'Lugar cheio de erva-doce' em grego. A cidade é conhecida mundialmente por ser o lugar de origem da maratona, tradicional corrida de rua disputada também em Jogos Olímpicos. Conta a lenda que, em 490 a.C., um mensageiro correu sem parar de Maratonas a Atenas, por cerca de trinta e cinco quilômetros, para anunciar que os Persas tinham sido derrotados numa batalha. Momentos após dizer a mensagem 'Nós vencemos!', ele morreu de cansaço. Para os I Jogos Olímpicos da Era Moderna, uma corrida de resistência foi criada para homenagear o grande feito desse mensageiro e o percurso foi definido em quarenta quilômetros, desde Maratonas até o Estádio Olímpico de Atenas. Sem uma definição oficial sobre o percurso ou a duração desse tipo de corrida, cada cidade determinava a extensão do trajeto de acordo com critérios próprios. A distância oficial atual de uma maratona, 42.195 metros, foi oficializada em 1924 com base no percurso usado nas Olimpíadas de Londres em 1908.

Exausto, tomei um rápido banho e me deitei. No dia seguinte, se tivéssemos tempo, visitaríamos Olímpia e seguiríamos para a Albânia. Antes de dormir, Paulo tentou contato com Bruno e Lucas, que chegariam a qualquer momento na Alemanha e alugariam um carro para nos acompanhar no resto da viagem. No entanto, eles eram tão desorganizados que não tinham sequer avisado o dia exato da chegada. Sabíamos apenas que eles chegariam a Frankfurt e nos encontrariam em algum lugar da Europa. A princípio, eles alugariam um carro pequeno e seguiriam o nosso Santana branco até Londres. Mas, quando tivemos que sair da China sem o *Thunder Love*, Paulo enviou um e-mail pedindo que eles alugassem um carro grande para que fôssemos todos juntos para Londres. Em nenhum dos e-mails que nos enviaram depois disso, confirmaram que pegariam um carro maior nem onde ou quando nos encontrariam.

28
Olímpia Não Poderia Ficar de Fora

Segunda-feira, 9 de julho de 2012. Faltavam 18 dias para a abertura oficial dos Jogos Olímpicos de Londres. Já estávamos viajando há 38 dias, sem descanso. Mais uma vez o nosso ritual se repetia. Acordar cedo, arrumar as coisas e seguir para a próxima cidade. Dessa vez, o nosso destino era Olímpia, cidade onde surgiram os Jogos Olímpicos, inspiração da nossa expedição. Mas a tarefa não seria fácil, não havia ônibus direto de Atenas até lá. A cidade não estava no nosso roteiro original, mas como tínhamos ido até Atenas, que também não estava nos planos iniciais, não poderíamos deixar Olímpia de fora.

Seguindo instruções que encontramos na Internet, fomos até o terminal rodoviário central e embarcamos em um ônibus para Pirgos, 300 km a oeste. No meio do caminho, em uma estrada pouco movimentada, o motorista deu um grito para o cobrador, um senhor de cabelos brancos que estava sentado no fundo do ônibus. "Términe, termine", ele disse, e levantou a mão direita fechada com o polegar esticado para baixo. O motor apagou em seguida, e seguimos mais alguns metros no embalo até parar no acostamento. O senhor de cabelos brancos desceu com o telefone na mão, falou com alguém, desligou e fez outra ligação. Ainda com o telefone na orelha, foi até o meio da estrada e começou a balançar os braços para chamar a atenção de um ônibus que saía de um cruzamento duzentos metros à frente. O motorista do outro ônibus não nos viu, entrou na estrada na mesma direção que nós, virou a curva e desapareceu. Em seguida, uma mulher parou com um carro branco e falou com o cobrador. Ele entrou no carro da mulher e fez sinal para que ela fosse em frente. Ela arrancou e dez minutos depois o senhor de cabelos brancos voltou com o outro ônibus. Embarcamos e, por sorte, ainda havia lugar para irmos todos sentados.

Cinco horas depois de termos saído de Atenas, chegamos a Pirgos. O ônibus para Olímpia saía em cinco minutos, às quatro da tarde, só deu tempo de comprar um picolé antes de embarcar de novo. Mais quarenta minutos de estrada e descemos no centro da cidade, que tem apenas uma rua central onde se aglomeram restaurantes, agências de turismo, lojas e pequenos hotéis, tudo girando em torno da Antiga Cidade de Olímpia. Era uma segunda-feira, dia de pouco movimento. Caminhamos cerca de mil metros até o final da rua, viramos à esquerda, passamos por uma ponte e encontramos a entrada para o parque que abriga as ruínas sagradas do esporte.

Mas não poderíamos entrar com toda aquela bagagem. Estávamos carregando todos os nossos pertences porque depois seguiríamos para o norte da Grécia, onde tentaríamos arranjar transporte para a Albânia ainda para o mesmo dia. Foi preciso improvisar. Por sugestão do Edgar, escondemos nossas mochilas no meio do mato perto do parque e levamos conosco apenas o que era de valor, como de costume. Sempre que visitávamos algum lugar, Edgar carregava uma pequena mochila com o computador, dois tablets, passaportes, dinheiro e uma câmera. Eu levava outra mochila com as câmeras e um tripé, e Paulo era responsável por levar a tocha e a bola. Cobrimos as mochilas com galhos secos e capim atrás de uma árvore e fomos para o parque, que era o único ponto turístico aberto na cidade naquele dia. Todos os outros museus de Olímpia são fechados às segundas-feiras. Fiquei chateado com essa informação, mas pelo menos conheceríamos o berço dos Jogos Olímpicos e poderíamos correr com a nossa tocha no lugar mais sagrado do esporte e mais importante da nossa expedição. Pura ilusão! O porteiro, um senhor de cabelos brancos e camisa azul de mangas curtas, disse que não poderia permitir a entrada de nenhum brinquedo e confiscou a bola e a tocha. Senti um aperto no coração e fiquei sem reação. Já tínhamos viajado por quase quarenta dias e corrido com a

tocha em quase todos os lugares por onde havíamos passado, mas não poderíamos correr com ela ali.

No entanto, a decepção desapareceu por completo quando conhecemos as ruínas do lugar onde há mais de dois mil e quinhentos anos eram realizados os jogos em homenagem a Zeus, pai dos deuses do Monte Olimpo. Ao passar pelo mesmo corredor por onde, em busca de glória e respeito, entravam no estádio principal os atletas da antiguidade, senti o coração acelerando. Caminhando devagar até o centro daquele enorme campo de terra, imaginei uma multidão eufórica, torcendo aos gritos por seus heróis. Não havia arquibancadas ao redor, como eu imaginava, apenas um gramado inclinado que chegava a suportar até quarenta e cinco mil pessoas em dias de competição.

Em seguida, caminhando em meio a outras ruínas, encontramos o que já foi um dia o Templo de Zeus, local onde ficava uma enorme estátua de ouro considerada uma das sete maravilhas da antiguidade. Era ali que os atletas vencedores – apenas o primeiro colocado de cada modalidade – recebiam como prêmio uma fita de lã vermelha e uma coroa de ramos de oliveira, símbolo dos Jogos Olímpicos. Em outras cidades que também sediavam competições, a coroa dos vencedores era feita de ramos de diferentes árvores. Em Delphi, a coroa era de louro; em Coríntio, de pinheiro; e, em Nemea, de aipo selvagem. No entanto, o que mais seduzia os atletas, que não recebiam apoio financeiro algum do governo, era a glória suprema de se tornar um campeão Olímpico, o que simbolizava o conceito de excelência e perfeição esportiva.

Nas ruínas do Templo de Hera, vimos o local onde a chama olímpica é acesa a cada quatro anos através do reflexo do sol em um espelho parabólico. Depois de acesa, essa chama é transportada em uma tocha até a cidade sede dos Jogos, passando por diversos países antes de chegar ao destino final. Essas e outras ruínas que fizeram parte da cidadela sagrada foram soterradas ao longo dos séculos por terremotos, enchentes e tsunamis até serem redescobertas em 1766. As escavações que recuperaram as estruturas danificadas e as intactas só foram ini-

ciadas em 1829. Tudo o que foi recuperado se encontra no parque sob rígida vigilância dos funcionários.

Os diversos guias espalhados entre as ruínas tinham a função de orientar os visitantes e contar um pouco da história do lugar. Mas, como o movimento era muito pequeno naquele dia – apenas mais oito ou nove pessoas estavam ali além de nós – eles passavam a maior parte do tempo lendo ou conversando, sentados em bancos ou nos gramados.

Antes de me despedir de um lugar tão instigante, conhecemos o Palaestra, que era usado para treinamento de lutadores e outros atletas, e o Philippeion, único monumento dedicado a um humano, Philip II da Macedônia, pai de Alexandre o Grande.

Mesmo sem poder correr com a nossa tocha por entre as ruínas que serviram a tantos atletas na antiguidade, saímos com o Espírito Olímpico renovado, prontos para seguir viagem. O último ônibus de Olímpia para Pirgos sairia somente às sete e meia da noite, muito tarde para nós. Queríamos chegar a Pirgos antes das oito para pegar o último ônibus de lá para Patra, no norte da Grécia, de onde tentaríamos transporte para a Albânia. Resolvemos pedir carona na estrada, mas pouquíssimos carros passavam por ali. Depois de conversar com dois motoristas, arranjamos um taxista que nos levou até Pirgos por vinte Euros.

O ônibus saiu para Patra pontualmente às oito horas da noite e percorreu apenas estradas secundárias. Em nenhum momento o motorista pegou a estrada principal e demoramos quase duas horas para percorrer um trajeto de setenta quilômetros. Quando chegamos em Patra, descobrimos que não havia mais ônibus para qualquer cidade no norte da Grécia ou para o sul da Albânia naquele dia. Enquanto eu tentava encontrar um hotel barato nas redondezas, Edgar insistiu mais uma vez com o rapaz que vendia passagens. Para tentar nos ajudar, ele fez três ligações sem se preocupar com as outras pessoas que se mostravam impacientes na fila.

– Tem um ônibus que saiu de Atenas e que deve passar aqui hoje ainda. Vai pra Sarande, no litoral da Albânia – ele ofereceu.

A nossa sorte voltou! Sarande era a praia mais famosa do litoral da Albânia, exatamente a cidade que a gente queria ir. Pagamos vinte e dois Euros em cada bilhete e, como o ônibus só passaria ali por volta de onze da noite, teríamos ainda meia hora para fazer um lanche. Faltando cinco minutos para as onze horas, o atendente veio nos informar que o ônibus não passaria pela rodoviária, passaria apenas na entrada da cidade. E ele mesmo nos conseguiu um taxi por dez Euros. Depois disse pra gente entregar o recibo para o motorista do ônibus, que esperava por nós, e nos devolveria o dinheiro do taxi.

Quando chegamos ao local indicado o ônibus já estava nos esperando. Os passageiros estavam do lado de fora fumando ou conversando, e percebemos que ficaram contentes em nos ver chegar. Todos embarcaram rapidamente. O veículo estava lotado. Preparando-me para passar as próximas oito horas naquele assento, resolvi reclinar a poltrona. A senhora que estava atrás de mim, com pano colorido envolvendo os cabelos grisalhos e pele queimada do sol, deu um tapa na minha cabeça e, aos gritos, começou a sacudir meu banco. Não entendi uma palavra sequer do que dizia, mas percebi que ela não queria que eu reclinasse minha poltrona. Outros cinco passageiros que estavam ao redor começaram uma áspera discussão com ela em uma língua que parecia ser o grego. Ou seria Albanês? Eu sabia que falavam de mim, mas fiquei quieto, sem nem olhar para os lados. Se essa mulher começar a bater em mim, o que eu faço? Por vinte minutos eles ficaram discutindo, gritando ao meu redor. Fiz de conta que não era comigo. Coloquei meus fones de ouvido e fechei os olhos, mas sem reclinar a poltrona. Tentei dormir, mas foi impossível. A estrada era esburacada e cheia de curvas, e o motorista parecia estar com pressa. O ônibus sacudia de um lado para o outro e pulava feito um cabrito selvagem. Mais uma noite sem dormir direito. Eu já estava me acostumando a isso e tinha aprendido uma tática de guerra: quando puder dormir, durma; quando puder comer, coma.

Às três e meia da manhã, o motorista encostou o ônibus em uma fila na estrada e desligou o motor. Era a fronteira entre a Grécia e a Albânia e havia dez outros ônibus na nossa frente. Desci e fui dar uma caminhada pela área. Havia outra fila apenas para carros e vi um grupo de vinte pessoas ao redor da cabine onde era feito o controle de passaportes. De repente, um guarda começou a gritar com as pessoas, parecia que estava mandando se afastarem. Mas as pessoas não se moviam, diziam algo que eu não podia ouvir. Em seguida, outro guarda chegou gritando mais alto que o primeiro e sacou um revólver. Assustadas, as pessoas logo se afastaram. E eu também. Depois de mais alguns gritos e um pouco de discussão, os guardas se acalmaram. Sentei na calçada em frente a uma cafeteria para continuar observando o movimento. Às quatro horas, os passageiros do primeiro ônibus entraram na cabine de imigração e a fila de veículos começou a andar devagar.

Havia apenas dois ônibus na frente do nosso quando um homem todo vestido de preto, que parecia ser policial, saiu de dentro da guarita e começou a correr em direção à imigração da Albânia. Mais à frente, três homens com a mesma roupa preta seguravam um rapaz que se debatia. Não sei como e nem porque eles agarraram o rapaz. Mas imagino que ele fez alguma bobagem porque o policial que estava correndo chegou perto e deu uma bofetada na cara dele. O rapaz não se acalmou, gritou algo e levou mais duas bofetadas, uma de cada lado do rosto, antes de ser levado para dentro de outra guarita sob os olhares atentos dos curiosos de plantão. Sem saber o que estava acontecendo, voltei para a minha poltrona. Meia hora depois, chegou a nossa vez. Passamos pela imigração de saída da Grécia e voltamos para o ônibus. Mais adiante, um policial Albanês recolheu os passaportes em uma caixa de madeira e saiu. Dormi, não sei por quanto tempo, e acordei quando o motorista arrancou. Enquanto seguíamos pela estrada, uma moça passou devolvendo os passaportes já carimbados. Escorei a cabeça na poltrona, liguei meu Ipod e dormi ao som de 'Sweet Child o' mine', do Guns N' Roses. O ônibus continuava sacolejando, mas eu estava tão cansado que nem dei bola.

Às seis e meia da manhã, horário da Albânia – uma hora a menos que na Grécia –, chegamos a Sarande. Encontramos um hotel, largamos as coisas no chão do quarto e fomos direto para as camas. Dormi com a roupa do corpo mesmo. Ao acordar, às nove e meia da manhã, percebi que a torneira da pia e o chuveiro não funcionavam e tivemos que trocar de quarto. Saímos para comer algo e passamos a maior parte do dia na praia, nadando no mar calmo de águas cristalinas que se estendia em frente ao hotel.

O Bruno e o Lucas, amigos que estavam vindo do Brasil para nos acompanhar, já deviam estar na Alemanha e a qualquer momento nos encontrariam com um carro. Mas, como eles ainda não tinham telefonado ou mandado e-mail, não sabíamos exatamente o dia, e onde os encontraríamos. Por conta disso, decidimos continuar subindo pelo litoral do Mar Adriático em direção ao norte. Se eles demorassem mais alguns dias, acabaríamos passando por três países que não estavam no nosso roteiro inicial, Montenegro, Croácia e Bósnia.

A nossa segunda parada na Albânia foi em Golem, no litoral norte, única praia do país que tem faixa de areia. Todas as outras praias do país, inclusive a que tínhamos estado no dia anterior, eram de pedra. E foi lá, na faixa de areia próxima ao hotel, que voltamos a jogar futebol. Foi uma partida rápida, contra três garotos locais. Vencemos por um a zero e continuamos invictos. Outros rapazes que jogavam ali perto em um campo maior também nos convidaram para uma partida. Só que a gente já tinha assistido um pouco à partida deles e vimos que levavam o jogo entre eles muito a sério, um dos jogadores já havia saído do jogo, machucado, e em várias outras jogadas, alguém dava um grito de dor, após uma pancada. Quebrar uma perna ou um braço era algo que queríamos evitar a qualquer custo, por isso recusamos o convite.

29
Vocês São da Interpol?

DEPOIS DE LUTAR contra a invasão dos nazistas durante a Segunda Guerra Mundial, a Albânia tornou-se um país comunista e passou por décadas de prosperidade econômica e social até 1992, quando o Partido Democrático venceu as eleições nacionais. Desde então, o país tem passado por crises financeiras e políticas e ainda abrigou milhares de refugiados da Guerra do Kosovo. Em 2012, a Albânia recebeu 4,2 milhões de turistas estrangeiros, um acréscimo de 840% em relação a 2005, graças ao baixo custo de vida em relação ao resto da Europa. A maior parte desses turistas tinha como destino o litoral, por isso as praias que visitamos estavam tão cheias.

A nossa passagem por Tirana, capital do país, foi rápida. Fundada em 1614 pelo Império Otomano, a cidade se tornou capital da Albânia em 1920 e tem hoje pouco mais de seiscentos mil habitantes. Apesar de ser o centro cultural, político e econômico do país, não tínhamos muito tempo para visitá-la e pretendíamos cruzar para Montenegro ainda no mesmo dia. Embarcamos em um ônibus lotado cujas janelas não abriam e o ar condicionado estava com defeito. Pelo menos conseguimos as últimas poltronas vagas e viajamos sentados durante as três horas do trajeto. Outras pessoas não tiveram a mesma sorte e ficaram de pé ou sentadas no chão escoradas umas às outras. Para amenizar o calor, o motorista mantinha as portas abertas mesmo nos trechos em que dirigia em alta velocidade. Logo que descemos do ônibus, no centro de Shkoder, encontramos o Ben, um taxista ilegal que cobrou cerca de sete dólares para nos levar até a fronteira com Montenegro. Ele falava inglês e, enquanto mostrava as belas paisagens que acompanhavam a estrada, contou-nos um pouco de sua vida.

– Fui jogador de futebol até os dezenove anos e aprendi inglês por causa do técnico, que dizia que seria bom para a nossa carreira. Mas veio a guerra e de jogador e passei a ser um refugiado, nunca mais joguei. Hoje vivemos na miséria e penamos para sobreviver. Nenhum dos meus amigos que jogava futebol conseguiu seguir a carreira. Hoje, quase todos atravessam a fronteira de manhã para trabalhar em Montenegro, porque o salário lá é bem melhor.

Sentado no banco atrás do Ben, liguei a pequena câmera para gravar um pouco daquele depoimento tão emotivo. Seria um excelente material para o nosso documentário. Mas, quando viu que eu estava filmando, ele ficou nervoso, pediu que eu desligasse a câmera e parou de falar por alguns minutos. Ameaçou até parar o carro. Em silêncio, ficava me olhando a todo instante pelo retrovisor interno.

– Vocês são da polícia? São da Interpol? – perguntou.

– Não, não se preocupe, somos apenas turistas – respondeu Edgar, e mostrou que eu tinha desligado o equipamento.

Mais tranquilo, mas ainda desconfiado, ele conversou mais um pouco e explicou que trabalhava como motorista há mais de dez anos em Shkoder, onde morava com a mulher e os dois filhos, e que tinha comprado aquele carro há apenas dois meses. Como não tinha licença para trabalhar como taxista, nos deixou um pouco longe da cabine de imigração.

Ao entrarmos no pequeno e novíssimo prédio da imigração, vimos uma placa indicando que aquela construção, um posto fronteiriço conjunto de Albânia e Montenegro, tinha sido doado pela União Europeia. Policiais dos dois países trabalhavam lado a lado, separados apenas por uma mesa. O rapaz do lado Albanês pegou nossos passaportes, passou-os por um leitor ótico e entregou-os ao funcionário montenegrino. Dei um passo para o lado para recolher os documentos e já estava em outro país. Nem pediram para revistar as bagagens. Éramos os únicos turistas atravessando a pé.

Do outro lado, encontramos um taxista que pediu vinte e cinco

Euros para nos levar até Ulcinj, primeira cidade de Montenegro, cerca de trinta quilômetros dali. Tentei negociar, mas ele estava irredutível, sabia que era o único taxista ali e que não havia outra maneira de seguirmos viagem. Ele só não contava com a nossa sorte. Enquanto eu conversava com ele, Edgar encontrou um senhor que tinha acabado de deixar um passageiro na fronteira e que topou nos levar até a estação rodoviária de Ulcinj por doze Euros. Menos da metade do valor. Seguimos com o homem que não falava inglês, mas era fluente em alemão e ficou muito contente em saber que éramos brasileiros. Logo que deixamos a imigração para trás, ele encostou em frente a um bar e pegou uma cerveja.

– Mas aqui pode beber enquanto dirige? – Perguntou Edgar em alemão, apontando para a garrafa.

– Quem é motorista profissional não pode beber, mas os motoristas normais podem tomar até uma cerveja por dia. Se eu for pego, passo pelo menos vinte e quatro horas na cadeia e pago uma multa que varia de duzentos a dois mil Euros, dependendo do teor alcoólico. Mas eu não me importo, gosto de beber, especialmente quando faz calor. Quando estou dirigindo, tomo três ou quatro por dia. Mas, quando estou em casa, tomo mais de doze. Nesse calor não tem como não tomar pelo menos uma. Água faz mal, não tem gosto de nada, e você bebe e fica inchado, a cerveja não. O pessoal anda muito estressado hoje em dia e não aproveita a vida – ele tomou o último gole e guardou a garrafa embaixo do banco.

– E por que você fala alemão? – perguntou Paulo.

– Vinham muitos turistas alemães para cá vinte anos atrás. Aprendi com eles. Mas depois da guerra, pararam de vir. Hoje, são poucos. Não tenho falado muito alemão ultimamente. Antigamente, na escola, aprendíamos russo, sérvio e o albanês. Hoje em dia dá pra escolher alemão, francês ou italiano. A Iugoslávia ia bem até chegar o Milosevic, aí começou a decair – lamentou.

Slobodan Milosevic foi presidente da Sérvia de 1989 a 1997, e da República Federal da Iugoslávia de 1997 a 2000. Ele morreu em 2006 após cinco anos preso por crimes de guerra mas não chegou a ser condenado porque morreu antes que o julgamento terminasse. Para muitos sérvios, ele é considerado o nacionalista que defendeu o país contra as potências da OTAN. Para outros, não passa de um ditador sanguinário e genocida que levou a Iugoslávia a uma série de guerras civis. Uma controvérsia que até hoje esquenta tanto discussões de mesa de bar quanto teses acadêmicas.

Enquanto nos guiava por uma estrada que cortava algumas montanhas e áreas com vegetação abundante, o motorista continuava falando sobre o país e sobre sua vida pessoal. Contou que tinha três filhas, uma de dezessete, uma de vinte e sete e outra de trinta e sete anos, e dois netos. Viviam todos numa casa de duzentos e cinquenta metros quadrados em um terreno com o dobro desse tamanho. Em seguida, disse que a praia ficava atrás da montanha para a qual ele apontava e se ofereceu para nos levar até lá. Por mais treze dólares, ele nos esperaria alguns minutos para que tirássemos fotos e nos deixaria depois na rodoviária. Mas, como o tempo estava curto e queríamos chegar logo a Budva, praia mais famosa do país, optamos por ir direto para a rodoviária.

O trajeto de Ulcinj a Budva foi um dos mais espetaculares da expedição. Oitenta quilômetros por uma estrada muito bem conservada e rodeada por montanhas verdejantes que mergulhavam no mar de águas azuis. De cima de uma das montanhas, pudemos avistar Budva à beira do mar, repleta de construções antigas erguidas ao longo de estreitas vielas. O que mais chamou a atenção, no entanto, foi um castelo medieval erguido em uma pequena ilha de pedra há poucos metros da orla. Não tínhamos muita informação sobre Budva, sabíamos apenas que era a praia mais famosa do País. Mais tarde, descobrimos que a cidade tinha uma das mais agitadas vidas noturnas do litoral europeu. Sem querer, havíamos chegado a um lugar onde a diversão era garantida.

Perto da região dos bares, encontramos uma pousada onde pagaríamos dezoito Euros por pessoa para duas noites. Era uma casa grande, de três andares, muito bem organizada, e que exalava um constante aroma de lavanda. Maia, a senhora que nos abordou na rua para oferecer hospedagem, nos levou pelas escadas até o último piso, no que parecia ser um sótão, e mostrou um pequeno e aconchegante quarto. O teto era baixo, precisávamos andar encurvados e com a cabeça abaixada para chegar até as camas. Mas, como pretendíamos passar o dia na praia e a noite nos bares, isso não seria um problema.

– A festa aqui na região é muito boa. E vocês podem trazer mulheres pra cá à noite, não tem nenhum problema – ela disse, enquanto nos entregava duas cópias da chave, e nos apresentou a filha de dezesseis anos que a ajudava a cuidar do lugar.

– A casa é da minha mãe e do meu tio, foi herança do meu avô. Metade dos quartos nós alugamos para ajudar minha mãe. A outra metade é do meu tio. Então, se tiveram qualquer problema ou precisarem de algo, podem falar comigo ou com a minha filha – ela explicou ao mostrar as duas cozinhas separadas que ficavam no pátio atrás da casa, cada uma virada para um lado e com uma sacada própria.

Finalmente! Aleluia! Paulo recebeu um e-mail do Lucas e do Bruno dizendo que já tinham chegado à Alemanha e alugado um carro. Eles nos encontrariam nos próximos dias para nos acompanhar até Londres. Dali em diante, não precisaríamos mais pegar ônibus ou ficar procurando táxis. Não deram certeza do lugar exato onde nos encontrariam, mas passamos um roteiro completo dos dias seguintes e ficamos de informar por e-mail o endereço dos hotéis onde fôssemos nos hospedar. O sótão da Dona Maia tinha ainda outro quarto com duas camas e um banheiro e, caso eles chegassem no dia seguinte, poderiam ficar ali.

Afinal, será que conseguiríamos nos divertir para valer naquela noite? Depois de quarenta e um dias de viagem, merecíamos um pouco de diversão. Principalmente porque não precisaríamos viajar cedo no dia seguinte.

Saímos para desbravar a região após o jantar, e encontramos quatro bares grandes e muito movimentados, perto da praia. Na frente de cada um, mulheres em trajes justos tentavam convencer os jovens que aquele era o melhor lugar para beber e conhecer mulheres bonitas. Entramos em todos, é claro, para conhecer, mas ficamos mais tempo no Miami, o mais animado. Fiquei impressionado com a quantidade de mulheres caminhando ou bebendo em grupos. Pouco antes das duas horas da manhã, a música acabou em todos os bares e os garçons pararam de vender bebidas. Vimos todas aquelas pessoas saindo dali e conversamos com algumas para saber quais lugares ainda estavam abertos. Um casal nos falou que o melhor lugar àquela hora seria a Top Rio, que ficava no alto de uma das montanhas que rodeavam a cidade. Entramos em um táxi e seguimos o intenso fluxo de carros que subia na mesma direção. Entramos na boate, que era enorme e tinha um palco para grandes shows, mas ficamos menos de meia hora. O lugar estava apenas com cerca de 30% da lotação máxima e as pessoas não pareciam estar se divertindo. Dançavam discretamente ao redor de pequenas mesas com suas bebidas. Para economizar, descemos o morro a pé, e depois de meia hora de caminhada, chegamos à pousada. Enquanto me preparava para dormir, bati duas vezes com a cabeça no teto. Edgar, três. Antes de pegar no sono, fiquei pensando no nosso roteiro para os próximos dias. Estávamos atrasados em relação ao roteiro original e, se nossos amigos não nos encontrassem em dois dias, a Expedição ficaria ameaçada.

30
Budva, uma Cidade Medieval em Montenegro

Em 1918, Montenegro passou a fazer parte da Iugoslávia, uma federação socialista que abrangia ainda Sérvia, Croácia, Macedônia e Bósnia e Herzegovina. Com a dissolução do país, em 1992, Montenegro permaneceu aliada à Sérvia para a formação da República Federal da Iugoslávia. Em 2002, no entanto, depois de duras negociações, o país passou a se chamar Sérvia e Montenegro e adotou o Euro como moeda oficial. Mas esse nome não durou muito. Um referendo popular realizado em 2006 decidiu, com 55% dos votos, pela independência de Montenegro. Por causa das belezas naturais e do baixo preço dos alimentos e dos aluguéis, o litoral montenegrino é muito visitado por turistas estrangeiros, especialmente os Sérvios, que já começavam a lotar as praias naquele primeiro fim de semana das férias de verão da Europa.

Durante o dia, enquanto as pessoas tomavam banho de sol em cadeiras alugadas ou sobre suas toalhas em Budva, subimos em um barco para conhecer as ilhas da região. Ficamos conversando no deck superior, onde algumas meninas tomavam banho de sol em seus biquínis, durante todo o passeio. Depois de dar uma volta perto da praia onde estávamos, o barco seguiu para o sul e se aproximou do castelo que tinha sido construído sobre uma ilha de pedra, o mesmo que eu tinha visto pela janela do ônibus no dia anterior. As paredes do castelo tinham sido erguidas com pedras idênticas às da base da ilha, era difícil perceber o que fazia parte do terreno e o que fazia parte da constru-

ção. Tentamos conversar com duas russas sentadas perto de nós, mas elas não falavam inglês e não rolou muita interação. Dois meninos de quinze anos, um moreno e um loiro, eram os tripulantes responsáveis por entreter os visitantes. Além de contar um pouco da história da região, explicavam o trajeto que fazíamos e contavam algumas piadas.

– A próxima parada é na ilha Hawaii. Vocês podem ficar cinco minutos e voltar conosco, ou voltar com o último barco, que sai às seis da tarde – explicou o loirinho com pele queimada do sol.

– Mas não podem perder o das seis, porque é o último e não tem hospedagem na ilha – disse o outro.

Optamos por ficar ali, teríamos uma hora para conhecer a pequena ilha. Havia apenas uma quadra de vôlei de praia ao lado do píer onde descemos e alguns restaurantes que fechavam às seis horas. Escalamos um paredão de pedra de mais de vinte metros de altura para ter uma vista melhor enquanto outros dois barcos encostaram ao lado do nosso trazendo mais turistas. Depois do paredão havia uma pequena subida de terra, de onde pudemos ver quase toda a ilha e a orla de onde tínhamos saído. Em outras pedras perto dali, alguns jovens se aventuravam em saltos no mar a mais de dez metros de altura. Tive vontade de ir até lá dar um mergulho, mas perderia muito tempo até descer do morro onde estávamos e chegar àquelas pedras. Outra vez lá embaixo, enquanto mergulhávamos e jogávamos futebol sobre algumas pedras perto da água cristalina, vimos quatro mulheres tomando banho de sol com os seios à mostra. Muito comum em praias da Europa, o topless era uma raridade para nós brasileiros. O vento começou a soprar com mais força e decidimos voltar para o barco, em breve partiríamos. No caminho, quase fui atingido por um guarda sol que passou voando, levado pelo vento. Edgar, que estava mais à frente, conseguiu segurá-lo e devolveu-o à mulher que veio correndo exibindo seios nus. No trajeto de volta até Budva, ficamos conversando com o garoto loirinho enquanto o outro batia papo com uma russa. Na chegada à praia, o moreninho tentou beijar a menina, que devia ser uns oito anos mais velha que ele. Rindo, ela se esquivou. Ele, então, passou o braço por trás do pescoço da moça, puxou-a com força e tentou beijá-la de novo. Mais uma vez, ela foi mais rápida e conseguiu se esquivar. Enquanto ele falava algo em russo, ela e a amiga desceram e seguiram rindo pelo píer.

– Dessa vez foi quase, mas as russas gostam disso – ele disse ao ver que a gente o observava, e voltou para dentro do barco.

O sol ainda estava alto e resolvemos caminhar em direção ao centro histórico, que ficava na outra ponta da praia, mais ao norte. Um dos principais pontos turísticos de Budva, a cidade antiga é uma pequena vila cercada por um muro de pedra, praticamente uma fortaleza. Na praça em frente ao portão principal, onde havia grande concentração de bares e restaurantes, encontramos um palco com muita iluminação onde alguns artistas passavam o som. Ao redor, outros profissionais trabalhavam para organizar câmeras, as cercas que protegiam o palco e as cadeiras colocadas em uma área reservada em frente ao palco. O espetáculo prometia. Após o jantar, voltaríamos ali para acompanhar algumas apresentações.

Passamos pelas mesas dos restaurantes que cercam a praça e entramos na cidade, que tem 3.500 anos e é uma das mais antigas da

costa do Mar Adriático. Depois de passear entre algumas vielas rodeadas de construções medievais de pedra, erguidas lado a lado em estilo veneziano, subimos no muro para ver a vila de cima. Ao pesquisar sobre a história do lugar, descobrimos que a cidade antiga de Budva havia sido destruída por um terremoto em 1979. A reconstrução, que seguiu em detalhes o estilo original, demorou cerca de oito anos para ser concluída.

Já estava escurecendo quando voltamos ao hotel. Vários casais e garotas bem vestidas caminhavam em direção ao centro histórico. Dona Maia explicou que haveria um grande show com artistas nacionais para celebrar o dia de Montenegro, 13 de julho, data em que o país foi reconhecido pelo Congresso de Berlim, em 1878, como o vigésimo sétimo estado independente do mundo. Como tínhamos comido apenas salada no almoço, estávamos com fome e preparamos uma refeição consistente: arroz com cogumelos, salada e frango grelhado.

Bebemos mais uma garrafa de vinho e algumas cervejas, tomamos banho e saímos em direção ao palco do festival às dez e vinte da noite. No caminho, ainda compramos mais umas cervejas.

A praça em frente à cidade antiga, onde ficava o palco, estava completamente tomada por famílias e grupos de jovens e adolescentes, moradores locais e turistas. Assistimos a algumas bandas cantando em uma língua que não entendíamos e depois fomos até aquela rua de bares que tínhamos ido na noite anterior. Tomamos mais algumas cervejas no bar Miami e depois fomos até uma boate chamada Trocadilho, que ficava ali perto e estava vazia. Não demos sorte! De novo! Voltamos para a pousada às duas e meia da manhã. No dia seguinte seguiríamos para Dubrovnik, na Croácia.

Pela manhã, Bruno e Lucas ainda não tinham entrado em contato, não tinham respondido o último e-mail nem telefonado. Eles sabiam que ao meio dia iríamos para Dubrovnik, na Croácia, e sabiam que eu estava com um telefone do Brasil funcionando para receber chamadas. Se eles não nos encontrassem logo, precisaríamos alterar o roteiro para chegar a tempo da abertura dos Jogos Olímpicos de Londres e não conseguiríamos passar em todos os países que tínhamos programado.

Ainda durante o café da manhã, começamos a discutir as alternativas. Poderíamos continuar de ônibus e trem, o que nos tomaria mais tempo, ou alugar um carro, que sairia mais caro.

Pouco antes de sairmos para a Croácia, recebemos um e-mail do Bruno perguntando se não queríamos encontrá-los em Split, no norte da Croácia, no dia seguinte. Se fôssemos até lá, no entanto, teríamos que seguir para o norte já que não poderíamos cruzar pela Sérvia, único país da Europa que ainda exigia visto para brasileiros. Assim, deixaríamos de passar na Bósnia e Herzegovina, Macedônia, Bulgária e Romênia. "Nos encontrem em Dubrovnik amanhã. Não demorem, precisamos chegar a Londres no prazo", escreveu Paulo no e-mail.

Às duas horas da tarde, embarcamos em um ônibus executivo rumo à Dubrovnik. A passagem custou vinte e sete Euros por pessoa e ainda cobraram mais um Euro por cada mochila deixada no bagageiro. Pouco antes da partida, uma menina que carregava uma enorme mochila nas costas pediu ao motorista para colocar uma bicicleta no bagageiro. Sem dar muita atenção à ela, nem verificar se poderiam mover algumas malas para abrir espaço, o motorista e o cobrador disseram que não seria possível. Irritada e com os olhos cheios d'água, ela jogou a mochila no chão e saiu correndo. Pouco depois, voltou acompanhada de um homem que eu já tinha visto na cabine de atendimento da empresa. Ele olhou o bagageiro, mexeu em algumas malas, olhou para a bicicleta, olhou para a menina e disse algo para o motorista. Sem muita vontade, demonstrando que estava contrariado, o motorista colocou a bicicleta no bagageiro. A moça se ajoelhou na frente do gerente, pegou na mão dele e disse algumas palavras. Pelo visto, queria muito ir para a Croácia.

Como não havia lugar marcado, sentamos no andar de baixo, onde havia mesas que usamos para preparar alguns sanduíches. Durante quase todo o trajeto, fomos acompanhando a costa, com aquele mar azul. Uma vista encantadora, de tirar o fôlego. Eu não teria problema algum em morar naquela região.

Na imigração, um policial entrou no ônibus, pegou os passaportes e conferiu as fotos para ter certeza que estávamos entregando os documentos corretos. Menos de dez minutos depois, o motorista voltou e devolveu os passaportes já carimbados. Uma hora depois, às cinco e meia da tarde, chegamos à estação rodoviária de Dubrovnik. Diversas pessoas esperavam do lado de fora mostrando fotos de casas, pousadas e hotéis. "Esse é o melhor lugar e o mais barato", diziam todos em inglês. Uma senhora idosa, de cabelos brancos envoltos em um pano colorido, era a única que continuava sentada em um banco, apenas observando. Nas mãos, um papel com duas fotos de uma casa. Parecia que queria oferecer hospedagem, mas não tinha coragem. Devia ser porque não falava inglês. A maioria pedia cerca de vinte Euros por pessoa, mas o Nick, um rapaz de vinte e poucos anos e fluente em inglês, me ofereceu um quarto por dezessete Euros por pessoa. O Edgar já tinha dado uma caminhada ao redor da rodoviária e comprovado que não havia hospedagem por perto. Aceitamos. Não fazia sentido perder mais algumas horas em busca de um desconto de dois ou três Euros. A casa ficava no alto de um morro perto da rodoviária, chegamos em menos de quinze minutos. Ele nos levou até o quarto, que ficava ao

lado do pátio central, e mostrou a cozinha que ficava dentro da casa. Ao lado da nossa porta havia uma churrasqueira portátil e uma pilha de lenha, equipamento suficiente para prepararmos um churrasco. Como bom gaúcho, vocês não imaginam a minha alegria ao perceber que eu poderia assar uma carne. Churrasco era a minha especialidade. Com o que sobrasse da carne, ainda poderíamos preparar um carreteiro no dia seguinte. Que alegria!

Enquanto passeava pela praia ao final da tarde, tudo o que eu pensava era em comprar um suculento pedaço de carne e colocar fogo naquela lenha. Crianças e adultos tomavam a orla, que era formada por pedras de diversas cores que iam do laranja ao preto. Dentro d'água, porém, as pedras era maiores e mais pontiagudas. Depois de um rápido mergulho, seguimos caminhando até encontrar a cidade murada, principal ponto turístico e histórico de Dubrovnik e uma das dez cidades medievais mais bem conservadas do mundo.

O muro, que fora erguido para proteger a cidade, tem quase dois quilômetros de extensão e uma altura que varia entre quatro e seis metros. As construções são tão bem conservadas que algumas partes foram usadas como cenário para representar a fictícia 'King's Landing' na série de TV 'Game of Thrones'. Durante o passeio pelo muro e pelas vielas internas, encontramos dezenas de turistas, inclusive brasileiros. Além de igrejas e prédios bem conservados, a cidade histórica estava repleta de restaurantes e lojas, um verdadeiro centro de compras num dos lugares medievais mais bonitos do mundo.

Durante a guerra de independência da Croácia, em 1991, Dubrovnik foi cercada pelo exército iugoslavo e suportou os ataques inimigos por sete meses, até que foi libertada pelo exército croata. Durante a guerra, 56% das construções da cidade, que é Patrimônio Mundial da Unesco, foram avariadas. A reconstrução seguiu rigorosamente os detalhes originais e se mantém muito bem conservada desde então.

Ao caminhar pelo lado de fora do muro, vimos o sol se pôr. A coloração avermelhada do céu no horizonte deixou a silhueta da cidade ainda mais charmosa. Na volta, passamos num mercado e compramos quase dois quilos de carne, verduras e cerveja. Felizes por poder preparar um churrasco, não prestamos atenção no caminho que estávamos percorrendo e nos perdemos. Quarenta minutos depois de deixar a cidade murada, e após várias consultas ao mapa, chegamos à pousada. Enquanto os dois tomavam banho, acendi o fogo na churrasqueira e comecei a preparar o nosso jantar. A carne que deveria servir cinco pessoas normais foi completamente devorada junto com uma bacia grande de salada. Cansados de tanto caminhar durante o dia, decidimos não sair àquela noite. À uma e meia da manhã, depois de tomar várias cervejas e sem nenhuma notícia de nossos amigos brasileiros, encerramos o jantar e nos preparamos para dormir. Enquanto Edgar e Paulo lavavam a louça, fui tomar banho. Eu não conhecia o Bruno nem o Lucas pessoalmente, apenas através de e-mails e telefonemas, e não sabia se podia confiar neles. Não sabia se eles realmente estavam empenhados em nos encontrar para se engajarem na Expedição Olímpica ou se estavam se divertindo pelo caminho, parando nas praias durante o dia e indo a festas à noite. O que mais me preocupava, no entanto, era a falta de informação. Quando planejamos a expedição, um ano antes, combinamos que eles alugariam um carro pequeno na

Europa e nos acompanhariam nas últimas duas semanas de viagem, seguindo o *Thunder Love* de perto. Mas, como nosso carro tinha ficado preso na fronteira da China, Paulo pediu para que eles alugassem um carro maior para podermos ir junto. Até então, eles não tinham sequer avisado se tinham conseguido ou não um carro maior. Preocupado, ainda tomei mais uma cerveja antes de me jogar na cama.

Ao acordar, às oito horas da manhã, checamos se Bruno e Lucas tinham enviado notícias. Mas não. Nada. Nenhum e-mail, nem telefonema ou mensagem no celular. Tentamos ligar para o telefone do Lucas. Estava desligado.

– Vamos embora de uma vez. Vamos alugar um carro e seguir viagem só nós três. Esses dois estão de sacanagem, sabem que a gente tem um prazo para chegar em Londres, mas parece que não estão nem aí – eu disse, irritado com a falta de informações.

– Melhor seguir de ônibus. Como vamos devolver o carro depois? – perguntou Paulo.

– Mas de ônibus vai demorar mais ainda, vamos ter que cortar vários países – completou Edgar.

– Acho que o mais importante nem é decidir o meio de transporte, mas decidir se vamos esperá-los ou se vamos seguir sem os dois – eu disse, já colocando minhas coisas dentro da mochila. – A gente faz um levantamento de preços de aluguel de carros e de passagens de ônibus, de distâncias entre as cidades que queremos passar, do custo pra trazer o carro de volta, ou se podemos devolvê-lo em Londres, e decidimos o que fica melhor.

Antes de tomar café, enviamos mais um e-mail para eles dizendo que alugaríamos um carro e que, se quisessem nos acompanhar, entrassem em contato para marcar um local e uma data. Não podíamos mais ficar esperando.

Visitamos algumas locadoras, mas o carro mais barato que encontramos custaria quarenta Euros por dia, caríssimo para o nosso orçamento. Voltamos para a pousada e, enquanto discutíamos o que fazer, recebemos um e-mail do Lucas afirmando que chegariam a Dubrovnik no final do dia. Mesmo com a boa notícia, eu estava estressado demais para comemorar. Mesmo que eles chegassem naquele dia ainda, precisaríamos seguir viagem em seguida para não perder tempo e passar em todos os países que a gente queria. Pelo menos já tínhamos passado em dois países que não estavam no roteiro inicial, Montenegro e Croácia, e acrescentaríamos Bósnia e Herzegovina. Se cumpríssemos o resto do cronograma, teríamos passado por vinte e oito países no total.

Para relaxar, resolvemos fazer mergulho e levar a tocha para um passeio submarino. Edgar e eu já tínhamos mergulhado algumas vezes, mas Paulo ainda não. Para irmos todos juntos, optamos pelo passeio mais básico, o 'Discovery Scuba'. Antes de sair, deixamos as malas já prontas trancadas no quarto e fomos de van até o hotel onde estava a operadora de mergulhos. Como eles davam 25% de desconto para quem já tinha certificação de mergulho, Edgar mentiu. Disse que já possuía a carteirinha, mas que tinha deixado em casa.

– Não tem problema, me dê seus dados completos que vou pesquisar no sistema – disse o rapaz que nos atendeu.

Edgar escreveu o nome completo em um papel mas o rapaz, por razões óbvias, não encontrou nenhum registro nos arquivos da PADI (Associação Profissional de Instrutores de Mergulho, na sigla em inglês).

– Sabe como é, as coisas são muito desorganizadas no Brasil. Devem ter feito algo de errado na hora de me cadastrar – mentiu Edgar mais uma vez.

– Você tem certificação mesmo? Posso confiar em você?

– Claro, pode confiar – afirmou Edgar.

– Posso confiar nele? – o rapaz me perguntou.

– Pode sim – confirmei a mentira.

Eu não tinha outra opção, não entregaria meu amigo naquela hora. Afinal, faríamos apenas um mergulho básico, nenhuma habilidade especial seria necessária. Depois, o rapaz nos levou até um deck que ficava sobre as pedras à beira do mar e nos apresentou à instrutora, Dora.

– Quantos mergulhos já fizeram? – ela perguntou.

– Doze – mentiu Edgar, novamente, que já devia ter feito três ou quatro, no máximo.

– Seis – eu disse.

– Sou virgem – respondeu Paulo, ela riu.

Em seguida, ela nos levou até uma sala e nos entregou os equipamentos que usaríamos: tanques de ar, mangueiras, roupas de neoprene, pés de pato e máscaras. Depois que estava tudo pronto e testado, ela colocou um quadro branco sobre a mesa e começou a dar as explicações básicas sobre pressão atmosférica na superfície e no fundo do mar, os sinais que precisaríamos usar embaixo d'água, a melhor maneira de tirar água de dentro da máscara e como inflar e desinflar o colete. Durante todo o processo, Edgar encheu a garota com piadinhas infames e cantadas baratas. Cheguei a ficar com vergonha alheia dele. Eu já tinha percebido que ela não estava de bom humor e as brincadeiras do meu amigo só estavam piorando a situação. Depois, assinamos um documento afirmando que ela tinha passado todas as instruções e que faríamos tudo exatamente como ela mandasse. Um pouco contrariada, ela concordou em nos deixar levar a tocha.

— Bom, vamos fazer um passeio de setenta minutos. Primeiro, vamos até o fundo, que fica há cinco metros de profundidade, onde tem

uma âncora. Depois vamos fazer exercícios de retirar a água de dentro da máscara e de inflar e desinflar o colete.

– Ok – respondemos e nos atiramos na água.

Com uma máquina fotográfica à prova d'água, Dora fez alguns vídeos e tirou fotos enquanto mergulhávamos com a tocha. Passamos por bancos de areia, vimos poucos peixes e muita vegetação subaquática, cruzamos por cavernas onde não ousamos entrar e voltamos para o ponto de partida. O sol estava alto, não havia nuvens no céu, a água estava clara e tínhamos um campo de visão de mais de trinta metros de distância.

Depois de ajudar a Dora a lavar as roupas e o equipamento, ligamos para o hotel e descobrimos que Bruno e Lucas tinham finalmente chegado na pousada, de onde já tinham saído para nos buscar. Dez minutos depois, vi uma van escura se aproximando do portão. Pareciam duas crianças pulando dentro do carro, sem camisa e balançando os braços na janela.

Eu estava feliz por encontrá-los e por ver que tinham conseguido um carro grande, com capacidade para nove pessoas. A viagem dali

em diante seria mais confortável e havia até espaço para darmos carona. Depois de um mês e meio viajando apenas nós três, era bom ter mais gente para dividir as experiências. Bruno e Lucas tinham acompanhado a nossa viagem pela Internet, mas as melhores histórias ainda não tinham sido publicadas e teríamos muito o que conversar naquele primeiro dia de viagem juntos.

Teríamos que partir em seguida para tentar chegar a Skopia, capital da Macedônia, o quanto antes. A viagem era longa e eu sabia que só chegaríamos lá no dia seguinte. Mas queria viajar o máximo possível antes de dormir. Ainda sem ter noção da nossa pressa, Lucas insistiu para que ficássemos o resto do dia na praia, curtindo o sol. Contendo a ansiedade dos dois, embarcamos na van, eu dirigindo e Paulo de copiloto, e seguimos até o alto de uma montanha onde era possível ver Dubrovnik de cima. Com o Lucas ainda pedindo para irmos à praia, partimos em direção à fronteira com a Bósnia e Herzegovina, a apenas quinze quilômetros dali. Pretendíamos cruzar Montenegro e um pedaço da Albânia ainda naquela noite e entrar na Macedônia.

Passamos pela imigração da Croácia sem problema, mas perdemos meia hora na da Bósnia porque Bruno tinha um passaporte antigo, diferente dos nossos, e que venceria em um mês. Com um pouco de conversa, resolvemos a situação e chegamos a Trebinje, uma pequena cidade com mais de mil anos de história. Estava começando a escurecer e decidimos visitar os principais pontos turísticos antes de jantar. Fomos até a Catedral da Transfiguração de Deus, que faz parte da Igreja Ortodoxa Sérvia e fica bem no coração da cidade. Dali, fomos até o centro histórico, onde jogamos um pouco de futebol e corremos com a tocha sob os olhares curiosos dos moradores.

– Nunca vi tanta mulher bonita num lugar só – comentou Edgar enquanto caminhava olhando para os lados.

Realmente, a cidade estava tomada por mulheres de todas as idades e que andavam em grupos ostentando uma beleza natural. Não estavam maquiadas ou arrumadas para sair, apenas caminhavam, conversavam, riam e tomavam sorvete. Na maioria, adolescentes e jovens.

– Acho melhor encerrar a expedição e ficar por aqui. O que acham? – sugeriu Paulo, e rimos.

Foi no jantar que eu comecei a conhecer um pouco da personalidade do Lucas, também conhecido como Baianinho. Já tínhamos pedido nossos pratos, mas o Lucas, famoso pela indecisão e lentidão, ainda não tinha escolhido o que queria comer.

– Baiano, tem que se apressar, não dá pra todo mundo ficar te esperando sempre que formos comer – reclamou Edgar.

– É, Baiano, não é pra ficar de frescura, pede qualquer coisa pra encher o estômago. Estamos atrasados e ainda vamos dirigir mais umas seis horas hoje – completou Paulo.

– Ah, então pede qualquer coisa aí pra mim – disse Lucas, chateado, jogando o cardápio na mesa.

No mesmo instante, Edgar chamou o garçom e pediu um espaguete carbonara para o Baiano, mesmo prato que ele e eu tínhamos escolhido. Como eu era o motorista da vez, fui o único a não beber cerveja.

Ao cruzarmos o centro da cidade mais uma vez após o jantar, Edgar abriu a porta traseira da van e chamou umas garotas que estavam na calçada. Elas riram e acenaram, mas não se aproximaram do veículo. Quando fiz a curva, Paulo viu pelo retrovisor que a nossa bola vermelha estava rolando pela rua. Por causa de uma bobagem quase perdemos um dos nossos bens mais valiosos, responsável por alguns dos momentos mais especiais da Expedição Olímpica.

– Pô, Edgar. Da próxima vez que abrir a porta presta atenção se não cai nada – reclamei, e parei no acostamento para que ele pudesse recolher a bola, que rolava no meio da avenida.

Saímos da Bósnia e Herzegovina e entramos novamente em Montenegro, que significa 'Montanha Negra' na língua local. Fomos em direção a Podgorica, a capital. Mas não encontramos nenhum hotel no caminho e resolvemos entrar na cidade em busca de hospedagem. Já era quase duas da manhã, seria melhor continuar a viagem de dia para poder desfrutar as belas paisagens do país. Encontramos alguns hotéis na avenida que levava até o centro, um mais caro que o outro. Em média, cobravam quarenta Euros por pessoa, totalmente fora do nosso orçamento. Sem opção, fomos para a Albânia. Em uma hora chegaríamos à fronteira e, como já tínhamos passado pelo país antes, sabíamos que seria muito mais barato dormir por lá. Cruzamos a fronteira e entramos numa estrada de chão cheia de pedras e buracos. O GPS que o Lucas tinha comprado na Alemanha, e que nos guiaria até Londres, não funcionava direito naquela região. Aparentemente, o mapa não estava completo e não tínhamos bom sinal de satélite. Mas, como o Paulo já tinha salvo o mapa no iPad, não ficamos tão perdidos. Paramos apenas três vezes na estrada para decidir qual caminho seguir. Uma hora depois de ter entrado no país, encontramos uma placa indicando a direção para Skopie, capital da Macedônia e nosso próximo destino. Mais adiante, encontramos um pequeno hotel à beira da estrada. Já passava das três da manhã e eles tinham apenas duas camas vagas, uma de casal e uma de solteiro. Por apenas trinta Euros, nos deixaram ficar. Eu dormi no chão, sobre um cobertor, ao lado da cama de casal onde ficaram Paulo e Edgar. Baiano dormiu na cama de solteiro e Bruno também deitou sobre um cobertor no chão. Cansado, não demorei a pegar no sono e dormi tranquilamente de barriga para cima. Tínhamos finalmente encontrado com o Bruno e o Lucas, nossos problemas estavam resolvidos e eu tinha certeza que conseguiríamos passar por todos os países do roteiro e que chegaríamos a Londres no dia 27 de julho, a tempo da Cerimônia de Abertura dos Jogos Olímpicos. Apenas não sabia que teríamos tantos problemas e que eu me estressaria tantas vezes nas duas semanas que faltavam.

31
Pisando na Terra de Alexandre, o Grande

– Ô RICHARD, SE NÃO sabe dirigir é melhor nem tentar né – disse Edgar enquanto todos riam de mim.

– Já é a sexta vez que você deixa o carro apagar – disse Baianinho.

– E olha que é apenas o teu segundo dia dirigindo a van – completou Bruno.

Na verdade, eu já tinha deixado o carro apagar sete vezes desde que saímos daquele hotel de beira de estrada. Sempre me considerei um bom motorista, e a maioria das pessoas que me conheciam também. Achei melhor parar num posto para encher o tanque e verificar se havia algum problema com o carro.

Quando paramos no posto perguntei ao Bruno qual o combustível do carro.

– Gasolina – ele respondeu.

Encostei o veículo ao lado da bomba de gasolina e pedi para o frentista encher o tanque.

– Coloque o carro mais à frente, aqui só tem gasolina – ele respondeu.

– Mas é pra colocar gasolina mesmo – eu disse.

– Não é, não. Esse carro é a diesel – ele disse, confiante.

– Tem certeza?

– Tenho sim, passo o dia enchendo tanques de todo tipo de carro. Conheço cada modelo.

Desconfiado, desci do carro e olhei a tampa do tanque. Estava escrito diesel em vermelho. Não tinha como errar.

– Caramba! Enchi o tanque com gasolina antes de encontrar vocês – disse Baianinho.

– E o frentista encheu na boa, não falou nada – completou Bruno.

– Por isso que o carro tá apagando – reclamei. – Tomara que não estrague o motor.

Eu não entendia muito de motores, não sabia se aquilo podia realmente estragar o motor do carro. Mas o frentista disse que se completasse o tanque com diesel e diluísse a gasolina que havia lá dentro, não teríamos problemas.

No caminho para Burrel, que ficava perto da fronteira da Albânia com a Macedônia, percebemos que as estradas albanesas só não eram piores que as do Tajiquistão. Os poucos trechos asfaltados não recebiam manutenção há um bom tempo e os buracos nas rodovias deixavam a viagem muito mais perigosa e demorada. Pouco antes de Burrel, passamos por dentro do Parque Natural de Ulza e paramos num restaurante à beira de um lago, perto de um quiosque onde uma família comia. Incomodados com a nossa presença, eles saíram logo que chegamos e pudemos mergulhar no lago de Ulza, de água verde esmeralda, sem problemas. Jogamos um pouco de futebol e corremos com a tocha, como de praxe.

Ao chegarmos ao centro da cidade, Paulo desceu com o mapa aberto no ipad e perguntou para dois policiais qual era o melhor caminho até a fronteira. Sem hesitar, um deles apontou para a estrada que seguia mais pelo sul e indicou como sair da cidade e pegar o caminho certo.

Já passava do meio dia e, quando decidimos procurar um lugar para comer. Demos algumas voltas pelas ruas da pequena cidade e descobrimos que havia apenas um restaurante, mas diversos bares onde as pessoas bebiam cerveja. Entramos no restaurante e fomos atendidos pelo dono, um senhor alto, careca, gordo, com cerca de sessenta anos e que vestia uma camisa listrada. Como ele não falava inglês e a gente não conseguia entender o cardápio, ele saiu e voltou em seguida com o Edward, sobrinho que morava em Londres e que no verão voltava à cidade natal para ajudar nos negócios da família. Os outros tomaram cerveja, e eu, como tinha novamente me prontificado a dirigir, bebi apenas um refrigerante. Seguindo os conselhos do Edward, pedimos alguns pratos de chuleta grelhada, espaguete bolonhesa, sopa tradicional e salada. Satisfeitos com a refeição, seguimos viagem pelas estradas esburacadas da Albânia. Intercalados com trechos de asfalto ruim, havia trechos de terra ainda mais esburacados. O nosso destino era Debar, na Macedônia, de onde seguiríamos para Skopie, capital do país e terra natal de Alexandre 'O Grande'.

Logo que cruzamos para a Macedônia e entramos no Parque Nacional de Mavroro, enfim, pegamos uma estrada de asfalto bom, mas cheia de curvas que cortava as montanhas, o que nos propiciava uma vista espetacular da região. Seguindo na direção nordeste rumo à Skopie, encontramos o lago que dá nome ao parque. Encostamos o carro sob as árvores e demos um mergulho rápido na água gelada. Naquele momento me bateu uma cólica implacável, dessas que chega sem avisar e não pede permissão para sair. Saí correndo, peguei o papel higiênico no carro e tentei encontrar uma moita disponível. O problema é que não estávamos sozinhos no parque, havia gente por todos os lados e foi difícil encontrar um matinho. Quando terminei, os rapazes já estavam no carro me esperando e, claro, fazendo piadas.

Chegamos a Skopie no meio da tarde e fomos direto para a Fortaleza de Kale, que fica no alto de uma colina com vista para o rio Vardar. Como o local estava fechado para visitação, tiramos fotos pelo lado de fora e saímos para conhecer a cidade antiga, que ficava perto dali e que foi um dos principais bazares orientais dos Bálcãs na Idade Média. Já que a fortaleza era policiada, achamos melhor deixar a van ali e conhecer a região a pé. Quase todo o comércio local estava fechado, mas encontramos um restaurante aberto e aproveitamos para jantar, kebabs com batata frita, pão, salada e cerveja.

Depois, fomos até a ponte de pedra que leva à Praça Macedônia, onde encontramos uma enorme bandeira do país e a estátua 'Guerreiro a Cavalo', que representa 'Alexandre, O Grande'. Aos pés da estátua, dois rapazes fantasiados de soldados romanos e duas moças também com roupas da antiga Roma, tiravam fotos com os turistas. Já estava

escuro quando voltamos para o carro, que continuava no mesmo lugar, intacto.

Depois de integrar diversos reinados e países, a Macedônia fez parte da Iugoslávia socialista até 1991, quando conseguiu a independência. Por causa de uma disputa com a Grécia sobre o nome, a República da Macedônia, como o país é oficialmente chamado, entrou para as Nações Unidas em 1993 sob o nome provisório de 'Antiga República Iugoslava da Macedônia'.

Com o Baianinho na direção, seguimos o trajeto escolhido pelo GPS e partimos em direção à Bulgária. Cansado, me deitei no último banco e dormi. Acordei pouco antes da fronteira, quando paramos para comprar água e abastecer o carro com o que nos restava do dinheiro local. Assim, evitaríamos ficar com dinheiro sobrando para trocar por outra moeda depois, como havia acontecido em alguns países da Ásia Central. Até então, não tínhamos conseguido trocar o dinheiro que tinha sobrado do Tajiquistão e do Uzbequistão.

Na imigração, um policial mandou abrir o porta malas para ver as bagagens, abriu algumas mochilas e deu uma rápida olhada no conteúdo. Perguntou de onde vínhamos e para onde iríamos, e deu mais uma vasculhada no interior do carro. Dali, já dava pra ver a bandeira hasteada em um enorme mastro do lado da Bulgária. Era umas vinte vezes maior que a bandeira do lado da Macedônia. Quase meia hora depois, o policial voltou e devolveu os passaportes carimbados.

Passamos pela imigração da Bulgária e seguimos. Menos de cinco quilômetros adiante, um policial do lado fora de uma pequena guarita gesticulava para um casal que estava em uma moto no acostamento.

Observando o que estava acontecendo, Lucas passou bem devagar. Já que o guarda não tinha feito sinal algum para nós, ele não parou. Logo que passamos, o policial começou a apitar e saiu correndo atrás do carro agitando os braços no ar.

Assustado, Lucas parou e deu ré até encontrar o policial, que encostou o dedo na cara dele e começou a xingar na língua local. Assustado, com medo de ser preso já no segundo dia de participação na Expedição Olímpica, ele ficou paralisado, sem ação, disse apenas que éramos brasileiros.

– Aqui é a Bulgária, não interessa se vocês são brasileiros. Tem que respeitar as nossas regras – ele disse em inglês e pediu os documentos do motorista e do carro.

Conferiu os papéis, devolveu-os e nos desejou boa viagem. Voltei a dormir no último banco e seguimos viagem. Por volta das meia-noite, antes de chegar a Sofia, capital do país, Lucas era o único acordado e dirigia em silêncio.

– Um urso! Um Urso! – ele gritou, e deu uma guinada no carro.

Acordei assustado, quase caí no chão.

– O que foi Baianinho? – perguntou Paulo.

– Tinha um urso na estrada. Tava bem ali, quase atropelei – ele disse, nervoso, enquanto todos riam no carro.

– Baiano, só você estava acordado e só você viu o urso? Você dormiu e sonhou, ou andou bebendo alguma coisa? – perguntou Bruno.

– Ah, é? Vou mostrar pra vocês o urso – ele disse, e fez a volta, guiando devagar pelo acostamento à procura do urso.

– Ô Baiano, ninguém quer ver urso, não. Vamos embora, já está tarde – reclamei.

— Mas era um urso gigante – ele completou, e continuou dirigindo devagar, olhos atentos ao redor.

— Olha ali, olha ali, o filhote do urso! – ele gritou e apontou para algo que se mexia mais adiante.

— Mas aquilo é um cachorro – afirmou Paulo assim que o animal correu assustado para o mato.

— É um filhote de urso, eu tô dizendo. O outro era bem maior, da altura do carro – ele insistiu e seguiu ainda mais um quilômetro à procura do urso enquanto nós ríamos da situação. Resignado, ele retomou a estrada. Chegamos a Sofia e logo encontramos um hotel por setenta e dois Euros por dois quartos. Assim que descemos nossas coisas, o Baiano ligou o computador para falar com a esposa, Danusa. Casado há apenas seis meses ele ainda não tinha se acostumado a manter contato constante durante as viagens. Ainda não tinha conversado com ela desde a saída do Brasil, cinco dias atrás.

— Você não tem vergonha na cara, passar tantos dias sem dar notícia? – ela perguntou logo que atendeu a chamada no Skype.

— Ah, então não é só pra gente que ele não manda notícias, falei brincado antes de ir para a minha cama. Quando me deitei, Edgar já estava roncando. Ainda cansado das noites mal dormidas, apaguei e entrei no ritmo. Ronquei como não fazia há dias.

Na manhã seguinte, com o carro carregado, fomos até a Igreja Boyana, uma construção com estilo medieval erguida no final do século X pela Igreja Ortodoxa Búlgara e que foi listada como Patrimônio Histórico da Humanidade pela Unesco em 1979. Localizada numa região um pouco afastada do centro, a igreja é pequena, mas chama atenção pelos diversos afrescos e pinturas bem conservados.

Em seguida, saímos à procura de um dos principais símbolos do país, a Catedral Alexander Nevsky, que foi erguida no final do século XIX e tem capacidade para até dez mil pessoas. Perguntamos para algumas pessoas na rua, mas ninguém soube explicar como chegar até lá. Enfim, quando entramos numa via de mão única, avistamos uma igreja. Estacionamos a van e fomos a pé até lá. Jogamos um pouco de futebol na frente do monumento e corremos com a tocha ali. Depois de algum tempo, me lembrei que havia lido na, Internet, que a igreja

tinha 35 metros de altura, mas aquela não tinha nem vinte. Desconfiei que estávamos no lugar errado. A porta estava fechada, mas encontrei uma placa com o nome 'Sveta Nedelya', que pode ser traduzido como 'Santo Domingo'. Inconformados por estarmos no lugar errado, mas contentes por termos tirado boas fotos da igreja, seguimos caminhando. Uma moça que passava na hora soube explicar onde ficava a Catedral, o que nos deixou mais aliviados. Alguns minutos depois, avistamos de longe a imponente abóbada dourada da Catedral Alexander Nevsky, uma enorme igreja construída em estilo Neobizantino entre 1882 e 1912. Batizada com o nome de um príncipe russo, a catedral foi concebida em homenagem aos soldados russos que morreram durante a Guerra Rússia-Turquia entre 1877 e 1878, quando a Bulgária foi libertada do Império Otomano. Corremos com a tocha e, quando fazíamos algumas embaixadinhas em frente à igreja, um senhor se aproximou e pediu para se juntar a nós. Ficamos ainda mais alguns minutos brincando com ele e voltamos para o carro. No caminho, por insistência do Baianinho, paramos num bar para experimentar a cerveja local. O serviço era terrível. Quase não havia clientes, mesmo assim demoraram dez minutos para trazer o cardápio e mais quinze para fazer os pedidos. Paulo, Edgar e eu, tomamos cerveja. Bruno e Lucas, designados motoristas do dia, se contentaram em pedir *milk shake*. Na hora de pagar a conta, o garçom não quis receber a nota de cem Euros que a gente tinha e também disse que não aceitavam cartão de crédito. Para solucionar o problema, Paulo teve que procurar um caixa eletrônico para sacar dinheiro trocado enquanto continuamos no bar.

Ao chegarmos perto da van, percebemos que havia um bilhete colado na porta do motorista. Imaginamos que seria uma multa, porque logo à frente avistamos um homem uniformizado que parecia ser um policial. Para não chamar a atenção dele, passamos pelo carro e entramos num mercado que havia em frente. Compramos picolés e ficamos esperando que o homem se afastasse um pouco mais. Quando ele chegou na outra esquina, entramos rápido no carro e partimos.

– Eles que venham me cobrar essa multa lá em Salvador – disse Baianinho aos risos enquanto manobrava o carro.

Eu não iria dirigir naquele dia e aproveitei para relaxar e beber mais cerveja no caminho. O Edgar, que não tinha carteira de motorista do Brasil, muito menos a internacional, não iria dirigir dia nenhum e se encarregava de manter o isopor sempre gelado e cheio de bebidas. Pela primeira vez na Expedição Olímpica relaxei pra valer e passei o resto do dia bebendo cerveja.

Seguindo as indicações do GPS, partimos em direção à Craiova, no sul da Romênia. Um trecho da rodovia na saída de Sofia estava em reforma, o que nos atrasou um pouco. Já era noite quando chegamos às margens do Rio Danúbio, que divide os dois países.

– Caramba, não tem ponte aqui! – exclamei assustado. – Mas como é que esse GPS não avisa que não tem ponte?

Podíamos ver as luzes na outra margem, era um rio largo, certamente com mais de duzentos metros de largura.

– Deve ter uma balsa em algum lugar – disse Paulo.

Seguimos mais um pouco por aquela estrada e chegamos a um posto de fronteira que ficava às margens do rio. Para nosso alívio, havia sim uma balsa. Pretendíamos chegar cedo a Craiova para ir a alguma festa, mas aquele imprevisto nos faria perder muito tempo. Ao todo, demoramos cerca de três horas para chegar à outra margem. Depois de fazer os trâmites de saída da Bulgária, pagamos sessenta e um Euros pelo ingresso da balsa e fomos para a fila de embarque. O motorista do caminhão que estava do nosso lado, no início da fila, desceu do veículo e entregou uma sacola plástica cheia de cervejas ao homem que coordenava a entrada de veículos na balsa. Mais tarde, descobri o motivo da propina. Ele foi o último a embarcar e, por consequência, o primeiro a descer do outro lado. A travessia demorou quarenta minutos e a balsa foi lotada, com dezessete carretas e dez carros. Como não sabíamos desse truque da sacola de cervejas, fomos quase os últimos a descer e ficamos mais de vinte minutos na fila da imigração da Romênia.

– Por que vocês tem visto do Irã? – perguntou o guarda que recolheu nossos passaportes.

– Porque estamos viajando desde a China – eu disse.

– O carro veio da China? – ele quis saber.

– Não. O carro veio da Alemanha. Esses dois vieram da Alemanha – eu disse e apontei para Bruno e Lucas – e nós três encontramos com eles aqui na Europa.

Confuso com a explicação, ele deu a volta no carro e abriu o porta-malas. Pegou a bola que tinha caído no chão, sacudiu e deu umas apertadas para ver se havia algo dentro. Depois, abriu o tubo de plástico que o Bruno tinha trazido do Brasil com os adesivos para enfeitar o carro. Sabíamos que precisaríamos adesivar o carro, mas isso tomava tempo. Seria preciso estacionar em algum lugar por pelo menos duas horas para fazer isso com calma. Após uma vistoria rápida em duas mochilas, o policial carimbou os passaportes e nos desejou boa viagem. Antes de sairmos, perguntamos onde seria possível comprar a vinheta, que é o selo que nos permite viajar pelas estradas do país com um carro estrangeiro, um tipo de selo-pedágio.

– Mais à frente – ele respondeu, e apontou na direção da saída.

Andamos mais um pouco, mas não encontramos a cabine que vendia as vinhetas, apenas um policial que nos cobrou uma taxa de doze Euros para entrar no país. Mesmo sem saber o motivo daquela taxa, pagamos para evitar problemas. Ele também não sabia onde poderíamos comprar o selo e seguimos assim mesmo, preocupados em tomar uma multa caso algum policial nos parasse na estrada.

Passava da meia noite quando chegamos a Craiova e, antes de procurar hospedagem, paramos num *Mc Donald's* para matar a fome. Não tínhamos comido nada desde os sanduíches de peito de peru devorados em Sofia pela manhã. Em seguida, encontramos um hotel, deixamos as coisas no quarto e saímos para tomar cerveja. Não havia muitos bares abertos, provavelmente porque era uma terça-feira, mas encontramos um que tinha cerveja gelada e bom atendimento. Voltamos para o hotel às três da manhã e eu caí na cama com a mesma roupa que tinha saído.

32
Corre que a Polícia Vem Aí

Nos quarenta e sete dias de viagem até então, não tínhamos tido um problema sequer com horários. Se a gente marcava de tomar café às oito horas para sair às oito e meia, estávamos prontos para sair às oito e vinte nove. Já tínhamos nos acostumado com isso. Eu, principalmente, sempre odiei pessoas que se atrasam. Paulo e Edgar já tinham me avisado que o Lucas era demorado, mas eu não imaginava que era tanto. Já estávamos esperando há mais de uma hora e comecei a ficar irritado. Entrei no carro, dei a partida e gritei para a recepcionista:
– Depois buscamos nosso amigo.
E assim foi. Visitamos o centro histórico de Craiova sem o Baianinho e só passamos no hotel para buscá-lo quando já era quase meio dia. Com ele um tanto irritado no carro, fomos ao Parque Nicolae Romanescu, que ocupa uma área de noventa e seis hectares e que foi planejado em 1901. Entramos e, sempre brincando com a bola no chão, fomos até a Ponte Suspensa, que liga duas colinas sobre um lago e que é um dos principais pontos turísticos da cidade.
Durante o passeio, percebi que a língua romena é muito parecida com o português brasileiro. Eu não entendia absolutamente nada do que diziam, mas tinha a impressão de que conhecia as palavras. Ao sairmos do parque, passamos em frente a um enorme supermercado e resolvemos comprar mantimentos para os próximos dias. Além de frutas e pães, compramos uma churrasqueira portátil, sorvete, carne, vodca, espumante, cerveja, água, verduras, carvão, talheres, pratos

descartáveis e bacias de plástico. Encontramos tudo que queríamos, menos gelo, que achamos mais tarde num posto à beira da estrada. Tínhamos todos os mantimentos e estávamos preparados para encostar o carro em qualquer lugar para fazer um bom churrasco.

À beira da estrada, numa região pouco movimentada na margem do Rio Danúbio, encontramos o lugar perfeito. Uma área de descanso com estacionamento, mesas de cimento e até uma descida para o rio. Dei uma conferida no mapa e descobri que na outra margem ficava a Sérvia.

– Galera, vamos mergulhar – sugeriu Baiano enquanto eu acendia o fogo.

– Então vamos pelados – disse Edgar, enquanto corria se livrando das roupas, antes de se atirar na água.

Não havia viva´alma por perto, então, não incomodaríamos ninguém. Sem pensar duas vezes, tirei a roupa e me joguei na água também. Bruno e Lucas se juntaram a nós e Paulo ficou cuidando do carro e tirando fotos. A água não estava tão fria, mas era um pouco barrenta. Ficamos apenas na beirada, a correnteza mais para o fundo parecia ser forte. Quando estávamos saindo da água, já perto do carro, onde estavam as toalhas e as roupas, um carro entrou no estacionamento, naquele exato lugar, com uma família inteira dentro. Envergonhado, me joguei para dentro van. O carro parou um pouco mais à frente e eles se acomodaram numa das outras mesas sem olhar para o nosso lado. Ainda rindo da situação, me dediquei a assar a carne e a preparar uma salada enquanto os rapazes colavam os adesivos na van.

Quando descobrimos que o Santana não poderia sair da China, Edgar mandou um e-mail para o Bruno com os desenhos de todos os adesivos que tínhamos colado no *Thunder Love* e pediu que ele os trouxesse impressos já do Brasil. Assim, quando eles nos encontrassem com o carro alugado, poderíamos rapidamente decorar o *Thunder Love II*.

Mas, como os desenhos tinham sido planejados para um Santana, sobrou muito espaço livre na van. Seria preciso parar em algum lugar e fazer mais adesivos para que o veículo ficasse mais chamativo.

Assim, com o carro mais alegre e vistoso, refrescados e bem alimentados, partimos às oito horas da noite em direção a Timisoara. Tínhamos ficado parados ali por quase três horas, mas, como o tempo tinha sido muito bem aproveitado, não reclamei. Eu, que não bebi durante o churrasco, segui como motorista. Lucas, que tinha bebido muito à beira do rio, dormiu como um bebê e esqueceu de guardar uma cueca branca que ainda não tinha usado. Sem pestanejar, Edgar escreveu um recado em inglês com pincel atômico vermelho na roupa íntima do nosso colega: "Um grande beijo para o meu baiano. Com amor, Victor, Romênia". Depois, largou a cueca sobre o peito nu do Lucas e tirou uma foto.

– Essa aqui eu vou mandar pra esposa dele depois – disse Edgar, e caiu na gargalhada.

Chegamos a Timisoara depois na meia noite e nenhum dos hotéis que havíamos pesquisado tinha vaga para aquela noite. O jeito foi encostar perto de um bar que oferecia Internet sem fio e procurar outras opções de hospedagem. Foi assim que encontramos um hostel novo e bem conceituado. Por telefone, um rapaz confirmou que tinham vagas para nós. Mas disse que não era no prédio oficial. As novas instalações, recém-inauguradas, ficavam no centro, no terceiro andar de um prédio residencial perto da Unirii – Praça da União –, um dos principais pontos turísticos da cidade. Era um apartamento grande, todo mobiliado, com três quartos, dois banheiros, cozinha, sala e varanda. Não havia um hóspede sequer, ficaríamos sozinhos a noite inteira.

Levantamos às nove horas, tomamos banho e café da manhã e começamos a nos preparar para visitar Timisoara, que foi a primeira cidade da Europa continental a ter iluminação elétrica nas ruas, em 1884. Enquanto eu organizava as mochilas, Edgar fez o desenho dos outros adesivos para imprimir em algum lugar no caminho e colar no carro.

Perto do meio dia, começamos a descer com as nossas bagagens. Eu já ajeitava minhas mochilas dentro do carro estacionado em frente ao prédio quando Bruno chegou correndo.

— Temos que tirar tudo que é nosso de dentro do apartamento, e rápido – disse, quase sem ar, com as malas dele na mão.

— O que está acontecendo? – perguntei rindo.

— A pousada é ilegal. Um vizinho bateu na porta e disse que chamou a polícia.

— Quanto tempo temos? – perguntei.

— Ele disse que a polícia deve chegar em uns dez minutos.

— E o Baianinho?

— Tá arrumando as coisas dele já. Mas é bom a gente ajudar – Bruno disse ao jogar suas coisas no bagageiro da van. – Vamos lá.

Atirei para dentro do carro as sacolas que ainda estavam no chão, fechei as portas e subimos correndo, pulando os degraus de dois em dois.

"Mas que diabos! Hostel ilegal? Mas qual é o problema de alugar uns quartos do apartamento pra outras pessoas? Que vizinho mala! O que a gente menos precisa agora é de um problema com a polícia. Isso dá cadeia? Acho que não. No máximo, vamos perder algumas horas explicando a situação. Afinal, a culpa não é nossa. A gente não sabia que era ilegal. De qualquer maneira, se pudermos evitar, melhor, então, vamos sair logo para garantir a nossa tranquilidade", pensei.

Paulo e Edgar já estavam descendo com as coisas deles. As coisas do Baianinho, no entanto, ainda estavam todas espalhadas pelo quarto. Sentado na cama, apenas de cuecas e com o notebook no colo, ele não demonstrava um pingo de preocupação.

– Cara, você não tá sabendo que a gente precisa sair logo desse apartamento? – perguntei e parei ao lado da cama com as mãos na cintura e os olhos arregalados.

– Já tô quase pronto. Só preciso mandar esse e-mail – ele respondeu sem tirar os olhos da tela do computador.

– Pô, Baiano, a polícia vai chegar aqui. Arruma logo essas coisas – disse Bruno.

– Não precisa ficar estressado, já terminei o e-mail – retrucou Lucas.

– Cara, fecha essa merda de computador logo, senão eu vou jogá-lo pela janela e você vai mandar e-mails lá do inferno – eu gritei.

– Tá bom, tá bom – ele respondeu sem tirar os olhos da tela do computador – Que gente estressada!

– Ah, Baininho, vai logo. Coloca tua roupa que nós vamos juntar suas coisas – gritou Bruno andando de um lado para outro no quarto, recolhendo as roupas espalhadas.

– Você tem dois segundos pra fechar esse computador.

Deixei os dois resolvendo o problema e fui conferir os outros cômodos do apartamento para ver se tínhamos deixado algo para trás. Da janela da sala, vi que Paulo e Edgar já tinham guardado as coisas deles e esperavam ao lado da van. Nenhum carro de polícia por perto. Que bom! Em pouco menos de dez minutos, conseguimos recolher todos nossos pertences e descemos.

— Já acabaram? A polícia está chegando — disse o vizinho chato, de braços cruzados na porta do prédio.

— Já acabamos, sim. Obrigado por ter nos avisado — eu disse e atravessei a rua.

Que filho da mãe! Ainda teve a cara de pau de vir conferir se estamos mesmo saindo! Deve estar rindo por dentro.

Com todas as nossas coisas já fora do apartamento, organizamos o bagageiro com calma enquanto o Baiano tentava dobrar as roupas que estavam socadas dentro da mala dele. Que alívio! Mais calmos, saímos a pé para conhecer a cidade.

Construída inicialmente em estilo Barroco, a Praça Unirii – Praça da União – é uma das mais antigas de Timisoara e tem recebido diversos eventos religiosos, militares, culturais e políticos por mais de trezentos anos. Quase lado a lado, há duas igrejas, uma catedral Católica Romana e uma Ortodoxa Sérvia, além de um palácio Barroco e o Monumento da Trindade. Outros prédios erguidos mais recentemente ao redor da praça têm estilos arquitetônicos diferentes, o que cria um contraste visual intrigante. Depois de passar em todos esses lugares, jogar futebol no gramado central e correr com a tocha em frente às igrejas, seguimos para a Praça da Vitória.

Antigamente conhecida como Opera Square, a Praça da vitória impressiona pela arquitetura e pelo charme. Foi naquela enorme área entre os prédios históricos que os revolucionários romenos se reuniram em 20 de dezembro de 1989 e declararam Timisoara como a primeira cidade livre da Romênia socialista, dando início a um processo de reestruturação política que durou anos. Além de abrigar a Ópera Romena, o Teatro Húngaro, o Teatro Alemão e uma Catedral Ortodoxa, a praça também concentra bares, restaurantes, lojas, cafés e sorveterias. Depois de jogar um pouco de futebol com algumas crianças que estavam por ali, tomamos sorvete e voltamos para o carro. Era hora de partir para Budapeste, na Hungria.

Chegamos ao nosso destino às sete horas da noite e fomos encontrar o Gábor, um amigo que morava ali e que tinha trabalhado comigo na Rádio Internacional da China, em Pequim. Atencioso, ele nos ajudou a encontrar o endereço de um hostel no centro onde havíamos reservado dois quartos.

Deixamos o carro estacionado numa rua lateral e descemos apenas com as malas de roupas e os eletrônicos. Gábor foi embora de táxi e disse que nos encontraria mais tarde para uma cerveja. Eu estava disposto a não beber para poder dirigir, já que sair de carro seria mais prático do que pegar dois táxis. Primeiro, iríamos a uma rua que tem vários bares. Depois, a alguma boate. Na minha cabeça, já estava tudo certo. Era quinta-feira, e eu tinha certeza que encontraríamos diversão. Eu só não esperava que o nosso carro fosse arrombado.

33

Vidro Quebrado

Chovia muito e eu não tinha sombrinha. Saí do hostel e entrei na primeira rua à direita, correndo com uma revista sobre a cabeça. Menos de cem metros à frente, encontrei a nossa van. Passava das nove horas da noite. Abri a porta e sentei no banco do motorista. Senti que havia algo sobre o assento, mas não dei bola. "Farelo de biscoito", pensei. Quando liguei o motor, percebi que o chão estava cheio de cacos de vidro. Virei a cabeça e vi a janela do caroneiro quebrada. Abri o porta-luvas. O GPS que Lucas havia comprado após alugar o carro, uma semana antes, havia sumido. Nada mais havia sido levado. "Filhos da mãe".

Estacionei o carro na calçada em frente ao hostel e chamei o pessoal para mostrar o que tinha acabado de acontecer. Baianinho, ocupado como sempre, ficou na recepção enviando e-mails. Depois de ver a situação do carro, Edgar e Bruno voltaram ao hostel para falar com ele.

– Tenho uma má notícia para te dar – disse Edgar, olhando para o Baianinho.

– Já tô sabendo – ele disse, e fechou o computador. – O Nadal não vai disputar as Olimpíadas.

Edgar e Bruno caíram na gargalhada. Da rua, eu escutava as risadas deles. Baianinho não entendia porque a ausência nos Jogos Olímpicos de um dos maiores tenistas da história era engraçada. Sem conseguir explicar, Bruno o chamou para ir até o carro. Baianinho titubeou,

achou que era alguma brincadeira, mas foi. Depois de ver o vidro quebrado, ainda precisou de mais alguns segundos – uma eternidade para nós, um átimo para ele – para entender qual o único objeto roubado.

– Levaram meu GPS! – gritou, e levou a mão à testa.

Rimos um pouco da situação, mas não havia o que fazer. Decidimos deixar o carro em um estacionamento ao lado do hostel para poder sair. Na manhã seguinte, ligaríamos para a polícia e a seguradora para resolver o problema. O Gabor já tinha avisado que não poderia sair aquela noite, mas disse que uns amigos dele nos encontrariam na rua dos bares. Voltamos para o hostel às três e meia da madrugada.

Apesar das poucas horas de sono, consegui dormir bem. Acordei relaxado e bem disposto. Seguindo instruções da seguradora, e com a ajuda dos funcionários do hostel, ligamos para a polícia para fazer um boletim de ocorrência. Tirei o carro da garagem e fiquei esperando em frente ao hostel. Em seguida, passou um carro com dois homens uniformizados que disseram que eu tinha que comprar um bilhete de estacionamento para ficar naquela rua.

Contrariado, Paulo foi até a máquina automática e pagou por uma hora de estacionamento. Meia hora depois, chegou uma viatura conduzida por um policial alto, forte e careca. Parecia um lutador de jiu-jítsu. "Se fosse no Brasil, seria um gordo barrigudo", pensei. Ele não falava inglês, mas um dos atendentes do hostel nos ajudou novamente com a tradução. Em quinze minutos estava tudo pronto.

– O boletim sai em três dias – ele disse e destacou uma folha do bloco onde fazia as anotações. Era muito tempo, não podíamos esperar três dias. Precisávamos do papel o quanto antes para poder dar seguimento aos procedimentos e conseguir trocar o vidro quebrado.

– Então vocês precisam ir até a delegacia – ele disse. – Sigam-me com o carro. Dirigimos por seis quadras atrás da viatura e, enquanto eu e Lucas entramos na delegacia, os outros ficaram cuidando do carro. Sentamos num banco de madeira e ficamos conversando, matando tempo, e comprando café de vez em quando em uma máquina automática que havia no fundo do corredor. Policiais entravam e saíam, alguns sem uniforme, outros com sacolas na mão ou escrevendo algo em seus blocos de anotações. Mais de uma hora depois, nos conduziram a uma sala de oito metros quadrados apenas com algumas cadeiras encostadas nas paredes. De vez em quando, um policial abria a porta que havia do outro lado, conversava com as pessoas ali presentes e chamava alguém para dentro da sala. Falavam em húngaro e eu não entendia bulhufas. Já estávamos esperando por quase três horas e eu estava ficando nervoso e com fome. Queria resolver o problema logo e comer algo, mas não sabíamos o que estava acontecendo nem quanto tempo ainda teríamos que ficar. Me dei conta que já era meio-dia quando vi alguns policiais carregando marmitas. Inquieto, Lucas foi até a recepção para tentar descobrir algo. O recepcionista ouviu atenciosamente às perguntas dele, fez três ou quatro ligações e chamou outro policial que estava entrando com duas sacolas do Mc Donald's.

– O delegado já sabe da situação de vocês, mas está esperando o tradutor do município para poder fazer o boletim de ocorrência – disse o policial. E só meia hora depois, fomos chamados. O policial entregou um papel e pediu que Lucas preenchesse com dados pessoais, já que o carro estava alugado no nome dele. Com o formulário preenchido em mãos, o policial se retirou e, depois de vinte minutos, voltou com outro papel todo escrito em Húngaro. Pelos gestos que fazia, entendemos que era para o Lucas assinar.

– Mas o que está escrito aqui? Por que tenho que assinar? – perguntou em inglês.

– Apenas assine – disse o policial.

Preocupado e assustado, ele assinou, pegou uma via e saímos. Desolados e com o vidro quebrado, fomos visitar a Praça dos Heróis e o Castelo de Vajdahunyad. No entanto, alguém teria sempre que ficar cuidando do carro enquanto os outros passeavam. Mas, para sermos justos, definimos alguns critérios para a escolha do guardião da van: eu não entraria no sorteio porque era o responsável pelas fotos e vídeos. Paulo também não entraria nesse primeiro sorteio porque queria muito visitar o castelo e se prontificou a ficar no carro na parada seguinte.

– Vamos tirar a sorte no 'dois ou um' – sugeriu Edgar.

– Não. No 'dois ou um' eu sempre levo azar – reclamou Baiano.

– Então escolha uma maneira de fazer o sorteio – disse Bruno.

– Cada um escolhe um número de um a três, então chamamos o Richard e ele escolhe um número. Quem for o escolhido fica no carro – explicou.

Eles concordaram. Cada um escolheu o seu número e me chamaram.

– Richard, escolhe um número de um a três – disse Baianinho.

Eu olhei para os três ali parados e vi o Edgar me fazendo um sinal com a mão esquerda, indicando o número um. Imaginei que fosse alguma sacanagem com o Baiano e logo entrei na brincadeira.

– Número 'um' – eu disse, para euforia de Edgar e Bruno, que caíram na gargalhada.

Deixamos o Lucas cuidando do *Thunder Love II* e demos uma volta pelos jardins do Castelo Vajdahunyad, um parque construído entre 1896 e 1908 em celebração aos mil anos da Hungria. As diversas construções espalhadas pela área representam prédios dos mais variados períodos da história e contém uma mescla de estilos arquitetônicos, como Romanesco, Gótico, Renascentista e Barroco.

Para manter a tradição, jogamos um pouco de futebol na grama

e seguimos para a Praça dos Heróis, onde fica o Monumento ao Soldado Desconhecido, entre o Museu de Belas Artes e o Hall das Artes. Corremos com a tocha ali sob os olhares atentos dos outros visitantes e voltamos para o carro, onde encontramos o Baiano trabalhando em seu computador.

Atravessamos a Ponte Pênsil Széchenyi, protegida por leões de pedra, fomos para o outro lado do Rio Danúbio e subimos uma colina até chegarmos ao Castelo de Buda. Para que ninguém precisasse ficar cuidando do carro, estacionamos em frente a uma barraquinha de cachorro-quente e pedimos para que a moça que trabalhava ali desse uma olhada.

Do mirante, era possível ter uma incrível vista panorâmica da cidade. Além do Rio Danúbio e suas pontes, avistamos o Parlamento e outros prédios de beleza arquitetônica imensurável. A cidade como é conhecida hoje, surgiu em novembro de 1873 após a unificação de três cidades, Buda e Óbuda, que ficavam do lado Oeste do Danúbio, e Pest, que ficava do lado Leste.

Sede de diversos monumentos e construções listadas pela Unesco como Patrimônio Histórico da Humanidade, e chamada de 'Paris do Leste Europeu', é a mais bela cidade de toda a Europa, na minha opinião. Gostaria de ter passado mais tempo ali, conhecendo mais, ter encontrado mais vezes o Gábor, mas a Expedição Olímpica não podia parar, tínhamos que seguir viagem. O próximo destino: Bratislava, na Eslováquia.

Como não tínhamos conseguido limpar muito bem o carro, assim que pegamos a autoestrada, os cacos de vidro voavam com o vento que entrava pela janela quebrada. Sentados sobre um pedaço de papelão, tivemos que usar óculos escuros para evitar que algum caco entrasse nos olhos.

– Não dá pra perder muito tempo, só vamos parar duas vezes até Bratislava, uma pra urinar e outra pra comer melancia – sugeriu Paulo. Todos concordamos. O problema é que nós paramos para urinar antes de comer a melancia, uma decisão completamente impensada, insensata e idiota. Além de ter comido melancia, Edgar estava bebendo todas as cervejas que tinham sobrado do dia anterior. Já tínhamos decidimos que não pararíamos outras vezes e estávamos tranquilos em relação a isso, dava para segurar a bexiga até chegarmos a Bratislava. Mas o Edgar não conseguiu se segurar e começou a fazer xixi dentro do carro mesmo, num galão d'água de cinco litros que estava vazio. Desde que ele conseguisse acertar o buraco e não espalhasse xixi por todo o carro, eu não me importava, já bastava o risco com os cacos de vidro.

34
BATATAS FRITAS NO ALMOÇO?

EU ESTAVA DORMINDO apenas de cueca quando senti um forte puxão no pé. Ah, me deixe dormir em paz, vai encher o saco de outro. Outro puxão. Bah, que coisa chata. Abri os olhos devagar e vi uma mulher ao pé da minha cama com a mão na cintura e cara de poucos amigos. Demorei a processar a informação. Onde a gente está mesmo? Que horas são? Olhei o celular que estava na cabeceira, eram dez e quinze da manhã. Olhei ao redor, Paulo e Edgar ainda dormiam nas outras camas. Ah, estamos em Bratislava, na Eslováquia. Bruno e Lucas estão no quarto ao lado. Mas o que será que essa mulher tá querendo comigo? Como ela entrou no quarto? Acho que ela leu meus pensamentos, pois gritou algo em uma língua que não entendi. Fiquei de boca fechada, tentando entender o que estava acontecendo. Ela ficou ainda mais impaciente e gritou novamente. Eu não entendi. Ao perceber que eu era estrangeiro, ela gritou em inglês.

– O checkout era às dez horas. Saiam, eu tenho que limpar o quarto.

Esfreguei o rosto, levantei e cutuquei Paulo e Edgar. Eles olharam para a mulher em pé ao lado da minha cama e também não entenderam o que estava acontecendo. Expliquei que ela estava mandando a gente sair, que já devíamos ter feito o checkout, e os dois levantaram. Ao ver que já estávamos de pé, ela saiu e foi acordar os outros dois. Paulo conferiu os papéis que tinha recebido na portaria ao fazer nosso registro e confirmou que teríamos que ter saído mesmo às dez horas da manhã.

Arrumamos as coisas e descemos. Dessa vez o Baiano não se atrasou. Colocamos as coisas na van e saímos para conhecer a cidade. O céu estava nublado e já não chovia quando chegamos ao Castelo de Bratislava, principal ponto turístico da cidade. Cansado, fiquei no carro enquanto eles subiram na colina onde fica o castelo.

Um ônibus com placas de Portugal estacionou atrás da van e ali ficou enquanto dezenas de idosos, com seus enormes chapéus e câmeras penduradas no pescoço, conheciam o castelo. Ao voltar da visita, meia hora depois, duas senhoras pararam ao lado do nosso carro, que estava com as portas abertas, e começaram a ler os adesivos. Além do nome Expedição Olímpica, tínhamos colados adesivos com o nome do carro – Thunder Love II –, com o endereço do nosso site e um mapa com todo o trajeto. Eu estava há alguns metros, escorado no muro esperando meus amigos, e escutei todo o diálogo.

– Olha só, são brasileiros esses jovens.

– É uma viagem muito bonita essa.

– Que interessante. Veja que eles tem muitos equipamentos dentro do carro, estão realmente preparados para essa viagem.

– Olhe aquela garrafa, acho deve ser azeite para fritar umas batatinhas na hora do almoço. Brasileiro adora batata frita.
– Não creio que seja azeite, está mais com cara de xixi – disse uma delas, e saíram rindo.
Eu ainda estava me divertindo com a situação quando os rapazes voltaram. Expliquei o que tinha acontecido e eles também riram, mas pedimos para o Edgar se livrar da garrafa na primeira parada. Antes de pegar a estrada para Viena, na Áustria, prendi novamente minha bandeira do Brasil na porta do caroneiro para tapar a janela e impedir que o vento entrasse muito forte. Eu tinha ganhado aquela bandeira do meu amigo Vinícius Carvalho quando mudei para a China, em 2007. Era a mesma bandeira que ele tinha levado para o México quando morou lá, e a mesma que eu tinha levado no ano anterior para o Everest. Além de muito viajada, era uma bandeira útil.
Em Viena, fomos direto para o Palácio de Schömmbrum, um dos mais importantes monumentos culturais do país, e onde fica o mais antigo zoológico do mundo. O nome, que significa 'Linda Primavera' teve origem em um poço artesiano de onde era tirada a água consumida pela corte por volta do ano 1640, quando o palácio foi erguido. Deixamos a van no estacionamento que fica em frente, sempre com a bandeira do Brasil tapando o janela quebrada, e levamos apenas os pertences mais valiosos, como eletrônicos, a bola e a tocha. Tiramos fotos junto com alguns turistas em frente ao glamoroso prédio amarelo que tem 1.441 cômodos e corremos com a tocha junto com algumas garotas do Colorado, nos EUA, em frente à Fonte de Netuno. Depois, Edgar encontrou umas meninas da Macedônia e pediu que elas também assinassem a camisa do Brasil que ele estava usando. Na saída, paramos em um restaurante onde o Edgar tinha almoçado da última vez em que estivera ali, em 2006.
Por indicação da dona, uma senhora enorme, alta e gorda, pedimos um Big Goulash, prato tradicional local. Eu preferia comer um espaguete, mas já que todos tinham pedido o outro prato, acompanhei-os. Para beber, pedimos uma garrafa de Coca-Cola. Quando a comida chegou, foi aquela decepção, o caldo vermelho que vinha servido em uma travessa com escassos pedaços de carne, não enchia nem

um copo de cerveja. As batatas que pedimos de acompanhamento, não eram assadas, como imaginamos, mas fritas. Foi a pior refeição de toda viagem. Mas a parte mais horrível foi a conta. Cada prato custou seis Euros e cinquenta centavos. E a Coca-Cola de um litro e meio custou nove euros. Nove Euros! Nove Euros. Nove!

    Indignados e ainda com fome, fomos atrás da Carglass, empresa conveniada com a locadora da nossa van, para trocar o vidro quebrado. Infelizmente, eles não abriam aos sábados. Paulo, que era fluente em alemão e estava em contato constante por telefone com a locadora, Europcar, explicou que não poderíamos esperar em Viena até segunda-feira apenas para trocar o vidro. Em vez de encontrar outro lugar que pudesse fazer o serviço, a locadora insistiu para que fôssemos até o aeroporto da cidade para trocar de carro. Nos dariam, sem custo algum, uma van nova. A solução até que não era ruim, o problema é que passaríamos muito trabalho para retirar os adesivos antes de devolver o carro e ainda teríamos que imprimir outros novos para colar no veículo novo. Optamos por tentar encontrar uma empresa aberta em Praga, na República Tcheca, nosso próximo destino.

Ainda com a bandeira do Brasil na janela, passamos por várias vilas e pequenas cidades ao longo da estrada. Logo que entramos na República Tcheca, a paisagem mudou um pouco e passamos por diversas casas de shows eróticos. Pelo jeito, esse tipo de negócio ali dava dinheiro. Àquela hora do dia, entretanto, estavam quase todas fechadas.

Como o almoço tinha sido insuficiente para alimentar uns garotos em fase de crescimento como nós, paramos numa área aberta à beira da estrada para fazer um churrasco. Assei o resto da carne que havia sobrado do dia anterior e preparamos uma bacia de salada com um queijo local que o Paulo tinha insistido em comprar. Quando estávamos guardando as coisas para sair, um carro parou há menos de cinquenta metros de distância e duas garotas saíram correndo do banco de trás. Elas se agacharam atrás de umas moitas e, enquanto faziam suas necessidades, nos observavam. "Ou estão curiosas com o carro ou querem ter certeza que nenhum de nós vai até lá", pensei.

Apesar dos problemas de atraso do Lucas, da janela quebrada, de algumas estradas ruins e do cronograma fora de compasso, era muito divertido viajar com esses quatro amigos na van. Sempre tinha alguém contando uma piada, tirando sarro do outro ou contando histórias. Além disso, o isopor estava sempre carregado de cervejas para servir aos que não estavam dirigindo. Mas, para garantir o ambiente amigável e a segurança de todos, havíamos estabelecido algumas regras que eram geralmente seguidas à risca. Primeiro, apenas duas pessoas se revezariam na direção a cada dia. Assim os outros poderiam beber sem problemas. Como o Edgar não tinha carteira de motorista internacional nem brasileira, apenas chinesa, ficaria livre da direção e poderia beber todos os dias. A dupla de motoristas também seria responsável por manter o mapa aberto, encontrar as direções corretas e seguir o caminho pré-definido. O copiloto ficaria responsável por indicar o trajeto, cuidar das placas de sinalização, pagar os pedágios e garantir que o motorista não passasse do limite de velocidade. Os outros, por questões de ordem, só poderiam palpitar quando solicitado. A regra mais importante, é claro, dizia que se alguém fosse peidar, tinha que avisar antes para que os outros tivessem tempo de abrir os vidros. E assim seguíamos pela estrada, sempre nos divertindo e, na maioria das vezes, pelo caminho certo.

A República Tcheca, que, como a maioria dos países da Europa, esteve sob o domínio de diversos impérios ao longo da história, é considerada hoje a nação mais democrática e com a menor mortalidade infantil da região. Além disso, ainda conta com uma das redes de Internet mais rápidas do mundo e algumas das festas mais conceituadas.

Pouco antes da meia noite, chegamos a Praga, capital do país, e fomos atrás do hotel que tínhamos encontrado pela Internet. Seria muito mais prático e rápido se a gente fizesse nossas reservas de hospedagem com antecedência. Mas isso nem sempre era possível, porque poderíamos passar por imprevistos ou até mudar a rota em cima da hora. Provavelmente, se não tivéssemos perdido tanto tempo com o vidro quebrado, já estaríamos em outra cidade mais adiante. Sem o GPS, entretanto, foi difícil chegar até o endereço que tínhamos marcado no mapa, especialmente porque as ruas eram, em sua maioria, de mão única. A moça da recepção disse que não tinha mais vagas, mas deu um telefonema e descobriu que outro hotel da mesma rede tinha um quarto para quatro pessoas que custaria oitenta e cinco Euros. Com um mapa turístico em mãos, ela explicou como chegar até lá e onde havia um estacionamento seguro para deixar o carro.

Era mais de uma e meia da madrugada quando fomos atendidos pela Cristina, uma jovem de cabelos ruivos, busto avantajado e calça jeans apertada. Como estávamos em cinco e só havia quatro camas, Edgar ficou no carro esperando. Já que ele era parecido com o Paulo, usaríamos o mesmo artifício usado em Bortala, na China, para que pudéssemos entrar todos no hotel sem chamar a atenção da recepcionista. Alguns minutos depois, ao voltar do estacionamento, fiquei conversando com a Cristina para distraí-la e o Edgar passou por trás de mim com a cabeça baixa e subiu as escadas. Às duas e meia, saímos em busca da Karlovy, a maior casa noturna da Europa Central, que tinha quatro andares e ficava a algumas quadras de distância. Lucas, com a desculpa de que precisava trabalhar, ficou no hotel. Para economizar, fomos caminhando e, depois de quase meia hora, encontramos o lugar com uma fila enorme que dobrava a esquina. Quando conseguimos entrar, percebemos que o lugar estava lotado de turistas, na maioria jovens universitários. Cada ambiente tinha uma seleção musical diferente, mas como o lugar estava cheio, era difícil caminhar ou encontrar um espaço para dançar. Mesmo assim, resolvemos ficar e só voltamos para o hotel quando o sol estava nascendo, às seis horas da manhã.

35
Praga e o Vidro Novo

Domingo, 22 de julho de 2012. Faltavam cinco dias para a chegada em Londres. Em Praga, encontramos na Internet um vidraceiro que atendia emergências e pagamos cento e sessenta Euros pelo serviço. Por telefone, uma funcionária da Europcar garantiu que o seguro cobriria o conserto e que o valor pago seria descontado da fatura de pagamento do aluguel.

Mais relaxados, fomos até o distrito de Hradcany, que fica no alto de uma colina onde se tem uma excelente vista da cidade. É lá que fica o Castelo de Praga, que começou a ser erguido no ano de 870 e é o maior castelo antigo do mundo. Visitamos também a Catedral de São Vito, construída entre 1344 e 1349 em estilo Gótico e que é a maior e mais importante da República Tcheca. Depois, fomos ao Monastério de São Jorge e descemos até o Rio Vitava, onde pudemos observar a histórica Ponte Charles, que começou a ser construída em 1357 para substituir a Ponte Judith, que tinha sido danificada por uma catastrófica enchente cinco anos antes. Inicialmente chamada de Ponte de Pedra ou Ponte de Praga, e protegida por três torres, era a única passagem segura sobre o Rio Vitava até 1870. A torre que fica do lado da Cidade Antiga é considerada por muitos especialistas como a construção civil em estilo Gótico mais impressionante do mundo.

No meio da tarde, partimos para Wroclaw, na Polônia, vigésimo terceiro país da Expedição Olímpica. Como era de se esperar, as estradas estavam em excelentes condições e, depois de passarmos por

diversas cidades pequenas nas seis horas de viagem, chegamos ao destino às dez e meia da noite. Com o mapa do ipad aberto, fomos até o hotel que o Edgar já tinha encontrado na Internet. Fomos atendidos por uma senhora de sessenta e cinco anos com belos olhos azuis. Ela abriu uma enorme e pesada porta de madeira maciça, nos mostrou o quatro no segundo andar do antigo prédio e informou que cobraria quarenta Euros pela diária. O cômodo não era muito limpo, cheirava a mofo e não tinha banheiro privativo. Mas por esse preço não dava para esperar coisa melhor. Tinha três beliches com colchões de mola encostados na parede, uma pia e um espaço vazio no meio para as mochilas.

Deixamos as coisas sobre o carpete enrugado e saímos para conhecer a Praça do Mercado, que fica no coração da cidade e é um dos

maiores mercados de toda a Europa. Paulo e Edgar já tinham estado ali anos antes e sabiam que aquele era o principal ponto turístico da cidade. A maioria dos bares ao redor da praça já estava fechando e poucas pessoas caminhavam pelas ruas. Atrás do Antigo 'Town Hall', principal prédio da região, encontramos centenas de pessoas em pé ou sentados no chão, em bancos de madeira e cadeiras de plástico, assistindo a um filme em um telão instalado num dos cantos da praça.

Depois de comer, fomos até um caixa eletrônico para sacar dinheiro e encontramos quatro garotas, todas loiras de olhos azuis, que também estavam retirando dinheiro. Uma delas, que conhecia um pouco melhor a cidade, nos explicou que havia outra praça ali perto onde encontraríamos mais bares. Seguindo as orientações dela, encontramos a praça a algumas quadras dali e tentamos entrar num dos bares, no subsolo de um prédio antigo. Edgar e eu estávamos de bermuda e fomos proibidos de entrar. Sem opção, acabamos nos instalando numa mesa do bar ao lado, onde mais tarde encontramos as loiras do caixa eletrônico. Bebemos, conversamos por algum tempo e voltamos para o hotel às três e meia da manhã. Como Wroclaw é uma cidade universitária, os milhares de estudantes que vem de outras cidades e países para estudar acabam voltando para casa durante as férias de verão ou viajam para outros lugares, por isso a cidade estava vazia.

Depois de ter ficado sob o domínio de vários países, Wroclaw fez parte da Alemanha e foi um dos principais redutos do nazismo durante o Terceiro Reich. Após a Segunda Guerra Mundial, foi anexada à Polônia e tem hoje cerca de 640 mil habitantes. Um quinto da população da cidade, que é a quarta mais populosa do país, é de estudantes universitários.

Por causa do cheiro de mofo e da falta de ventilação no quarto, tive um ataque de renite durante a noite e fui obrigado a respirar pela boca para dormir. Por causa disso, além de roncar muito, acordei com o nariz entupido e a garganta doendo. Enquanto os outros continuaram dormindo, Edgar e eu fomos a um lugar indicado pela dona do hotel para imprimir os adesivos.

A mulher que nos atendeu não falava inglês nem alemão e não entendia o que Edgar estava pedindo. Ele, então, apontou para o computador e perguntou se podia usar. Ela concordou com a cabeça, mas fez cara de quem não sabia o que estava acontecendo. Edgar abriu um tradutor online, escreveu em português "Vocês fazem adesivos para carro?", e pediu a tradução para o polonês. Ela leu, deu um sorriso e disse que sim. "Quanto tempo demora?", ele escreveu em seguida. Ela fez sinal de negativo com a cabeça, pediu para usar o computador e escreveu algo em polonês. O tradutor não funcionou muito bem e a seguinte frase apareceu na tela: "Nossa empresa, outro endereço, aqui perto adesivos".

Atenciosa, ela pegou um mapa que havia sobre o balcão e nos explicou como chegar até o local, seis quadras dali. Logo que chegamos, fomos atendidos por um senhor de cerca de cinquenta anos, cabelos brancos e barriga saliente. Uma mulher, que parecia ser a esposa dele, estava no computador, e uma moça de cerca de vinte e dois anos, que parecia ser a filha, lia uma revista deitada no sofá. Um menino de sete anos e cabelos castanhos, jogava futebol no pátio em frente à casa. O homem falava alemão e Edgar conseguiu explicar-lhe que queríamos fazer dois adesivos grandes, de quase um metro quadrado cada, com impressão colorida sobre fundo branco.

– Podemos fazer, mas vai demorar um dia. Nossa máquina está ruim, tenho que imprimir em outro lugar – ele respondeu.

– Mas a gente precisa para hoje ainda, temos que chegar a Londres em quatro dias – suplicou Edgar, e contou resumidamente a nossa história, desde que saímos da China.

O Senhor ouviu o relato com atenção e resolveu nos ajudar.

– Ok. Vou acelerar o processo. Podem pegar às três da tarde – ele disse.

– Mas é muito tarde pra nós, temos que sair da cidade antes das duas da tarde.

O homem coçou o queixo, passou a mão no cabelo, olhou para o computador e para o balcão cheio de pedaços de papel, e abriu um sorriso.

– Passem aqui à uma da tarde então.

No meio da tarde, com os adesivos em mãos e o porta malas cheio de mantimentos, partimos para Berlim. Meia hora depois, paramos em um estacionamento à beira da estrada para fazer um churrasco, colar os adesivos e jogar um pouco de futebol. Talvez irritado com a fumaça ou o cheiro de comida, um polonês que estava estacionado ali perto saiu em disparada e quase nos atropelou com sua caminhonete. Por pouco, a câmera que estava sobre um tripé ao lado do carro também não foi destruída. Mesmo sabendo que não adiantaria de nada, xingamos o motorista em português. Sem parar, ele apenas colocou o braço pela janela e nos mostrou o dedo do meio, um dos gestos mais conhecidos pelo mundo.

Chegamos a Berlim às onze e meia da noite e fomos direto ao Portão de Brademburgo, mais importante marco da Alemanha na atualidade. Erguido no final do século XVIII como entrada principal da cidade, foi seriamente danificado durante a Segunda Guerra Mundial. Enquanto eu tirava fotos, Paulo foi conversar com taxistas para descobrir se havia algum hotel ou pousada onde pudéssemos nos hospedar por um preço mais amigável. Os hotéis que tínhamos encontrado na Internet cobravam cerca de noventa Euros, muito acima do nosso padrão habitual.

A algumas quadras dali, encontramos o Cityhostel, um prédio enorme, bem estruturado e organizado, que tinha sido indicado por um dos taxistas. Como decidimos não sair à noite, fomos até o refeitório para tomar umas cervejas. Ao ouvir a nossa conversa em português, três brasileiros se sentaram conosco e passamos algum tempo contando histórias sobre a nossa vivência na China. Pouco depois, um casal de gaúchos apareceu e começamos a falar sobre um festival de música que seria realizado ali na Alemanha em alguns dias e outro que seria na Bélgica. Empolgados por poder conversar com outros brasileiros, compramos mais cervejas e ficamos contando piadas até às quatro horas da madrugada.

    Quanto mais nos aproximávamos de Londres, mais nervoso eu ficava. Estávamos a apenas alguns dias do nosso destino final e eu já não tinha mais dúvidas de que conseguiríamos chegar no dia marcado, sexta-feira. Eu já tinha feito contato com alguns jornalistas, emissoras de TV, websites, rádios e revistas que nos entrevistariam na sede dos Jogos Olímpicos de 2012. A primeira seria com o Sportv, canal de TV a cabo para o qual eu já havia trabalhado por alguns anos e que já tinha acompanhado a nossa saída em Pequim.

36
DE BERLIM A BRUXELAS

– Acho que é esse aqui é o melhor café da manhã que a gente já teve na viagem inteira – eu disse depois de ter devorado dois sanduíches, três fatias de bolo, um prato de frutas, duas tigelas de cereais com iogurte, uma caneca de café e dois copos de suco de laranja.

– Aquele no hotel cinco estrelas no Turcomenistão também estava muito bom – comentou Edgar.

– Mas aqui é um hostel, só o que comemos nesse café da manhã já valeu o preço da hospedagem – disse Paulo enquanto colocava sal nos três ovos cozidos que comeria em seguida.

Essa provavelmente seria a nossa única refeição decente do dia, já que pretendíamos lavar roupas, visitar a cidade e depois partir para a Holanda. De barriga cheia, colocamos as coisas no carro, ajeitamos um adesivo que ainda teimava em descolar da porta e fomos até uma lavanderia com autoatendimento. Em poucos dias, chegaríamos a Londres e essa seria nossa última oportunidade de deixar as roupas em ordem.

Após colocar as roupas em duas máquinas, fomos visitar o Memorial ao Muro de Berlim, que não ficava muito longe. Além de ver um pedaço ainda intacto do muro que separou a Alemanha em dois países após a Segunda Guerra Mundial, visitamos as ruínas subterrâneas da sede da Inspetoria de Campos de Concentração, onde diversos departamentos da Gestapo haviam sido lotados. Ali, encontramos uma exibição de fotos e recortes de jornais que lembravam as atrocidades da guerra e os Judeus mortos no Holocausto. Voltamos à lavanderia, colocamos as roupas em duas máquinas de secar e ficamos esperando por cerca de meia hora. Depois, saímos para visitar outros locais históricos da cidade, que surgiu em meados do século XII, e que sediou os Jogos Olímpicos de 1936, momento em que Hitler tentou mostrar ao mundo a supremacia da raça ariana.

No gramado em frente à Catedral de Berlin e ao Museu Altes, na Ilha dos Museus, Bruno e Edgar intimaram Lucas e Paulo para um jogo de futebol dois contra dois. Disposto a preservar minha integridade física, preferi ficar apenas observando e registrando o momento. O jogo foi duro e muito disputado e a bola constantemente invadia a área em que algumas garotas se reuniam sobre uma enorme toalha

colorida. Para evitar confusão e contusões, achei melhor encerrar o jogo e seguirmos para o próximo ponto turístico.

Fomos até o Prédio Reichstag, erguido no final do século XIX, onde funciona atualmente o Parlamento Federal da Alemanha. Em seguida, fomos novamente até o Portão de Brademburgo para mais algumas fotos. Chegando lá, para nossa surpresa, vimos diversos personagens fantasiados que cobravam para tirar fotos com os turistas, como o Darth Vader e um par de soldados dividindo o mesmo caixote, um com uniforme militar dos EUA e outro com uniforme da Alemanha.

Por volta das quatro horas da tarde, encerramos nosso passeio por Berlim e partimos em direção à Holanda. Eu já tinha conversado por e-mail com a Lieke, uma amiga que morava em Amsterdam e que tinha oferecido hospedagem na casa que dividia com mais duas amigas. "A sala é grande, tem espaço pra colocar colchonetes e cobertores para todos vocês, sem problema", escreveu.

Sem o GPS, foi difícil encontrar o endereço que ela tinha me enviado por mensagem para o celular. Paramos em frente a um supermercado e liguei para a Lieke para tentar descobrir uma maneira de encontrá--la. Já era quase meia noite. Sem conseguir explicar onde estávamos, pedi ajuda a um casal que caminhava de braços dados pela calçada. Após conversar com a minha amiga, o rapaz conseguiu mostrar no mapa do ipad o caminho que deveríamos fazer. Agradecemos a ajuda e saímos rodando pela noite escura de Amsterdam, poucos veículos transitavam pelas ruas àquela hora. Trinta minutos depois, quando finalmente encontramos o endereço, Lieke nos recebeu com um enorme sorriso. Parecia realmente feliz por nos receber, especialmente porque tinha acompanhado a nossa jornada pela Internet desde a primeira semana. Largamos nossas coisas na sala, onde já havia alguns colchões, cobertores e roupas de cama, e saímos para conhecer a vida noturna da cidade. Ela já tinha conversado com alguns amigos para obter informar sobre os melhores lugares para nos levar em plena terça-feira, mas descobriu que não havia muitas opções. Para não perder a viagem, fomos conhecer alguns bares e encontrar com amigos dela que já estavam se divertindo. Estacionamos na esquina de uma rua pouco movimentada e saímos caminhando. Nas redondezas dos bares, encontramos muitas pessoas bêbadas, algumas vomitando nos becos escuros, e outras drogadas ou envoltas em uma nuvem de fumaça de maconha. Todos os bares pelos quais passamos estavam vazios. Seguimos e fomos encontrar com os amigos dela num bar com dois longos balcões de madeira e pequenas mesas redondas espalhadas pelo salão mal iluminado. A música, apesar de ser rock'n'roll, não estava muito alta e foi possível conversar. Tomamos algumas cervejas, colocamos a conversa em dia, contei algumas histórias da Expedição Olímpica e ouvi outras sobre a vida dela em Amsterdam. Depois, fizemos uma caminhada pelo distrito vermelho, a famosa região de prostituição da cidade. Ao cruzar as estreitas ruas de chão de pedra, encontramos vitrines onde as mulheres se exibiam, algumas dançando, outras fazendo poses sensuais. Outras, nem tão interessadas em agradar ao público, pouco se moviam. Ficavam sentadas ou escoradas na parede e às vezes esboçavam um leve sorriso aos visitantes mais entusiasmados. Era possível encontrar mulheres para os mais variados gostos, de todas as idades, cores e tamanhos.

Às quatro e meia da manhã, deitei-me sobre um grosso cobertor no chão de madeira da casa e relaxei. Podia não ser a mais confortável das camas, mas a hospitalidade com que ela nos recebeu durante aquele curto período de tempo em Amsterdam foi espetacular. Ainda mais feliz eu estava porque sabia que chegaríamos em breve a Londres e que encerraríamos a Expedição Olímpica no prazo, sem muitos imprevistos e com dezenas de estórias para contar. "Acho que se juntar tudo posso escrever um livro", foi o que pensei, enquanto me ajeitava sob o lençol.

Acordei às nove horas, ainda cansado, e percebi que a Lieke não estava em casa. Chamei os rapazes e começamos a nos preparar para sair. Meia hora depois, enquanto Bruno estava no banho, nossa anfitriã voltou com duas sacolas de plástico.

– Vou preparar um tradicional café da manhã holandês para vocês – disse sorridente, e começou a arrumar uma comprida mesa de madeira no quintal.

Antes de começarmos a comer, Lieke nos mostrou o queijo local que, segundo ela, é a parte mais importante do café da manhã, e os

outros ingredientes que estava servindo. Além de café, suco de laranja, leite e iogurte, também tinha pão integral, confetes, daqueles coloridos que a gente usa em bolos e docinhos no Brasil, torradinhas, 'sour bread' – que é um tipo de pão de leite azedo –, manteiga de amendoim, 'breakfast cake' – que parece um bolo de milho –, wafles e patê.

– Esse confete é para colocar no pão depois de passar a manteiga de amendoim – ela explicou. – Meu pai adora isso, sempre comemos assim na minha casa.

Lucas, que chegou atrasado e não ouviu todas as explicações, pegou uma fatia de pão, colocou alguns pedaços de queijo e espalhou patê por cima.

– Não, você não devia ter feito isso. Assim você estraga o sabor do queijo – ela disse, e nós caímos na gargalhada.

Rielle, a colega de quarto dela, que tinha acabado de chegar, também ficou espantada com tamanho ultraje e a falta de bom gosto do nosso amigo. Rimos mais um pouco, e nos esbaldamos com aquele delicioso café da manhã.

Antes de seguir viagem, Lieke nos ajudou a colar a bandeira da Holanda na frente da van, ao lado das bandeiras de todos os países pelos quais já tínhamos passado durante a Expedição Olímpica. Ela ficou feliz com a honra e, depois de tirar fotos conosco e com a tocha, explicou o caminho até um posto de gasolina. Nos despedimos e tentamos seguir fielmente as indicações que ela tinha dado, mas o trajeto era muito complexo e acabamos nos perdendo. O tanque de combustível estava praticamente vazio e a tensão aumentava a cada minuto que passávamos dirigindo sem encontrar um posto. Só depois de meia hora e algumas paradas para pedir informações, encontramos um pequeno posto de gasolina. Enchemos o tanque, compramos alguns mantimentos e paramos o carro perto do centro ao lado de um enorme estacionamento para bicicletas.

Amsterdam, além de ser a capital da Holanda, é a capital mundial das bicicletas, especialmente porque é uma cidade pequena, plana e repleta de ciclovias. Para os moradores locais, que dificilmente preci-

sam percorrer grandes distâncias durante o dia, é conveniente e barato pedalar. A cidade fica a dois metros abaixo do nível do mar e grande parte do seu território foi erguido sobre aterros. Os diversos canais artificiais construídos no século XVII, que cortam a cidade em várias direções, são até hoje importantes vias de locomoção. Além de pequenos e médios barcos particulares que circulam pelas águas de Amsterdam, há os barcos de passeio que levam os turistas aos principais pontos de interesse da região e os que servem como meio de transporte público. O nome da cidade deriva da palavra 'Amstelredamme', que significa que a cidade nasceu da construção de uma barragem no Rio Amstel. Inicialmente estabelecida como uma vila de pescadores no final do século XII, chegou a ser um dos portos mais importantes do mundo e um renomado centro financeiro e de transação de diamantes durante a época de Ouro da Holanda.

Caminhamos pelas ruas que cortavam os canais e ficamos admirados com a arquitetura dos prédios, com muitas características da escola renascentista holandesa. Era minha quarta visita à Holanda, mas continuava impressionado com as construções e, principalmente, com a vontade deles em erguer uma cidade daquele tamanho sobre um pântano. Quando chegamos à 'Ponte Magra', um dos cartões postais de Amsterdam, Lucas pediu a bicicleta emprestada a um senhor que passava a caminho do trabalho. Ele queria pedalar com a tocha para ilustrar o nosso documentário. Sob os olhares atentos do dono da bicicleta, que ficou no meio da ponte, ele começou a pedalar em nossa direção com a tocha erguida. Ao se aproximar, no entanto, ele percebeu que a bicicleta não tinha freios normais, daqueles acionados facilmente com as mãos.

– Vou cair, vou cair, me ajuda – gritou em frente à câmera.

Quando conseguiu frear com os pés, já estava quase no meio da rua e por pouco não foi atropelado. Ao observar a situação, o dono da bicicleta levou as mãos à cabeça. Deve ter se arrependido de emprestar a bike pro Baiano. Enquanto isso, dezenas de outras pessoas pedalavam na ponte para chegar à outra margem do Rio Amstel e alguns barcos passavam por baixo, navegando pelas águas tranquilas daquela manhã de verão. Depois de caminhar mais um pouco pela cidade, voltamos até o carro para buscar a bola que tinha sido esquecida. Procuramos no bagageiro, embaixo dos bancos, dentro do isopor e das malas e não a encontramos. Não podia ser, não podíamos ter perdido aquela bola que nos acompanhava desde o primeiro dia de Expedição. Tínhamos uma ligação emocional com aquela bola, nossa companheira de viagem por vinte e cinco países. Mas quis o destino que ela sumisse dois dias antes de chegarmos ao nosso destino final. Teria sido descuido? Teríamos sido roubados? Na esperança de tê-la esquecido na sala onde tínhamos dormido aquela noite, liguei para a Lieke. Ela procurou por todos os cômodos da casa, mas não encontrou.

– A bola deve ter rolado pra fora do carro em algum momento quando a gente andava com a porta de trás aberta – comentei.

Em lugares movimentados, onde a vista merecia um pouco de atenção, e também porque fazia muito calor, a gente abria a porta de trás para fazer imagens e acenar para as pessoas na rua. E assim, num momento de descuido coletivo, perdemos um elemento importante e significativo para a Expedição Olímpica, a bola que representava o espírito esportivo e que nos abrira tantas portas por onde passamos. Tristeza geral.

– Precisamos comprar outra bola vermelha – disse Edgar quando embarcamos no carro.

Desolados, partimos em direção a Bruxelas, na Bélgica. Chegamos às sete e meia da noite e fomos direto ao Carrefour para comprar uma bola e comida. Compramos bebidas, comidas, guloseimas e água, muita água. Mas a única bola que encontramos não era igual à nossa, tinha alguns poucos gomos vermelhos apenas, outros eram todos brancos.

– Vou pintar esses gomos, então. Quero que fique igual à outra por causa das fotos e do documentário – disse Edgar, e comprou também um pincel atômico vermelho.

Enquanto procurávamos o endereço do apartamento que tínhamos alugado pela Internet, Edgar se concentrava em pintar cuidadosamente a nova bola. Era um apartamento grande, limpo e organizado, de dois andares, com dois quartos com camas de casal e um sofá, Internet e televisão. A cozinha também era grande e muito bem equipada. Preparamos macarrão carbonara, filés de frango grelhados e salada. Ainda cansados da noite anterior, bebemos cerveja na sala e ficamos assistindo TV até às duas horas da manhã. "Se a gente quisesse, poderia sair amanhã bem cedo para chegar em Londres à tarde", pensei. Estava realmente ansioso para chegar ao destino final e encerrar a Expedição Olímpica no prazo, mas não precisávamos nos apressar. Estávamos a apenas quatrocentos quilômetros de distância da sede dos Jogos Olímpicos e só precisaríamos chegar lá na sexta-feira à tarde, ainda tínhamos pouco mais de trinta e seis horas.

37
ENFIM, A INGLATERRA

QUANTO MAIS A GENTE se aproximava de Londres, mais eu demorava para dormir. Ficava rolando na cama, ansioso com a chegada, e ao mesmo tempo, pensando em tudo que poderia dar errado nos poucos dias que restavam. Seria muito azar. Também relembrava os momentos mais legais da Expedição Olímpica, e repassava o mapa na cabeça para lembrar os detalhes de cada um dos países que cruzamos. Às vezes, imaginava a nossa chegada à Inglaterra, em meio a muita festa, comemorações e entrevistas. Naquela noite em Bruxelas, não foi diferente. Se a gente quisesse, poderíamos chegar a Londres já no dia seguinte, quinta-feira, 26 de julho. Mas preferimos dormir lá perto e chegar em grande estilo na sexta-feira pela manhã.

Mesmo tendo dormido apenas cinco horas, acordei empolgado. Os outros já estavam de pé. Paulo traçava a rota para visitarmos os principais pontos turísticos de Bruxelas. Edgar pesquisava as informações necessárias para atravessarmos o Canal da Mancha pelo Eurotúnel e chegarmos à Inglaterra.

Para dormirmos tranquilos na nossa última noite antes da chegada a Londres, Edgar ainda reservou dois quartos num hotel perto do aeroporto de Gatwick, ao sul da cidade. O trajeto de lá até o centro era fácil e não teríamos problemas para nos locomover no dia seguinte. Ao contrário do que tínhamos imaginado, os dois últimos dias estavam sendo os mais tranquilos. Tínhamos tempo de sobra para visitar monumentos em Bruxelas e percorrer sem pressa o caminho até a Inglaterra.

Primeiro, fomos visitar a estátua do menino fazendo xixi, no centro da cidade. Além de ser capital da Bélgica, Bruxelas é também a capital de fato da União Europeia. Não existe uma capital oficial da União Europeia, mas Bruxelas recebeu esse título porque é lá que fica o Parlamento Europeu.

Depois de fazer parte da Holanda e da França, a Bélgica conseguiu sua independência em 1830, mas até hoje o país tem duas línguas oficiais, o holandês e o francês. Eu já tinha visitado a cidade vinte um anos antes, e uma das poucas lembranças daquela viagem que fizera com a família na adolescência era da desilusão que tive ao encontrar aquela pequena estátua de bronze tão famosa. Havia muitos turistas na esquina onde fica a estátua de sessenta e um centímetros de altura de um garoto fazendo xixi. E todos queriam tirar fotos, especialmente o enorme grupo de visitantes chineses. Dali, fomos até a Grande Praça, que é o principal ponto turístico de Bruxelas e que foi declarada Patrimônio da Humanidade pela Unesco. Os diversos prédios que cercam a praça foram erguidos em épocas diferentes e com estilos arquitetônicos distintos, como Barroco, Gótico e Luiz XIV. Quase totalmente destruída pelo exército francês em 1695, foi reconstruída nos quatro anos seguintes seguindo projetos aprovados pelas autoridades locais. Ali, jogamos futebol pela primeira vez com a nova bola, pintada de vermelho pelo Edgar.

Embarcamos no *Thunder Love II* e fomos para a França, vigésimo sétimo país da viagem e último antes do destino final. No caminho, comecei a analisar a planilha do nosso trajeto inicial e percebi que alguma coisa estava errada.

– Pela nossa planilha inicial, chegaríamos a Londres no dia 27 de Julho, dia da abertura dos Jogos Olímpicos e 57° dia da viagem. Não é isso? – perguntei para o Paulo.

Ele puxou o ipad e começou a analisar a planilha. Não fosse por uma pequena placa à beira da estrada, não saberíamos que tínhamos entrado na França. A paisagem continuava a mesma, com extensas planícies cobertas de pasto e rebanhos de gado espalhados ao redor da rodovia.

– É isso mesmo. O primeiro dia foi 2 de junho. E o 57° dia é em 27 de Julho – ele respondeu.

— Mas, pelas minhas contas, amanhã é o 56º dia, e é 27 de julho — retruquei.

Eu tinha uma pasta onde guardava as fotos e vídeos separados por dia, em sequência. Uma das duas listas estava errada. Se fosse a minha, passaria um trabalho danado para separar novamente as fotos pelos dias corretos.

— Dá uma olhada com calma nessa tua planilha, dia por dia, e vê se não tem alguma coisa errada — pedi.

— Ih, encontrei o erro. Eu tinha feito a planilha com numeração automática dos dias, mas por algum motivo ela pulou um dia e a gente não percebeu — ele confirmou. — Realmente, a nossa viagem vai ter durado 56 dias. Opa! Ganhamos um dia!

Uma hora depois, chegamos à entrada do Eurotúnel, onde também ficava a imigração de entrada da Inglaterra. Pouco antes dos guichês, paramos no meio da estrada para manter a tradição de jogar futebol e correr com a tocha em todos os países do trajeto, coisas que ainda não tínhamos feito na França. Então, com a imigração ao fundo, fizemos imagens para o documentário e tiramos fotos.

— Vocês têm reserva? — perguntou a mulher no guichê de atendimento.

— Não temos — respondeu Bruno.
— São duzentos e trinta Euros só de ida — ela disse.
— E se comprarmos ida e volta?
— Nesse caso, são duzentos e quarenta Euros, mas precisam reservar o dia e a hora da volta.

Por dez Euros a mais, poderíamos comprar a volta também, uma enorme vantagem financeira. Não tínhamos certeza do dia da volta, mas como o movimento estava fraco e nenhum carro tinha parado atrás do nosso, passamos alguns minutos discutindo a situação.

— Vamos sair da Inglaterra no dia 30 de julho, pra dar tempo de chegar a Frankfurt e devolver o carro — disse Baiano.

— Mas a gente vai estar em Manchester na noite anterior, onde vai ser o jogo de futebol do Brasil — argumentou Edgar.

— Melhor pegar um horário mais para o final da tarde. Aí saímos cedo de Manchester, vocês deixam a gente em Londres e seguem viagem de volta — disse Paulo.

Concordamos e compramos o bilhete de volta para às quatro horas da tarde do dia 30 de julho.

— Vocês tem uma margem de duas horas para menos e para mais. Podem chegar entre duas e seis horas da tarde que não pagam diferença. Se chegarem depois das seis, tem que pagar um adicional — ela informou e entregou os bilhetes.

Passamos pela imigração e paramos no estacionamento, onde havia lojas, banheiros e restaurantes. Enquanto brincávamos com a bola ao lado da van, dois ingleses que esperavam para pegar o mesmo trem vieram conversar conosco. Tinham visto os adesivos colados na van e ficaram interessados. Eram de uma pequena cidade no sul da Inglaterra, do outro lado do túnel, e trabalhavam em Paris. Voltavam para a cidade natal apenas nos fins de semana e feriados para visitar familiares e amigos.

— Vocês vão acompanhar alguns jogos das Olimpíadas? — perguntou Edgar.

— De jeito nenhum — respondeu um deles, o Edward, que tinha os braços cobertos por tatuagens.

— Londres vai estar cheia demais, vai ser uma bagunça, só loucos vão pra lá. Vocês são muito corajosos – completou o outro, Stuart.

— E também tem ameaças de atentados – disse Edward.

É mesmo. Eu tinha ouvido falar de algumas ameaças de atentados. Mas como o governo britânico pretendia prevenir esses atentados? Nosso carro não tinha sido revistado desde a nossa passagem pela Romênia. Qualquer um que quisesse entrar na Inglaterra com uma bomba poderia facilmente ir de carro sem ser importunado. E essa ideia me deixou preocupado. E se realmente alguém tivesse feito isso?

Conversamos mais um pouco com Edward e Stuart e embarcamos na van. Era hora de subir no trem. Seguimos pela estrada sinalizada e passamos por um viaduto sobre um emaranhado de trilhos. Lá de cima, já dava pra ver o trem que nos levaria. Um guarda com roupa amarela indicou a porta e subimos em um dos últimos vagões, completamente aberto. Fomos seguindo por dentro do trem até que a caminhonete da frente parou e um funcionário passou para verificar se os veículos estavam corretamente parados. Carros menores iam por outra fila e entravam mais adiante. Pouco antes de entrarmos, percebi que alguns vagões tinham dois andares, onde esses carros menores provavelmente se instalariam.

Aproveitamos que era obrigatório descer dos veículos e ficamos conversando com as pessoas ao redor. Um senhor de Hong Kong, de cinquenta e sete anos de idade e roupas de ciclista, elogiou nossa aventura e afirmou que estava viajando de bicicleta pelo mundo há oito anos.

Outro senhor indiano, com um turbante na cabeça e uma câmera na mão, filmou nossa conversa e o carro. Depois me entrevistou e pediu que eu explicasse o que era a Expedição Olímpica. Aproveitando o ensejo, Paulo correu com a tocha dentro do trem, entre os carros. Ainda fizemos uma rodinha de futebol atrás da van, que era o último veículo do vagão. Durante o resto da viagem, que durou trinta e cinco minutos, brincamos com a bola junto com as pessoas que estavam ao redor. Foi um momento divertido, a bola batia no carro, no chão e nas paredes do trem enquanto os ingleses e o indiano tentavam desastrosamente fazer algumas embaixadinhas.

Quando o trem parou, descemos em solo britânico rumo ao sul de Londres. Estava escurecendo quando encontramos o hotel, um lugar pequeno, rústico e familiar. Depois de nos instalarmos nos quartos, descemos até o restaurante que ficava no térreo. Para passar o tempo, tomamos algumas cervejas e assistimos o segundo tempo da partida de futebol masculino entre Brasil e Egito já pelos Jogos Olímpicos.

– Que jogo fácil – comentou Edgar ao ver que o Brasil estava ganhando por três a zero. Entretanto, o time parou de jogar e o Egito se organizou em campo. Em poucos minutos, tomamos dois gols e quase levamos o terceiro. O jogo acabou três a dois, mas percebemos que o time brasileiro ainda estava um pouco desentrosado.

– Do jeito que tá, vai ser difícil levar a medalha de ouro – previu Paulo quando subimos para o quarto ao final do jogo.

Chegamos a dar uma olhada no cardápio do hotel, mas um hambúrguer custava nove Libras, cerca de dezesseis dólares. Para economizar, comemos o que havia no carro: pão com queijo, biscoitos, iogurte e suco. Às duas horas da manhã, fomos para a cama. Deitado, repassei mentalmente alguns momentos que marcaram a expedição: A despedida dos amigos na saída de Pequim, os homens das cavernas na China, o adeus ao *Thunder Love*, o trator na entrada do Cazaquistão, a carona em uma viatura de polícia em Almaty, a carroça de burro na fronteira com o Uzbequistão, a estrada horripilante no Tajiquistão, o futebol com crianças e adolescentes em vários países, as corridas com a tocha, o passeio de balão na Turquia, a visita a Olímpia, o mergulho na Croácia, o encontro com os amigos brasileiros e o *Thunder Love II*, a balsa para entrar na Bulgária, o banho no Rio Danúbio, a janela quebrada em Budapeste, os churrascos, o hostel ilegal na Romênia, a recepção em Amsterdam e o desaparecimento da bola vermelha. Parecia que estávamos viajando há muito mais que dois meses. Tínhamos passado por tantos lugares e tantas experiências incríveis, conhecido tantas pessoas, enfrentado alguns poucos problemas e, acima de tudo, nos divertido muito. Em breve, no entanto, chegaria ao fim essa tão espetacular viagem que certamente mudaria para sempre a maneira como cada um de nós via o mundo.

38
A Chegada

Despertei assim que os primeiros raios de sol penetraram pelas frestas da grossa janela de madeira e saí, sorrateiramente, para dar uma caminhada sob as árvores ao redor do hotel. Estava ansioso para chegar a Londres e não conseguiria mais dormir. Se ficasse no quarto, acabaria acordando os outros. Sentei num banco de madeira e fiquei alguns minutos observando os aviões que chegavam e partiam do aeroporto de Gatwick. E não é que fizemos a viagem no prazo? Mesmo sem o nosso Santana branco, conseguimos chegar no prazo. Será que teríamos tido o mesmo sucesso se estivéssemos com o nosso carro? Talvez. Mas não teríamos passado por várias das experiências mais emocionantes e divertidas, como andar de carroça e trator ou ser escoltado pela polícia até um bar do Cazaquistão.

Como o trânsito estava ruim dentro da cidade, combinei com a Roberta Garcia, repórter do Sportv que acompanharia nossa chegada, de nos encontrarmos à uma da tarde em um posto de serviços na autoestrada que nos levaria a Londres.

Depois de cinquenta e seis dias e 22.500 quilômetros rodados em vinte e oito países, a Expedição Olímpica estava chegando ao fim. Naquele momento, dirigindo rumo ao Big Bem e senti um misto de alegria, tristeza e alívio. Alegria, porque estávamos chegando para assistir aos Jogos Olímpicos depois de meses pensando nisso; tristeza, porque não teríamos mais aquela emoção de viver novas aventuras diariamente; e alívio, por ter chegado no prazo e não ter mais a obrigação

de contar o nosso dia-a-dia em português e inglês na Internet. Foram dois meses vividos com muita intensidade, sem nenhuma briga ou desentendimento, o que fortaleceu a amizade e a cumplicidade entre os três. As poucas vezes que discutimos, ainda que incitados pelo cansaço, foram para definir a rota em trechos mais complicados.

Mesmo com alguns atrasos no primeiro mês de viagem, ainda conseguimos incluir mais três países que não estavam no roteiro original: Montenegro, Croácia e Bósnia e Herzegovina. Assim, acompanhados de perto pelo tradicional táxi londrino que carregava o logo do Sportv, entramos na região metropolitana de Londres às três horas da tarde, exatamente como havíamos previsto meses antes. Inicialmente, a nossa ideia era chegar até o Estádio Olímpico, local da Cerimônia de Abertura dos Jogos. Mas, como sabíamos que isso seria impossível, optamos por tentar chegar ao Palácio de Westminster, sede do Parlamento inglês e mundialmente famoso pela Torre Elisabeth, aquela que ostenta um enorme relógio e o sino 'Big Ben'. Guiados pelo taxista que conhecia todas as ruas da cidade, estacionamos em um hospital infantil que fica na margem oposta do Rio Tamisa e fizemos ali, com o Palácio de Westminster ao fundo, a primeira corrida com a tocha na sede dos Jogos da XXX Olimpíada.

Depois de meia hora gravando à beira do rio, fomos encontrar o repórter Albert Steinberger, da BBC Brasil. Ele andou na van conosco por algumas ruas famosas de Londres e gravou o momento em que colocamos o último adesivo com a bandeira da Inglaterra na frente do carro. Após a entrevista, ele nos explicou como funcionava o aluguel de bicicletas na cidade e indicou alguns lugares para sair à noite.

Às quatro horas da tarde, depois de encerradas as entrevistas, comemos uma pizza e compramos um chip de celular para facilitar a comunicação na cidade. Depois, fomos até um hostel que o Paulo tinha encontrado pela Internet, perto do parque Hyde, sede das competições de triatlo e maratona aquática. Mais uma vez, conseguimos apenas um quarto para quatro pessoas e mais uma vez Edgar ficou escondido no carro para entrar depois. Tomamos banho, preparamos um macarrão com salada e saímos de van para conhecer a vida noturna da cidade. Fomos até Picadilly Circus, região onde há uma grande concentração de bares, restaurantes e boates. Lá, encontramos centenas de pessoas de diversas partes do mundo vestindo as cores de seus países, erguendo bandeiras, cantando, tocando instrumentos musicais, pulando, abraçando pessoas de outras nacionalidades e de diferentes crenças religiosas, uma verdadeira festa democrática onde o mais importante era a alegria por fazer parte de um evento tão grandioso e espetacular quanto os Jogos Olímpicos. Alguns estabelecimentos comerciais exibiam em televisores e telões a Cerimônia de Abertura, que estava sendo realizada naquele momento no Estádio Olímpico de Londres. A multidão que tomava as ruas da cidade não parecia muito preocupada em assistir àquele evento. E nós entramos na onda, nos juntamos ao povo e finalmente celebramos eufóricos a nossa chegada. Agora já não tínhamos mais prazo algum para cumprir, nem rotas para traçar, queríamos apenas nos divertir.

39
O Estádio Olímpico de Londres

Chegamos ao enorme centro comercial que havia numa das entradas do Parque Olímpico e caminhamos no meio da multidão até encontrar uma placa indicando o trajeto para o estádio. Viramos à esquerda e fomos em direção aos voluntários que conferiam os ingressos de quem entrava. Eu imaginei que poderíamos chegar a pé até o Estádio e que os ingressos seriam necessários apenas para entrar em cada um dos locais de competição erguidos na mesma área, como as arenas de polo aquático e basquete, o centro aquático, o circuito de BMX, o velódromo ou o estádio de handball e pentatlo moderno.

– Se vocês não têm ingressos para hoje, não podem entrar – informou o voluntário que nos barrou.

Os ingressos seriam cobrados apenas na entrada de cada evento, mas para entrar no parque era preciso apresentar o bilhete de pelo menos uma competição para aquele dia. Assim, o número de pessoas naquela área poderia ser controlado. Lá dentro, além dos locais de competição, havia restaurantes e telões e era possível deitar na grama para assistir a outros eventos que estavam ocorrendo naquele momento. Quem quisesse, poderia passar o dia desfrutando do espírito Olímpico que enchia o lugar, bastava ter um ingresso.

– Mas só queremos tirar algumas fotos na frente do estádio – tentei argumentar.

– Apenas se tiverem ingressos.

– Então, onde podemos comprar ingressos? – insistiu Edgar.

– Aqui não vende ingresso, apenas na Internet podem comprar – respondeu o rapaz.

– Quem se arrisca a sair correndo com a câmera na mão em direção ao estádio? – perguntei aos rapazes. – Não tem nenhum policial aqui, só esses voluntários.

– Vai o Baiano – disse Bruno.

– Sempre tem que ser eu, né – reclamou Lucas, já pegando a câmera.

Se ele corresse, não seria difícil passar pelos voluntários que nos separavam do pátio que levava até o estádio. Se fosse rápido, e entrasse pelo menos algumas dezenas de metros, poderia fazer algumas imagens do estádio. Mas, enquanto Lucas tomava coragem, vimos a chegada de uma tropa de policiais de elite, armados até os dentes, com capacetes e coletes à prova de balas. Preocupados, achamos coerente não insistir com aquela brincadeira insana.

— Mas vão desistir assim fácil, no primeiro problema, depois de vir de tão longe? – perguntou Marcelo Duarte, apresentador da ESPN Brasil que nos acompanhava naquele dia, e apontou o microfone na minha direção.

— Não, não vamos desistir. Vamos tentar achar outra entrada – respondi.

Na calçada em frente ao centro comercial, vimos um rapaz com a camisa do Brasil sendo algemado e levado por três policiais. Era mais um cambista brasileiro preso.

Já na van, e ainda acompanhados pelo pessoal da ESPN Brasil, tentamos entrar em várias ruas ao redor do Parque Olímpico na expectativa de encontrar algum lugar onde fosse possível ver o Estádio Olímpico. Infelizmente, por questões de segurança, todos os bairros da região estavam fechados e eram controlados por policiais. Apenas moradores com identificação poderiam entrar. Em uma das barreiras em que fomos parados, conseguimos ver um pedacinho do estádio, mas aquilo não era o suficiente, precisávamos encontrar uma maneira de nos aproximar.

— Vamos levá-los ao estúdio da ESPN? – sugeriu Caio Salles, jornalista amigo meu que trabalhava com o Marcelo.

— Dá pra ver o estádio de lá? – perguntei.
— É do lado do estádio, dá pra ver tudo. Vamos lá – respondeu Marcelo Duarte.

Demos a volta, passamos mais uma vez em frente ao centro comercial, seguimos mais alguns quarteirões e chegamos a um enorme portão fechado. Eles mostraram as credenciais da ESPN e o segurança nos deixou entrar. Cem metros à frente, o estádio surgiu imponente diante de nossos olhos. Eufóricos, viramos à direita duas vezes e deixamos a van no estacionamento.

Atravessamos todo o complexo da emissora, subimos algumas escadas e entramos no estúdio da ESPN Brasil, que ficava no alto da estrutura temporária e tinha uma vista privilegiada do estádio. Dali também podíamos ver a pira que tinha sido acesa pela tocha Olímpica. Comemoramos e fizemos mais uma corrida com a nossa tocha de plástico. Tínhamos atingido o nosso objetivo principal, que era chegar ali no dia da abertura oficial dos Jogos Olímpicos, e conseguido chegar perto do Estádio Olímpico. Mas a gente queria mais. Queríamos aproveitar o máximo possível os dias que ainda nos restavam.

No dia seguinte, saímos cedo para Manchester, onde tentaríamos comprar ingressos para assistir ao jogo de futebol masculino entre Brasil e Bielorússia. Depois do jogo, se tudo corresse bem, seguiríamos para Liverpool, terra dos Beatles, para passar a noite.

Como aquele seria o único evento esportivo que participaríamos juntos, estávamos ansiosos para conseguir entrar. No caminho, encontramos milhares de brasileiros cantando, dançando, pulando e agitando bandeiras. A festa era grande e conseguimos comprar cinco ingressos para o setor mais alto do estádio, atrás de um dos gols.

O time comandado por Mano Menezes saiu perdendo com um gol de Renan Bressan, brasileiro naturalizado bielorrusso, aos sete minutos de jogo. O placar desfavorável, porém, não intimidou a torcida canarinho, que era maioria entre os mais de sessenta e seis mil torcedores. Alexandre Pato empatou aos quatorze minutos do primeiro tempo, Neymar ampliou aos dezenove da etapa final e Oscar fechou o placar nos acréscimos, aos quarenta e sete. Com a vitória, o Brasil garantiu vaga antecipada para a segunda fase e se consolidou como

um dos favoritos ao título. Infelizmente, a inédita medalha de ouro não veio. Duas semanas depois, para desgosto da torcida brasileira, nosso time perdeu a final para o México por dois a um, ficando com a Medalha de Prata.

Ao final do jogo, seguimos para Liverpool, onde Paulo já tinha reservado uma casa. No dia seguinte, Bruno e Lucas partiriam para Frankfurt. Paulo e Edgar viajariam um dia depois e eu ficaria sozinho em Londres para aproveitar os Jogos Olímpicos. Na nossa última noite juntos, curtimos um som no Cavern Bar, local onde os Beatles tocaram no início da carreira.

40
A Expedição Chega ao Fim

Era o começo do fim. Depois de algumas piadas e abraços efusivos, Bruno e Lucas embarcaram no *Thunder Love II* e partiram em direção à Frankfurt, onde devolveriam o carro alugado e pegariam um voo de volta para o Brasil. Naquele dia, em frente ao Palácio de Buckingham, residência oficial da realeza britânica, gravamos nossos depoimentos

em vídeo para usar no documentário. Eu queria saber, oficialmente, o que eles tinham a dizer sobre a nossa expedição.

– Correr com a tocha foi a parte mais gratificante da viagem. Você viajar por esses países, conhecer diferentes pessoas, diferentes culturas, é uma coisa, todo mundo está acostumado a fazer. Com a tocha, foi bem mais divertido, o espírito Olímpico deu oportunidades pra gente interagir com povos no Tajiquistão, no Turcomenistão, no Irã... Coisas que se você não tiver um abre-alas, fica difícil... – disse Edgar.

– Realmente, viajar levando o espírito Olímpico foi bem mais divertido. Não só o espírito Olímpico, como a bola também. Querendo, ou não, começou como uma brincadeira e a gente pensou em fazer em todos os lugares porque era divertido. O momento mais sensacional da Expedição Olímpica foi quando jogamos futebol com algumas crianças em Bukhara, no Uzbequistão. As crianças ficaram realmente empolgadas com a nossa presença e levaram o jogo muito a sério – completou Paulo.

Depois de mais uma caminhada, chegamos ao gramado da Praça do Parlamento, que fica atrás do Palácio de Westminster. Com a torre

do Big Ben ao fundo, fizemos o último vídeo da Expedição Olímpica, uma animada despedida. Para encerrar nossas brincadeiras, Edgar chutou a bola, assinada por todos nós, para o meio gramado atrás do palácio. E lá ela ficou. Um garoto que passava na hora, viu o que a gente tinha feito e pegou-a. Ainda nos deu uma olhadinha para ter certeza de que poderia ficar com a bola e sumiu no meio da multidão.

— FIM —

Agradecimentos

Arissa Yoshitake • Bruno Azevedo • Camila Olivo • Charles Amante • Clarissa Antunes Lorenço • Debora Portela • Edgar Alencar • Eduardo Pereira • Eloi Scherer • Esequias Júnior • Fernanda Morena • Gabriela Becerra • Glaci Scherer • Janaina Baggio • Janaina Camara da Silveira • Jessica Fratini Borges • Juan Carlos Zamora • Lucas Jordão • Luciano Antonini • Lieke Jildou • Luiz Tasso Neto • Márcio Tatagiba • Marcelo Nocelli • Marlene Campos Danielski • Paula Veiga • Paulo Oliveira • Rafael Alves • Rachel Sardinha • Robson Amante • Sarah Castro • Sarah Weber • Silvano Girardi Júnior • Simone Cunha • Thiago Henrique Macedo

E todos que ao longo da viagem nos transportaram, nos hospedaram e compartilharam conosco refeições e momentos de alegria!

Esta obra foi composta em Quadraat e impressa em papel pólen soft 80 g/m², pela Lis Gráfica para Editora Pasavento, em julho de 2017, enquanto Richard Amante se preparava para mais uma viagem – dessa vez, rumo ao Canadá.